KB201703

기업을 한눈에 꿰뚫어 볼 수 있는
재무제표 분석

기업을 한눈에 꿰뚫어 볼 수 있는

재무제표 분석

초판 1쇄 인쇄 2025년 4월 28일
초판 1쇄 발행 2025년 5월 07일

지은이 이병권
펴낸이 이종두
펴낸곳 (주)새로운 제안

책임편집 엄진영
디자인 보통스튜디오
영업 문성빈, 김남권, 조용훈
경영지원 이정민, 김효선

주소 경기도 부천시 조마루로385번길 122 삼보테크노타워 2002호
홈페이지 www.jean.co.kr
쇼핑몰 www.baek2.kr(백두도서쇼핑몰)
SNS 인스타그램(@newjeanbook), 페이스북(@srwjean)
이메일 newjeanbook@naver.com
전화 032) 719-8041
팩스 032) 719-8042
등록 2005년 12월 22일 제386-3010000251002005000320호

ISBN 978-89-5533-666-5 (13320)

기업을 한눈에 꿰뚫어 볼 수 있는

재무제표 분석

주식·펀드 투자에서 기업분석 실무까지

이병권 지음

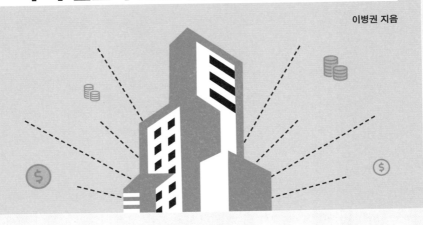

새로운제안

국내 주식투자자가 어느덧 1,400만 명에 이르고 투자자들이 과거보다 더 한층 스마트해지면서 기업의 안정성과 수익성, 미래 성장성 등 기업평가지표에 기반한 가치투자가 점점 보편화되고 있다. 이에 따라 기업의 재무상태와 이익성과 및 현금흐름을 보여주는 재무제표에 대한 중요성이 부각되고 이에 대한 투자자들의 관심도 커졌다.

이제는 인공지능(AI) 정보 등으로 스마트해진 투자자들이 예전처럼 맹목적으로 기업에 투자하기보다는 투자에 앞서 관심있는 기업의 매출액, 영업이익률, 부채비율, 영업현금흐름 등 핵심재무지표를 체크하고 투자한다. 나아가 주당이익(EPS)·주당순자산(BPS)·주당현금흐름(CPS)·자기자본순이익률(ROE)과 같은 기업가치 평가지표를 따져봄으로써 보다 합리적이고 과학적인 투자관행이 정착되고 있다.

주식투자의 귀재인 워런 버핏은 **"가치투자만이 성공적인 주식투자의 비결이며, 투자를 할 때는 주식을 사는 것이 아니라 자신이 직접 운영할 회사를 산다는 마음으로 주식을 고르라"**고 했다. 버핏의 말처럼 자신이 운영할 회사를 산다는 마음으로 투자하려면 그만큼 투자에 앞서 신중히 검토하고 확인해야 할텐데, 적어도 투자할 회사의 자산가치와 수익가치 등 펀더멘탈은 어떤지, 재무상태와 경영성과

기업을 한눈에 꿰뚫어 볼 수 있는 재무제표 분석

는 좋은지, 미래 성장성은 어느 정도인지 등을 제대로 따져보고 투자해야 할 것이다.

이렇게 하려면 최소한 증권회사 또는 인터넷의 증권사이트 등을 통해 제공되는 기업분석자료를 보고 이해할 수 있어야 한다. **상장기업의 PER, PBR, PCR, EVA 등 가치평가정보와 ROE, ROA, EBITDA 등 수익성지표가 제공되더라도 이것이 무슨 의미인지 모른다면 아무 소용이 없다.**

비단 주식투자자뿐만 아니라 예비신입사원이나 임직원 및 사업경영자도 각각 자신이 지원한 회사와, 다니는 회사 및 운영하는 회사의 재무상태와 경영성과지표 정도는 읽고 해석할 수 있어야 한다. 회사의 모든 영업활동과 투자 및 재무활동의 결과는 회계라는 수단을 통해 재무제표로 만들어지므로 재무제표를 들여다보고 분석해보면 회사의 현재 상태와 미래를 가늠해볼 수 있기 때문이다.

이런 재무분석적인 사고의 틀을 통해 특정 부서나 사업부문이 아닌 기업 전체를 바라보는 재무적인 안목과 시각이 구축된다면 이는 향후 매우 요긴하게 활용될 수 있다.

왜냐하면 구매·생산·마케팅·사업전략·조직 및 인사관리·연구개발 활동 등 회사 구성원의 모든 노력도 결국은 이익성과를 내기 위한 세부수단으로서 기업의 궁극적인 목적은 재무적인 이익성과를 바탕으로 기업가치를 높이는 것이기 때문이다.

따라서 기업의 **임직원이 재무적인 관점에서 회사 전체를 꿰뚫어 볼 수 있는 안목과 통찰력**(insight) **그리고 재무적인 마인드와 분석 능력을**

갖추는 것은 장차 회사가 필요로 하는 핵심인재가 되기 위해서 반드시 갖추어야 할 필수적인 핵심역량이다.

    대다수의 사람들은 재무제표분석이 굉장히 어렵고 이해하기 어려울 것이라는 선입견을 가지고 있는데, 이 책에서는 재무나 경영을 전공하지 않은 사람들도 재무제표를 쉽게 읽고 이해하고 분석할 수 있도록 구체적인 적용 그리고 상황별로 충분히 예를 들어 설명했다.
    주식투자자·예비신입사원·임직원·사업경영자 등 재무제표를 통해 기업의 실상을 알고 싶은 사람들이 이 책을 읽고 나면 앞으로 재무적인 관점에서 회사를 꿰뚫어 볼 수 있는 안목을 갖게 될 것으로 확신한다.

저자 이병권

기업을 한눈에 꿰뚫어 볼 수 있는 재무제표 분석

제1부 재무제표 보는 법

제2부　재무비율을 이용한
기업 진단법

제3부 **현금흐름분석과
기업가치 평가법**

제4부 기업위험 평가법

제 1 부

재무제표 보는 법

손익계산서 보는 법
회사의 기초체력을 확인한다

01

이런 사람들에게
재무제표분석이 필요하다

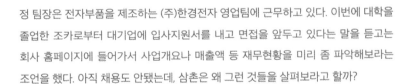

정 팀장은 전자부품을 제조하는 (주)한경전자 영업팀에 근무하고 있다. 이번에 대학을 졸업한 조카로부터 대기업에 입사지원서를 내고 면접을 앞두고 있다는 말을 듣고는 회사 홈페이지에 들어가서 사업개요나 매출액 등 재무현황을 미리 좀 파악해보라는 조언을 했다. 아직 채용도 안됐는데, 삼촌은 왜 그런 것들을 살펴보라고 할까?

흔히 재무제표를 "기업의 얼굴"이라고 표현하기도 하고 "재무제표를 보면 기업이 보인다"라고 표현하기도 한다. 이는 기업의 모든 재무적인 상황이 재무제표에 반영되어 있기 때문에 재무제표를 보면 그 기업의 재무적인 상황을 진단할 수 있으며 나아가서는 미래의 재무적인 상황도 예측할 수 있다는 뜻이다.

사람의 얼굴을 보면 그 사람의 기분과 건강상태를 짐작할 수 있듯이, 회사의 얼굴인 재무제표를 들여다보면 그 기업의 현재 모습을 들여다보고 미래도 예상해볼 수 있다. 재무제표를 통해 기업의 참모습을 들여다봐야 할 사람은 다음과 같다.

취업과 면접을 앞둔 **예비신입사원**이라면 적어도 자신이 지원하려고 하는 회사가 어떤 회사인지를 알고 있어야 한다. 회사의 연혁을 비롯해서 사업이념과 경영방침은 무엇인지, 구체적으로는 사업내용, 제품특성을 비롯한 사업환경 등 미리 알고 있어야 할 것들이 너무도 많다.

그 중에서도 회사의 재무적 상황은 반드시 살펴두어야 한다. 지원하고자 하는 회사가 1년에 얼마나 매출을 올리고 얼마나 버는지도 모른다는 것은 그만큼 관심이 없다는 뜻일텐데, 굳이 이런 사람을 채용할 회사는 없을 것이다. 특히 회사의 수익성과 장기적인 성장가능성은 채용된 이후 자신의 장래와도 직결된다. 수익성과 성장성이 좋아야 오랫동안 근무하면서 자신도 성장할 수 있다.

회사의 입장에서도 회사에 대한 관심과 사전 이해정도는 지원자의 입사의지를 평가하는 주요 수단이 될 수 있다. 때로는 조별 과제를 통해 팀별로 회사의 현재 상황 및 문제점을 파악하고 해결할 수 있는 방법을 발표하게 하기도 한다.

다행히도 요즘은 회사 홍보차원에서 이러한 정보들을 회사 홈페이지에 전부 공개하고 있기 때문에 재무정보를 입수하기가 쉽다. 다만, 재무제표는 숫자로 제공되기 때문에 이를 읽고 해석할 수 있어야 한다. 만약 재무제표를 보고 이를 분석할 수 있다면 주어진 자료를 통해 회사의 재무적인 강·약점을 아주 쉽게 파악할 수 있을 것이다.

나아가 경쟁기업과 비교해보고 문제점의 해결방안과 장기적인 경영전략까지도 생각해 낼 수 있다. 이는 자신이 단순한 취업지원자가 아니라 미리 준비된 예비신입사원임을 당당하게 회사에 내보여주는 것과 같다.

지원자 스스로 장래가 유망한 회사를 선택하기 위해서라도 재무제표를 통해 해당 기업의 지속가능성과 성장가능성을 엿보는 것은 매우 중요하다. 특히 저성장시대에는 기업의 지속가능성이 매우 불확실하기 때문에 미래의 지속가능성과 성장가능성을 따지는 것이 필요하다. 이를 위해서는 과거의 매출액과 이익의 추세를 통해 앞으로의 성장가능성을 살펴봐야 한다.

따라서 취업을 원하는 예비사원이라면 반드시 재무제표를 보고 기업을 직관할 수 있는 통찰력(insight)이 필요하다.

회사의 **임직원**들은 저마다 서로 다른 부서에서 각자 맡은 일을 수행한다. 구매·생산·영업·기획·재무 그리고 연구개발이나 교육 등 제각기 서로 다른 부서에서 비록 업무분야는 다르지만 기업의 최종목표인 주주이익과 기업가치 극대화를 달성하기 위해 일하는 것은 모두 다 마찬가지다.

그런데 회사의 이익창출과정과 기업가치의 결정흐름을 모른다면 이와 같은 공동목표가 쉽게 달성될 수 있을까? 회사가 이익을 내려면 임직원 모두의 역량을 하나로 결집해야 하는데 이는 모든 임직원이 재무적인 감각과 마인드를 갖고 있어야 함을 의미한다. 경영의 세부내용이 마케팅·인사조직·생산·전략·재무 등으로 나뉘지만 결국은 재무적인 성과를 위한 것이다. 각 부서의 종합적인 활동결과인 사업성과는 재무제표로 집약되므로 재무제표를 보면 모든 것이 다 드러난다.

<미생>이라는 기업드라마를 보면 본부장이 신입사원에게 "회계

공부 좀 했어?", "재무제표는 볼 줄 알아?", "사업성검토를 마쳤어?"
라는 대사가 나오는데, 이는 기업 활동에서 재무가 그만큼 중요하다
는 것을 증명하는 것이다. 즉, 회계와 재무는 더 이상 관련부서만의
업무영역이 아니라 회사에 근무하는 임직원이라면 반드시 알아야
할 기업 언어(Business Language)에 속한다. 기업 언어인 재무용어를
모른다면 내부적인 소통이 불가능하다.

　다시 말해 회계와 재무를 모른다면 기업이 처한 상황을 제대로 이
해할 수 없고, 이익극대화라는 기업목표를 달성하기 위해 모든 임
직원의 역량을 결집하기에는 한계가 있을 수밖에 없다. 그래서 심
지어 "회계와 재무를 모르면 임원이 될 수 없다"라는 말까지도 나오
는 것이다. 변동비, 고정비, 감가상각비, 잉여금, 생산성, 부가가치,
EBITDA(에비타) 등 다양한 회계나 재무용어를 모른다면 기업의 실
상을 제대로 파악할 수가 없다. 비단 임원이 아니더라도 이는 미래
에 기업을 이끌어 가야 하는 일반 사원에게도 필수적으로 요구되는
핵심역량이다. 이를 위해서는 재무에 대한 기본지식은 물론, 원가나
손익흐름에 대한 이해와 재무제표를 통한 기업진단법도 아울러 습
득해야 한다.
　이렇게 되면 근로자들은 자신이 근무하는 기업의 재무적 지표를
통해 회사의 현재 재무상태와 수익성을 스스로 파악하고 경영흐름
전반에 관한 종합적인 이해력을 더 한층 강화할 수 있다. 나아가서
는 향후 회사의 재무상태와 경영성과를 제고시킬 수 있는 방법을 스
스로 모색할 수 있는 통찰력과 안목을 갖게 되어서 CEO의 마인드

를 같이 공유할 수도 있다. CEO, 한 사람만의 노력으로 회사의 성과를 만들어내기는 어려우므로 성과주체인 모든 구성원들이 CEO 마인드를 가져야 조직의 성과를 키워나갈 수 있다.

뿐만 아니라 현실적으로 새로운 경영전략을 수립하고 이를 실행하는 과정에서 모든 구성원들의 적극적인 이해와 참여를 유도할 수 있으며 이는 장기적으로 기업가치 증대에도 큰 도움을 줄 수 있다.

따라서 직장인이라면 최소한 자신이 다니는 회사는 물론, 거래하는 기업과 경쟁사의 재무제표는 볼 줄 알아야 한다.

사업경영자에게 재무는 반드시 갖추어야 할 필수지식과 역량이다. 그러나 대부분 사업경영자의 생각은 그렇지 않다. "사장이 영업하기도 바쁜데 굳이 그런 것까지 알아야 하나?"라는 식의 말을 자주 듣는다. 얼핏 들으면 자신이 해야 할 분야가 아니라는 식의 표현이지만, 그 이면에는 "복잡한 숫자는 난 모르겠어"라고 애써 외면하는 마음도 가미된 것이라는 생각이 든다.

그러나 이는 아주 잘못된 접근법이다. 영업만으로 사업체가 유지되는 것은 결코 아니다. 만약 영업만으로 사업체가 유지된다면 매출이 좋은 사업체가 망하는 이유를 설명할 수가 없다. 영업이 잘돼서 매출이 많아도 이익이 안나거나 채권이 회수되지 않으면 사업부실을 피할 수 없다. 때로는 무모하고 지나친 과잉투자 때문에 부실이 발생하기도 한다.

따라서 사업체는 영업과 관리가 균형있게 잘 조화될 때 지속적으로 성장·발전하게 된다. 이 경우 관리란 재무적 관리를 의미하는 것이며 대부분 재무제표를 통해 문제점을 파악하고 관리할 수 있다.

무엇보다 사업을 시작하기 전에는 사업의 경제적 타당성을 따져 보아야 하는데, 이때 당연히 재무지식이 필요하다. 매월 고정비용이 얼마나 들어가며 이를 모두 회수하기 위해서는 어느 정도의 매출이 달성돼야 하는지 등을 미리 따져보아야 한다. 사업성을 따져 보지도 않은 채 성급하게 창업했다가 망한 사례는 무수히 많다.

시장환경과 수요예측, 마케팅전략도 중요하지만 자금조달과 손익예측 등 재무적인 평가도 반드시 이루어져야 한다.

사업경영자에게 필요한 것은 재무제표의 작성능력이 아니라 재무제표의 활용능력이다. 즉, 사업자 등 경영자는 기업경영의 항해자로서 기업경영의 좌표와 나침반 역할을 해주는 재무제표를 보고 경영을 개선해 나갈 수 있어야 한다.

보다 구체적으로는 재고를 어느 정도로 확보해 둘 것인지? 자금회전과 현금흐름에는 문제가 없는지? 특히 줄여야 할 비용은 어떤 것인지? 매장을 더 늘려도 좋을지? 거래처의 신용상태와 채권의 회수가능성은 어떤지? 사업체가 점점 나빠지고 있는 것은 아닌지? 그렇다면 그 원인은 무엇인지? 등 사업경영에 관련된 중요한 질문에 대한 해답이 대부분 재무제표에 나타나 있기 때문에 이를 잘 활용하면 올바른 판단과 의사결정을 내릴 수 있다.

이런 관리적인 대처능력과 문제해결을 위한 해법은 경영자 스스로 찾아야 한다. 중대한 사안이라면 외부전문가에게 컨설팅을 의뢰할 수도 있지만 이럴 경우에는 추가적인 거액의 비용이 발생한다.

기업을 한눈에 꿰뚫어 볼 수 있는 재무제표 분석

특히 요즈음은 과거 고도성장시대와 달라서 사업 경영에 따른 위험이 점점 더 높아지는 추세이다. 사업 부진에 따른 부실과 도산 위험을 미리 감지하고 이에 대처하는 것이 매우 필요한데, 이를 위해서는 경영자도 재무제표를 통한 자가진단능력을 갖추어야 한다. 이렇게 하면 구태여 남에게 의지하거나 비용을 들이지 않고도 사업체의 경영을 개선하고 사업 위험을 스스로 줄일 수 있기 때문이다.

투자자는 기업 활동에 필요한 자금을 제공하는 주체로서 크게는 채권자와 주주로 나누어진다. 다 같은 투자지만 채권자와 주주의 투자는 투자의 성격과 그에 따른 위험이 완전히 다르다. 채권자의 투자는 빌려주는 투자이므로 미리 상환 기간을 정해서 원금을 돌려받기로 하고, 정해진 기간동안만 투자하는 것이다. 그리고 투자에 대한 대가로 미리 정해진 이자를 받기로 약속한 것이므로 주주보다는 그 위험이 상대적으로 적다. 기업대출을 해주는 은행이나 회사가 직접 발행한 회사채를 사는 투자자가 이에 해당한다.

반면에 주주는 따로 기간을 정하지 않고 투자하는 것이며(단, 상장기업의 경우라면 언제라도 해당 주식을 매각처분하여 투자금을 회수할 수 있다) 투자에 다른 보상도 미리 정해지지 않는다. 단지 회사가 이익을 내면 배당을 받을 뿐이다. 때로는 회사의 실적이 나쁜 경우 투자에 대한 보상을 전혀 받지 못할 수도 있으며 기업가치(주가) 하락으로 피해를 볼 수도 있다. 따라서 다 같은 투자자이지만 주주의 위험은 상대적으로 채권자의 위험보다 훨씬 더 높다.

사업 환경에 내재된 불확실성을 감안하면 기업에 투자하는 것은 곧 위험에 투자하는 것과 마찬가지다. 그러므로 투자에 앞서 해당 기업에 대한 재무적 평가를 통해 투자금의 회수 가능성을 면밀하게 따져봐야 한다.

은행과 같은 채권자라면 이자지급 능력과 원금의 상환 능력이 중요한 평가요소이지만 주주는 해당기업의 지속가능성과 성장성 그리고 수익성이 중요한 평가요소가 되는데, 이런 것들을 모두 보여주는 것이 재무제표다.

재무제표도 보지 않은 채, 해당기업이 무슨 회사인지? 재무건전성은 어느 정도인지? 부실화될 가능성은 없는지? 등을 따져보지도 않고 깜깜이 투자를 했을 때 어떤 불행한 결과가 초래될지는 누구라도 쉽게 예상할 수 있다. 대기업들이 분기별로 투자자와 적극적인 IR(Investor Relations : 기업홍보)을 하는 이유도 바로 여기에 있다. 이 경우 기업이 제공하는 재무정보에 대해 투자자들이 올바르게 이해할 수 있는 능력이 필요하다. 아무리 회사가 투자에 도움이 되는 재무정보를 제공한다고 하더라도 투자자가 이를 이해하지 못한다면 앞서 언급한 효과는 기대할 수 없기 때문이다.

따라서 투자자라면 투자대상 기업의 재무제표에 대한 정확한 진단과 분석을 통해 투자에 대한 위험과 수익정도를 사전에 점검할 수 있어야만 투자 실패를 예방할 수 있다.

기업을 한눈에 꿰뚫어 볼 수 있는 재무제표 분석

02 재무제표를 볼 때 주의해야 할 점이 있다

★★★

정 팀장은 요즘 스마트폰 주식 앱에서 주식시세를 자주 들여본다. 조만간 주식투자를 시작할 생각인데, 아무리 시세표를 들여다봐도 어느 회사에 투자해야 할지 도무지 감이 안잡힌다. 투자할 회사의 경영실적이나 재무상태 등을 직접 분석할 수 있는 방법은 없을까? 그리고 기업의 재무제표 등 재무보고 서류를 볼 때 주의해야 할 점은 무엇일까?

영업활동·투자활동·재무활동 등 회사의 모든 활동은 회계를 통해 빠짐없이 기록되고, 회계의 최종 결과물인 **재무제표**로 요약되어 외부투자자 등에게 보고된다. 기업의 모든 재무적인 상황을 숫자로 보여주는 기업설명서가 재무제표이기 때문에 얼굴을 통해 그 사람의 외모를 평가하듯이 재무제표를 보면 그 기업을 평가할 수 있다.

금융감독원의 전자공시시스템(http://dart.fss.or.kr)에 접속하면 외부감사를 받은 회사가 작성한 모든 재무보고서(상장기업은 재무제표 외에 사업보고서 등을 포함)를 조회하고 다운로드받을 수 있다. 정기적인 감사보고서는 물론이고 지분변동 등 비정기적인 공시 내용까지 모두 볼 수 있는데, 특히 주식투자와 관련해 투자자가 가장 궁금해하는 정보는 회사의 재무상태 및 경영성과와 현금흐름으로서 이들 정보는 감사보고서에 첨부된 재무제표를 통해 확인할 수 있다.

재무제표

회계연도가 끝난 후 회사의 재무상태와 경영성과 등을 투자자 등 이해관계자에게 보여주기 위해 작성하는 재무보고서로서 재무상태표, (포괄)손익계산서, 자본변동표, 현금흐름표 및 주석으로 구성된다. 한편, 외부감사를 받지 않는 기업의 경우에는 상법과 법인세법에 따라 재무상태표, 손익계산서, 이익잉여금처분계산서만 작성한다.

그런데 이렇게 재무제표를 통해 기업을 분석하고 진단할 때는 몇 가지 짚고 넘어가야 할 사항이 있다.

첫째, 기업이 작성한 재무제표가 신뢰할 수 있는 것인지 먼저 확인해야 한다. **분식회계** 등 허위로 작성된 재무제표일 경우 이를 토대로 한 어떤 분석 결과도 의미가 없다. 분식된 재무제표를 토대로 잘못 판단할 경우 투자자는 큰 손실을 볼 수 밖에 없으므로 우리나라는 투자자 보호를 위해 일정 규모를 넘는 회사는 의무적으로 재무제표에 대한 외부감사를 받도록 법으로 정하고 있다. 현재 <주식회사 등의 외부감사에 관한 법률>에 따라 외부감사를 받아야 하는 기업은 모든 상장기업과 비상장기업중에서 직전년도말 자산총액이 500억 원이 넘거나, 직전년도 매출액이 500억 원이 넘는 기업이다. 또한 다음의 4개 기준 중 2개 이상에 해당하는 기업도 외부감사대상

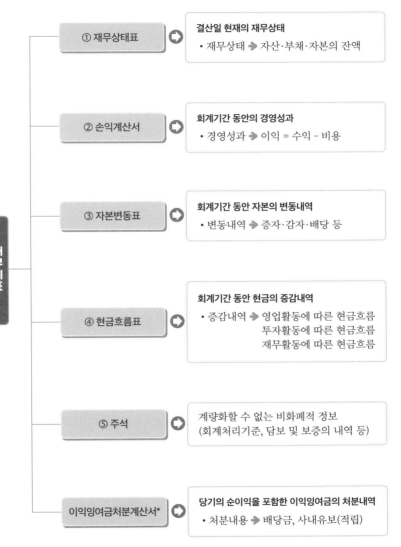

재무제표

① 재무상태표 ➡ 결산일 현재의 재무상태
• 재무상태 ➡ 자산·부채·자본의 잔액

② 손익계산서 ➡ 회계기간 동안의 경영성과
• 경영성과 ➡ 이익 = 수익 - 비용

③ 자본변동표 ➡ 회계기간 동안 자본의 변동내역
• 변동내역 ➡ 증자·감자·배당 등

④ 현금흐름표 ➡ 회계기간 동안 현금의 증감내역
• 증감내역 ➡ 영업활동에 따른 현금흐름
투자활동에 따른 현금흐름
재무활동에 따른 현금흐름

⑤ 주석 ➡ 계량화할 수 없는 비화폐적 정보
(회계처리기준, 담보 및 보증의 내역 등)

이익잉여금처분계산서* ➡ 당기의 순이익을 포함한 이익잉여금의 처분내역
• 처분내용 ➡ 배당금, 사내유보(적립)

* 이익잉여금처분계산서는 재무제표의 범위에는 포함되지 않지만 주석으로 공시된다.

분식회계

회사의 재무상태나 경영성과를 좋게 표시하기 위해 회계처리나 재무제표를 작성하는 과정에서 고의로 수치를 조작하는 행위를 말한다. 일반적으로 자산과 수익을 실제보다 과대표시하고 부채나 비용을 축소시킴으로써 순이익과 자기자본(순자산)을 실제보다 과대하게 부풀려서 표시하는 것을 말한다.

이다.

① 직전년도말 자산총액이 120억 원 이상인 기업
② 직전년도말 부채총액이 70억 원 이상인 기업
③ 직전년도 매출액이 100억 원 이상인 기업
④ 임직원수가 100명 이상인 기업

현재 우리나라에는 약 100만 개 정도의 법인기업이 있는데, 이들 중 위의 요건에 해당해서 재무제표에 대한 외부감사를 받는 법인은 생각보다 많지 않다. 상장기업(코스피와 코스닥) 2,500여 개와 비상장기업 중 위 규모에 해당하는 기업 35,000여 개를 합하면 모두 약 40,000여 개 정도로 전체 기업의 5%도 안된다.

이렇게 외부감사를 거친 기업의 재무제표는 나름대로 전문가의 검증과정을 거친 것이므로 별 문제가 없지만, 외부감사대상이 아닌 대다수 95% 기업의 재무제표는 회계기준에 따라 공정하게 작성되지 않았을 가능성이 매우 높다. 이런 경우에는 재무제표를 보기에 앞서, 재무제표에 표시된 숫자에 대한 나름대로의 검증과 확신이 필요하다.

기업을 한눈에 꿰뚫어 볼 수 있는 재무제표 분석

외부감사 결과에 따른 감사보고서에는 **감사의견**이 표시되는데, 감사의견에는 적정, 한정, 부적정, 의견거절의 4종류가 있으므로 각각의 의미를 알아둘 필요가 있다.

적정의견이란 재무제표가 **회계기준**에 맞춰 공정하게 제대로 작성되었다는 의미이다. 여기서 적정이라는 말은 회계처리와 재무제표 표시가 회계기준에서 정한대로 적정하게 이루어졌다는 뜻으로서 회사의 재무상태가 적정하다는 의미가 아니다. 따라서 재무상태와 경영성과가 불량한 적자기업도 회계기준에 따라 결산하고 재무제표를 만들었다면 적정의견을 받을 수 있다. 그러므로 감사의견과는 관계없이 회사의 수익성과 재무적 안정성 등은 재무제표를 이용하는 사람이 별도로 분석해 따져봐야 한다.

회계기준과 감사의견

회계기준이란 회사가 회계처리하거나 결산을 해서 재무제표를 만들 때 반드시 따라야 하는 기준을 말하는데 상장기업은 국제회계기준(K-IFRS)을, 비상장기업은 일반기업회계기준을 사용한다. 외부감사란 회사가 작성한 재무제표가 회계기준에 맞게 공정하게 작성된 것인지를 확인하고 그 결과를 의견으로 밝히는 것이므로 회사가 회계기준에 따라 재무제표를 작성하지 않으면 외부감사에서 적정의견을 받을 수 없다. 나아가 상장기업이 부적정의견 또는 의견거절을 받거나 2년 연속 한정의견을 받을 경우 상장이 폐지된다.

한정의견은 재무제표가 전체적으로는 회계기준에 맞추어 공정하게 작성되었지만 일부 항목이 회계기준에 위배되었음을 뜻한다. 즉,

재무제표가 전체적으로 왜곡표시된 것은 아니므로 한정된 특정 항목이 손익에 미치는 영향만 따로 감안하면 된다. 예를 들어 추정손실 등 비용이 20억 원 과소계상되었다면 이 때문에 영업이익 및 당기순이익은 각각 20억 원 과대계상된 셈이므로 회사의 올바른 이익성과는 20억 원을 차감한 수치로 이해하면 된다.

그러나 **부적정의견**과 **의견거절**을 받은 재무제표는 재무분석을 위한 자료로 절대 사용해서는 안된다. 부적정의견은 재무제표가 전체적으로 회계기준에 맞지 않기 때문에 재무제표상의 수치를 대부분 믿을 수 없다는 것이며, 의견거절은 피감사기업의 자료제출거부 등으로 감사증거를 수집하지 못해 감사인이 의견을 표명하지 않은 것이다.

둘째, **회계변경**이 있었는지를 체크해야 한다. 회계변경이란 회사가 회계처리할 때 적용하는 방법(감가상각방법, 재고자산평가방법 등)이나 회계추정(대손추정비율 등)을 바꾸는 것을 말한다. 회계기준에서는 유형자산에 대한 감가상각과 재고자산을 평가할 때 여러 개의 방법 중 선택할 수 있도록 되어 있는데, 이 경우 회계처리방법만 변경해도 회사의 손익이 얼마든지 달라질 수 있다. 외부감사기업의 경우 회계변경이 있었는지는 재무제표 뒤에 나오는 **주석**을 보면 알 수 있다.

셋째, 회계기준에 따르면 재무상태표의 유형자산금액은 **원가모형**과 **재평가모형** 중 선택할 수 있다. 원가모형은 유형자산을 취득한 당시의 취득원가로 그대로 두는 것이며 재평가모형은 현재의 공정가치(시가)로 재평가하는 것을 말한다. 따라서 원가모형을 선택한 회사의 경우 재무상태표에 표시되는 자산 금액은 현재의 시가가 아니라 과거 취득당시 원가라는 점을 알아야 한다.

특히 토지·건물 같은 부동산은 인플레이션에 따라 취득원가와 현재 시가의 차이가 매우 크므로 기업의 순자산가치를 평가할 때는 이를 감안해야 한다. 아울러 재무제표상의 자산가치는 장부상 금액일 뿐, 실제 회수가치와는 다르다는 점도 명심해야 한다.

재평가모형

유형자산을 최초에 취득원가로 인식한 이후, 공정가치(시가)가 변동했을 경우 공정가치로 재평가하고, 재평가차익을 자본(기타포괄손익누계액)에 표시하는 방식을 말한다. 단, 재평가모형을 채택한 경우에는 이후 주기적으로 재평가를 해야 하며, 다시 원가모형으로 전환할 수 없다.

넷째, 상장법인에게 적용되는 한국채택국제회계기준(K-IFRS)은 비상장기업에게 적용되는 일반기업회계기준과는 다른 점이 많다. 특히 손익정보의 상당부분이 요약·축소 표시되고, 기업에 다양한 회계선택권을 부여하고 있기 때문에 단순히 재무제표상의 수치를 가지고 기업을 평가하거나 비교하는 것은 매우 위험하다. 그러므로 재무제표의 작성과정에 회사가 선택한 회계방법이 무엇인지, 비교대상인 기업과는 무엇이 다른지를 철저하게 따져봐야 한다.

기업을 한눈에 꿰뚫어 볼 수 있는 재무제표 분석

<재무상태표>

- 자산   7,043억 원
- 부채   3,845억 원
- 자본   3,198억 원

재무상태 ➡ 재무안정성 정보

<손익계산서>

- 수익   8,564억 원
- 비용   8,214억 원
- 이익   350억 원

경영성과 ➡ 수익성 정보

<자본변동표>

- 기초의 자본   2,982억 원
- 기말의 자본   3,198억 원
- 자본의 증감내역   216억 원
  (당기순이익·증자·감자·배당 등)

자기자본의 변동내역 ➡ 주주지분 변동 정보

<현금흐름표>

- 영업현금흐름   256억 원
- 투자현금흐름   △127억 원
- 재무현금흐름   △175억 원
- 현금증가(감소)액   △46억 원

현금의 증감내역 ➡ 현금흐름 정보

<이익잉여금처분계산서>

- 미처분이익잉여금   422억 원
- 이익잉여금처분액   256억 원
- 차기이월미처분
  이익잉여금   166억 원

이익의 처분내역 ➡ 배당정책 정보

03 손익계산서는 이렇게 구성된다

정 팀장은 금융감독원 전자공시시스템에 접속해서 자신이 다니는 (주)한경전자의 재무제표 중 손익계산서부터 들여다봤다. 그런데 항목이 너무 많아 도무지 한눈에 들어오지 않는다. 손익계산서는 어떤 항목으로 구성되어 있을까?

손익계산서는 회사가 한 회계기간(거의 대부분 1년임)동안 벌어들인 수익에서 수익을 얻기 위해 들어간 비용을 차감해 이익이 얼마나 발생했는지를 보여주는 재무제표이다. 다시 말해 회사의 성과를 이익으로 보여주는 일종의 "경영성적표" 또는 "경영성과보고서"로 수익·비용·이익이 손익계산서의 구성요소이다.

기업은 이익성과를 내기 위한 조직이므로 이익을 내지 못하는 기업은 계속 유지되기 어렵다. 즉, 성과보고서인 손익계산서는 주주와 채권자 등 투자자에게 매우 중요한 보고서이다.

회사가 수익을 얻는 방법은 크게 영업활동을 통한 영업수익과 영업과 무관한 투자활동에 따른 영업외수익으로 나뉜다. 영업수익을

기업을 한눈에 꿰뚫어 볼 수 있는 재무제표 분석

회계에서는 **매출액**이라고 하므로 수익은 크게 매출액과 영업외수익으로 나뉘는 셈이다.

　비용 또한 영업수익에 대응해 발생하는 영업비용과 영업외비용으로 나뉜다. 영업비용을 회계에서는 직접비인 **매출원가**와 간접비인 판매비와관리비로 구분하므로 비용은 매출원가, 판매비와관리비 그리고 영업외비용으로 나뉘는 셈이다.

매출원가

글자 그대로 당기에 매출된 상품이나 제품의 원가를 말한다. 즉, 전체 상품(제품) 중 기말 현재 미판매된 재고를 제외한 금액으로서 보유중인 재고자산은 비록 취득하기 위해 돈을 지출했지만, 아직 수익(판매)이 발생하지 않았으므로 당기의 비용(매출원가)에 해당하지 않는다. 따라서 매출원가는 기초재고액과 당기매입원가(또는 제조원가)를 합산한 금액에서 기말재고액을 차감한 것이다. 한편, 손익계산서에 표시된 당기제품제조원가의 구체적인 내역은 제조원가명세서에 나와 있다.

　지금부터 손익계산서를 순서대로 정리해보자. 우선 매출액에서 매출원가를 차감하면 **매출총이익**이 나온다. 매출총이익은 제품의 판매를 통해 남긴 이익을 의미하는 것으로 일종의 제품마진이라고 이해하면 된다. 예를 들어 원가가 10만 원인 제품을 12만 원에 매출했다면 2만 원이 매출총이익인 셈이다.

　그러나 영업비용에는 매출에 직접 관련된 제품원가 외에도 여러 가지 간접적인 비용, 즉 판매비와관리비가 발생하는데 이를 마저 차감하면 **영업이익**이 계산된다. 영업이익은 회사의 사업활동인 영업을 통해 벌어들인 것이므로 가장 중요한 사업성과지표에 해당한다.

영업이익에다 영업활동과는 전혀 관계없이 발생한 영업외수익을 더하고 영업외비용을 빼면 **법인세비용차감전순이익**(흔히 세전순이익이라고도 표현한다)이 계산된다. 이는 영업성과외에 투자와 재무활동에 따른 손익이 모두 포함된 것이므로 일종의 총성과지표에 해당한다.

한편 상장기업이 적용하는 국제회계기준에서는 영업외수익을 금융수익과 기타수익으로, 영업외비용을 금융비용 및 기타비용으로 표시한다.

여기서 법인세 비용을 빼면 최종적인 **당기순이익**이 계산되는데 이는 주주의 몫이므로 이를 주주순이익이라고 표현한다.

따라서 손익계산서에 표시되는 이익은 매출총이익, 영업이익, 법인세비용차감전순이익, 당기순이익 등 모두 4가지이며 각각의 의미 또한 모두 다르다는 점을 알아야 한다.

한편 국제회계기준에서는 포괄손익계산서를 작성하게 되므로 당기순이익 밑에 당기에 발생한 **기타포괄손익**을 가감한 총포괄손익을 표시한다.

손익계산서

당기(12기) 20XX년 1월 1일부터 20XX년 12월 31일까지

전기(11기) 20XX년 1월 1일부터 20XX년 12월 31일까지

(주)한경전자 (단위 : 백만 원)

과목	당기(12기)	전기(11기)
I. 매출액	856,425	832,519
(1) 상품매출액	232,060	224,172
(2) 제품매출액	624,365	608,347
II. 매출원가	619,273	626,842
(1) 상품매출원가	117,998	109,275
1. 기초 상품재고액	17,264	22,365
2. 당기상품매입액	125,055	104,174
3. 기말 상품재고액	24,321	17,264
(2) 제품매출원가	501,275	517,567
1. 기초 제품재고액	52,586	49,276
2. 당기제품제조원가	507,087	520,877
3. 기말 제품재고액	58,398	52,586
III. 매출총이익	237,152	205,677
IV. 판매비와관리비	151,790	130,454
1. 급여	39,326	36,753
2. 퇴직급여	7,619	6,214
3. 복리후생비	6,324	2,149
4. 임차료	2,415	2,242
5. 기업업무추진비	915	849
6. 감가상각비	3,218	3,326
7. 무형자산상각비	819	725
8. 세금과공과	3,624	3,213
9. 광고선전비	24,386	18,472
10. 대손상각비	47	68
11. 차량유지비	1,024	748
12. 판매수수료	2,436	1,249
13. 수선비	4,128	2,427
14. 교육훈련비	3,241	2,736
15. 여비교통비	2,109	1,927
16. 운반비	14,326	925
17. 보험료	1,432	1,527
18. 통신비	928	463
19. 수도광열비	2,514	2,348
20. 견본비	3,215	1,292
21. 소모품비	10,426	11,274
22. 지급수수료	17,025	29,344
23. 도서인쇄비	293	183
V. 영업이익	85,362	75,223
VI. 영업외수익	18,264	5,342
1. 이자수익	7,319	3,217
2. 배당금수익	842	421
3. 유형자산처분이익	6,274	319
4. 외환차익	2,456	521
5. 외화환산이익	1,246	642
6. 기타 영업외수익	127	222
VII. 영업외비용	54,230	46,311
1. 이자비용	15,084	14,921
2. 외환차손	1,402	-
3. 외화환산손실	3,126	15,830
4. 기부금	1,736	1,492
5. 유형자산처분손실	4,253	-
6. 기타 영업외비용	28,629	14,068
VIII. 법인세비용차감전순이익	49,396	34,254
IX. 법인세비용	14,385	9,247
X. 당기순이익	35,011	25,007
XI. 주당이익	3,500원	2,500원

제조원가명세서

당기(12기) 20XX년 1월 1일부터 20XX년 12월 31일까지

(주)한경전자 (단위 : 백만 원)

과목	당기(12기)	구성비
I. 원재료비	302,274	58.6%
II. 노무비	54,325	10.5%
1. 급여 및 임금	51,483	
2. 퇴직급여	2,842	
III. 제조경비	159,437	30.9%
1. 전력비	5,372	
2. 차량유지비	3,246	
3. 감가상각비	22,372	
4. 수선비	7,236	
5. 가스수도비	2,363	
6. 임차료	352	
7. 보험료	1,537	
8. 복리후생비	4,924	
9. 세금과공과	1,638	
10. 외주가공비	50,487	
11. 기타	59,910	
IV. 당기 총제조비용	516,036	100%
V. 기초 재공품재고액	27,324*	
VI. 기말 재공품재고액	(36,273)*	
VII. 당기 제품제조원가	507,087*	

* 기초 및 기말 재공품은 재무상태표의 수치와 일치하고 당기 제품제조원가
는 손익계산서의 수치와 일치한다.

기업을 한눈에 꿰뚫어 볼 수 있는 재무제표 분석

기타포괄손익

토지 등 유형자산의 재평가손익이나 매도가능금융자산의 평가손익 등 미실현손익으로서 당기손익에는 해당하지 않지만 결과적으로 순자산의 변동을 초래한 항목을 말한다. 이들은 당기의 성과에 해당하지 않으므로 포괄손익계산서에서 당기순이익과 별도로 표시하고 그 누적금액을 기타포괄손익누계액으로 재무상태표에 표시한다.

4단계 손익계산서의 구조

또 하나 알아둬야 할 것은 손익계산서의 수치는 한 회계기간 동안 발생된 금액의 합계치이기 때문에 결산일 현재의 잔액을 표시하는 재무상태표의 숫자와는 그 의미가 다르다는 점이다. 그리고 회계기준상 모든 수익·비용은 **현금기준**이 아닌 **발생기준**에 따라 기록되기 때문에 손익계산서의 이익은 한 회계기간 동안 발생된 이익으로서 현금흐름액과는 전혀 무관한 발생주의에 따른 경영성과 수치다.

현금기준

수익과 비용을 각각 현금이 들어오고 나갈 때 인식(회계장부에 기록하거나 전산입력)하는 것을 말한다. 현금기준으로 회계를 하면 영업이익과 영업활동으로 인한 현금흐름이 정확히 일치하지만 손익을 발생주의로 인식하면 영업이익과 영업현금흐름이 일치하지 않는다.

발생기준

수익과 비용을 현금이 들어오고 나가는 것과 상관없이 각각 발생했을 때 인식하는 것을 말한다. 매출수익은 판매대금의 회수와는 상관없이 제품·상품이 팔리거나 용역(서비스)이 제공되면 상대방에 대한 대금청구권이 확정되므로 이 때 수익이 발생한것으로 본다. 이에 따른 비용, 즉 매출원가도 기말재고를 제외한 팔린 부분만 발생된 비용으로 인식한다.

기업을 한눈에 꿰뚫어 볼 수 있는 재무제표 분석

04 손익계산서를 보면 알 수 있는 정보

손익계산서의 구조를 이해하고 나자 정 팀장은 손익계산서를 보기가 훨씬 수월해졌음을 느꼈다. 그러나 말 그대로 손익계산서에 어떤 항목이 있는지를 보기만 할 뿐, 거기서 어떤 내용을 찾아내야 할지 막막하다. 손익계산서로 회사의 어떤 정보를 알 수 있을까?

　손익계산서에서 찾아낼 수 있는 회사의 정보를 살펴보면 다음과 같다.

　첫째, 회사가 계속 성장하고 있는지, 정체상태인지 알 수 있다. 이는 지난해 대비 매출증가율이 어느 정도인지로 따져 볼 수 있다. 그리고 동종업계의 전체 매출액 중 시장점유율이 어느 정도인지도 파악할 수 있다.

　둘째, 회사의 비용관리가 제대로 이루어지고 있는지 알 수 있다. 회사가 이익을 높이기 위해서는 당연히 수익을 늘려야겠지만, 비용관리를 효율적으로 하지 못하면 아무리 매출이 증가하더라도 이익이 늘어날 수 없다. 매출액에 대한 매출원가 또는 판매비와관리비의 비율을 전년도와 비교해보면 비용관리의 효율성을 체크할 수 있다.

셋째, 회사의 영업활동·투자활동·재무활동의 성과를 알 수 있다. **영업활동**의 성과는 영업이익의 크기와 매출액 중 영업이익의 비율(매출액영업이익률)을 통해 알 수 있으며, **투자 및 재무활동**의 성과는 영업외수익과 영업외비용으로 나타나므로 영업이익과 법인세비용차감전순이익(세전순이익)의 비교를 통해 알 수 있다. 예를 들어 영업이익에 비해 법인세차감전순이익이 대폭 감소했다면 투자 및 재무활동의 성과가 좋지 않았음을 의미하며, 반대로 영업이익에 비해 법인세전차감전순이익이 증가했다면 투자 및 재무활동의 성과가 좋았음을 의미한다.

영업활동

기업의 주된 활동으로서 제품을 제조하거나 상품을 매입해서 매출하는 활동을 말한다. 임대업은 임대료수입과 이를 위한 비용지출, 서비스업은 서비스제공에 따른 수입과 이를 위한 비용지출이 주된 영업활동이다.

투자활동 및 재무활동

투자활동이란 회사가 여유자금을 가지고 각종 유·무형자산 또는 금융자산을 취득하거나 매각하는 것을 말하며 투자의 결과로 자산처분이익·자산평

기업을 한눈에 꿰뚫어 볼 수 있는 재무제표 분석

가이익 또는 이자수익·배당금수익 등 영업외수익이 발생하거나 자산처분손실·자산평가손실 등 영업외비용이 발생한다.

한편 투자에 필요한 자금이나 영업자금이 부족할 경우 은행 등에서 자금을 빌리는 것은 재무활동이며 그 결과 이자비용 등 영업외비용이 발생한다.

손익계산서의 구조

손익계산서

20XX.1.1. ~ 20XX.12.31.

(주)한경전자   (단위 : 억 원)

과목	금액	
매출액	8,564	← 영업수익
매출원가	(6,192)	
매출총이익	2,372	영업비용
판매비와관리비	(1,518)	
영업이익	854	
영업외수익	182	← 비영업활동(투자및 재무활동)에 의한 손익
영업외비용	(542)	
법인세차감전순이익	494	
법인세비용	(144)	
당기순이익	350	← 발생주의에 의한 경영성적 (≠ 현금유입액)
주당이익	3,500원*	

* 350억 원 ÷ 1,000만 주(발행주식주)

넷째, 당해 연도의 경영성과를 알 수 있다. 최종적인 경영성과의 지표는 당기순이익이지만 여기에는 투자 및 재무활동의 성과도 포함되어 있으므로 영업활동에 따른 성과지표는 영업이익이다. 영업이익의 크기와 영업이익률은 회사의 장기적인 수익성과 지속가능성을 나타내는 가장 중요한 핵심 사업성과지표다.

(주)한경전자의 손익계산서를 통해 이 회사의 손익에 관한 정보를 파악해보자. (주)한경전자의 매출액은 8,564억 원이므로 매출원가 6,192억 원을 차감하면 매출총이익은 2,372억 원이며 판매비와관리비 1,518억 원을 마저 차감한 영업이익은 854억 원이다.

여기에 영업외손익을 가감한 법인세차감전순이익은 494억 원, 법인세비용을 차감한 당기순이익은 350억 원이다. 영업이익에 비해 법인세비용차감전순이익이 대폭 줄어든 것은 영업외비용의 규모가 너무 컸기 때문이라는 것을 알 수 있다.

손익계산서

(주)한경전자

20XX.1.1. ~ 20XX.12.31.

(단위 : 억 원)

과목	금액			
	당기		전기	
매출액	8,564	100%	8,325	100%
매출원가	(6,192)	72.3%	6,268	75.3%
매출총이익	2,372	27.7%	2,057	24.7%
판매비와관리비	(1,518)	17.7%	1,305	15.7%
영업이익	854	10%	752	9%
영업외수익	182		53	
영업외비용	(542)		(463)	
법인세차감전순이익	494		342	
법인세비용	(144)		(92)	
당기순이익	350	4%	250	3%
주당이익	3,500원		2,500원	

투자및 재무활동의 결과

매출이 계속 늘어나고 있는가?(성장성)

비용이 효율적으로 관리되고 있는가?

영업활동의 성과가 어떤가? (장기적인 수익성)

투자및 재무활동의 성과가 어떤가?

총체적인 경영성과 (순이익이 계속 늘어나고 있는가?)

전년도에 비해 매출은 2.8% 증가에 그쳤으나 매출원가율이 75.3%에서 72.3%로 낮아져 매출총이익률이 3% 포인트 개선되었다. 그러나 판매비와관리비가 대폭 증가해 영업이익률은 9%에서 10%로 1% 포인트 증가하는 데 그쳤고 매출액순이익률도 3%에서 4%로 1% 포인트 증가하는 데 그쳤다.

05 영업수익과 영업외수익의 차이점

영업수익이 곧 매출액임을 이해한 정 팀장은 이번에는 영업외수익 항목에서 잠시 주춤한다. 영업외수익이란 말 그대로 회사가 영업활동이 아닌 다른 활동을 통해 얻은 수익이라는 느낌이 드는데, 과연 어떤 원천으로 영업외적인 수익이 발생하는 것일까?

영업수익은 회사의 주된 사업활동에 의해 벌어들인 수익으로서 매출액을 의미한다. 매출액에는 상품·제품의 매출액처럼 유형의 재화를 고객에게 판매하고 얻은 수익은 물론 무형의 서비스나 용역을 제공하고 벌어들인 것도 모두 포함된다. 즉, 매출의 발생형태와 관계없이 그것이 기업의 주된 사업목적에 따른 수익창출활동에 의한 것이라면 모두 매출액에 포함된다.

이에 반해 영업외수익은 주된 영업활동과는 상관없이 발생하는 수익으로서 주로 금융자산이나 유가증권·부동산 등의 보유와 운용 등 투자활동에서 발생하는 수익을 말한다. 예를 들면 예금이나 채

기업을 한눈에 꿰뚫어 볼 수 있는 재무제표 분석

권투자에 따른 이자수익과 주식투자에 따른 배당금수익, **금융자산평가이익**, **금융자산처분이익**, **유형자산처분이익** 및 환율변동에 따라 외화자산·외화부채에서 발생하는 **외화환산이익**이나 **외환차익** 등이 이에 해당한다.

금융자산평가이익

회사가 보유하고 있는 다른 회사 주식 등 금융자산의 시가가 장부가액보다 올랐을 때 그 차액을 이익으로 인식한 것으로서 아직 처분하지 않은 상태이기 때문에 일종의 미실현이익에 해당한다.

금융자산처분이익

회사가 보유하고 있던 다른 회사주식 등 금융자산을 장부가액보다 더 비싸게 팔아서 번 차액으로서 실현된 이익이다.

유형자산처분이익

회사가 보유하고 있던 유형자산(토지, 건물, 기계장치, 차량 등)을 장부가액(취득가액에서 그동안 감가상각된 금액을 뺀 것)보다 더 비싸게 팔아서 번 차액을 말한다.

외화환산이익과 외환차익

외화환산이익은 회사가 보유중인 외화자산·외화부채를 결산일의 환율로 환산할 때 거래발생 당시의 환율보다 각각 환율이 오르거나 내려서 발생된 이익으로서 일종의 미실현이익에 해당한다. 이에 반해 외환차익은 회사가 외화자산·외화부채를 회수하거나 상환하는 시점에 각각 환율이 오르거나 내려서 확정적으로 얻은 이익을 말한다.

영업외수익은 대부분 투자자산에서 발생하는 것이므로 과거 영업활동의 성과로 축적한 금융자산·유가증권·부동산 등 투자용 자산이 비교적 많거나 이를 잘 운용하는 회사에서 많이 발생한다. 개인들도 근로자나 사업자의 경우, 주된 수입원은 각각 근로소득과 사업소득이지만 과거의 소득으로 비교적 많은 금융자산과 부동산 등을 보유하고 있다면 이자소득·배당소득·임대소득 등 근로소득이나 사업소득 이외의 소득이 많이 발생하는 것과 같은 이치이다.

기업도 주된 사업 활동의 성과인 영업이익 이외에 투자활동에 따른 영업외수익이 발생한다. 단, 회사의 장기적인 수익성을 평가할 때 이자수익이나 배당금수익 등과 같은 것은 어느정도 지속적으로 발생이 가능하지만 유가증권 관련 손익이나 유형자산처분손익, 환율변동에 따른 손익은 대부분 일회성이거나, 변동성이 높아 매년 반복적으로 발생하기 어렵다는 점을 감안해야 한다.

한편, 상장기업들이 적용하는 국제회계기준(K-IFRS)에 따른 포괄손익계산서에서는 영업외수익을 금융수익과 기타수익으로 구분해서 표시하고 있는데, 그 세부내역은 영업외수익과 같다.

기업을 한눈에 꿰뚫어 볼 수 있는 재무제표 분석

영업수익과 영업외수익

손익계산서

20XX.1.1. ~ 20XX.12.31.

(주)한경전자   (단위 : 억 원)

과목	금액
매출액	8,564
매출원가	(6,192)
매출총이익	2,372
판매비와관리비	(1,518)
영업이익	854
영업외수익	182
영업외비용	(542)
법인세차감전순이익	494
법인세비용	(144)
당기순이익	350
주당이익	3,500원

<영업수익>

상품매출액, 제품매출액, 용역매출액 등

<영업외수익>

- 이자수익 → 금융기관에 예금한 금융상품에서 발생한 이자수입
- 배당금수익 → 투자한 주식에서 받은 현금배당금
- 임대료 → 건물 등을 빌려주고 받은 수입
- 금융자산처분이익 → 금융자산을 장부가보다 비싸게 팔아 번 돈
- 금융자산평가이익 → 보유 중인 금융자산의 공정가치(시가)가 올라 발생한 평가차익
- 외환차익 → 환율변동에 따라 보유중인 외화자산(부채)에서 실현된 이익
- 외화환산이익 → 보유 중인 외화자산(부채)의 환율변동에 따른 미실현이익
- 유형자산처분이익 → 유형자산을 장부가보다 비싸게 팔아 생긴 이익
- 지분법이익 → 자회사의 경영실적(이익)을 반영한 것
- 전기오류수정이익 → 회계오류로 인해 전기에 이익을 적게 잡은 것을 당기에 이익으로 잡은 것

06 영업비용과 영업외비용의 차이점

정 팀장은 지금까지 영업비용이라는 말을 들을 때마다 늘 판매비용을 머릿속에 그려 왔다. 그러나 영업비용이란 마케팅활동을 지원하기 위한 판매비용만을 의미하지 않는다는 재무팀장의 말을 듣고는 궁금증이 생겼다. 영업비용과 영업외비용은 어떻게 구분되며 각각 어떤 항목이 있을까?

회사가 영업수익을 얻기 위해서는 반드시 영업비용을 투입해야 한다. 따라서 최소의 영업비용으로 최대의 영업수익을 얻을 수 있다면 회사의 영업이익은 많아진다.

가장 주된 영업비용은 매출원가이다. 형태가 있는 제품이나 상품을 매출하기 위해서는 반드시 원가가 수반되는데, 발생된 제조(또는 매입)원가 중에서 매출된 부분에 대한 원가를 매출원가라고 한다. 제조기업의 경우 매출원가는 기초제품재고액에 당기에 생산된 제품의 제조원가를 더한 후 기말제품재고액을 차감해 계산한다.

매출액에 대한 매출원가의 비율을 매출원가율이라고 하는데 우리나라 제조업의 평균 매출원가율은 80%내외이다. 매출원가율이 80%라는 의미는 매출총이익률이 20%라는 뜻으로 매출액이 100만 원일 경우 제품생산에 들어간 직접원가 80만 원을 빼고 나면 20만 원의 매출총이익이 발생한다는 뜻이다.

그러나 회사가 매출수익을 얻기까지 제조(매입)원가만 들어가는 것은 아니다. 제품(상품)을 팔려면 판매비용과 함께 다양한 관리비가 들어가야 하는데 이를 판매비와관리비라고 한다. 매출원가가 주로 공장 등 생산현장이나 작업현장에서 발생하는 직접비라면 판매비와 관리비는 본사 또는 매장 등 영업현장에서 발생하는 비용이다. 따라서 본사 및 영업부서의 임직원에 대한 인건비나 **대손상각비**, 업무추진비 등의 마케팅비용, 통신비, 복리후생비, 임차료, 수수료, 교육훈련비 등이 모두 이에 해당한다. 또한 제조원가의 대부분을 차지하는 재료비나 인건비 등이 **변동비**인 반면에 판매비와관리비는 대부분 **고정비**의 성격을 띤다는 점에서 차이가 있다.

대손상각비

회사가 받을 돈, 즉 채권을 회수하지 못하게 되어 발생하는 비용을 말한다. 그러나 대손상각비는 거래처의 파산이나 부도 등으로 대손이 확정되는 시점에 비용으로 처리하는 것이 아니라 매년도 결산 때마다 미래 대손예상액을 추정(이를 대손충당금이라고 한다)해서 해당 채권에서 차감표시하고 비용으로 선반영해야 한다. 나중에 거래처의 부도 또는 파산 등으로 대손이 확정된 때는 대손충당금과 해당 채권을 상계처리한다.

변동비와 고정비

변동비란 매출액이 늘어나고 줄어듦에 따라 같이 증가하고 감소하는 비용으로서 원재료비, 외주가공비, 포장비, 제품발송비용 등이 이에 해당한다.
이에 반해 고정비는 매출액이 변동하더라도 항상 일정하게 발생하는 비용으로서 감가상각비, 인건비, 보험료, 세금과공과, 임차료 등이 이에 해당한다.

한편, 영업외비용은 영업외수익과는 반대로 차입금에 대한 이자비용이나 금융자산평가손실 및 금융자산처분손실과 같은 유가증권 관련손실 그리고 환율변동에 따라 외화자산·외화부채에서 발생하는 외화환산손실 및 외환차손 등을 말한다.

또한 상장기업들이 적용하는 국제회계기준(K-IFRS)에 따른 포괄손익계산서에서는 영업외비용을 금융비용과 기타비용으로 구분해서 표시하고 있는데, 그 세부내역은 영업외비용과 같다.

과다한 영업외비용은 그만큼 영업이익을 훼손하게 되므로 철저한 관리가 매우 중요하다. 월급을 받는 개인들이 은행대출금에 대한 거액의 이자비용을 지출하거나 주식투자 실패로 돈을 까먹으면 주된 소득인 근로소득이 줄어드는 것과 마찬가지 이치이다.

(주)한경전자의 경우에도 영업이익 854억 원에 비해 세전순이익이 494억 원으로 대폭 줄어든 것은 영업외비용, 특히 이자비용의 규모가 너무 컸기 때문이며 이는 차입금의 규모가 지나치게 과다함을 보여주는 신호이다.

기업을 한눈에 꿰뚫어 볼 수 있는 재무제표 분석

영업비용과 영업외비용

손익계산서

20XX.1.1. ~ 20XX.12.31.

(주)한경전자 (단위 : 억 원)

과목	금액	
매출액	8,564	100%
매출원가	(6,192)	72.3%
매출총이익	2,372	27.7%
판매비와관리비	(1,518)	17.7%
영업이익	854	10%
영업외수익	182	
영업외비용	(542)	
법인세차감전순이익	494	
법인세비용	(144)	
당기순이익	350	
주당이익	3,500원	

영업비용

<매출원가>

상품매출원가, 제품매출원가, 용역매출원가 등

① 기초재고액 698
② 당기매입(제조)원가 6,321
③ 기말재고액 (827)

((① + ② - ③) 6,192

<판매비와관리비>

- 급여
- 퇴직급여
- 복리후생비
- 여비교통비
- 기업업무추진비
- 광고선전비
- 경상개발비
- 판매수수료
- 대손상각비
- 세금과공과
- 차량유지비
- 임차료
- 감가상각비
- 교육훈련비
- 보험료
- 무형자산상각비
- 연구비

<영업외비용>

- 이자비용
- 금융자산처분손실
- 금융자산평가손실
- 외환차손
- 외화환산손실
- 기타의 대손상각비
- 유형자산처분손실
- 사채상환손실
- 매출채권처분손실
- 지분법손실
- 기부금
- 전기오류수정손실

07 손익계산서의 핵심 체크포인트

손익계산서의 구조와 보는 방법에 자신감이 붙은 정 팀장은 이제부터는 회사의 경영 성과를 좀 더 자세히 따져봐야겠다고 마음먹고 손익계산서를 다시 펼쳐들었다. 그런데 어떤 항목을 중점적으로 봐야하는지, 무엇과 무엇을 비교해야 하는지 알 수가 없다. 손익계산서를 통해 중점적으로 체크해야 할 사항은 무엇일까?

    손익계산서가 회사의 다양한 손익정보를 담고 있기는 하지만 하나하나 뜯어 보지않으면 상세한 정보를 알기 어렵다. 특히 기업가치를 결정하는 핵심변수가 수익성이므로 손익계산서를 통한 수익성평가는 투자자 등 재무분석자에게는 필수적인 과제다.

    손익계산서를 볼 때는 먼저 매출총이익의 크기를 통해 회사가 취급하는 제품(상품) 또는 서비스의 1차 마진이 어느 정도인지 알아야 한다. 왜냐하면 매출액에 대한 매출총이익의 비율, 즉 **매출총이익률**이 너무 낮다면 매출을 통한 영업이익창출에 한계가 있을 수밖에 없기 때문이다. 또한 매출총이익률이 과거와 어떤 변화가 있는지 최근의 추세를 살펴보고 경쟁업체 및 동종업계평균과 비교해서 어느 정

기업을 한눈에 꿰뚫어 볼 수 있는 재무제표 분석

도 수준인지도 따져봐야 한다.

매출총이익률

매출액에 대한 매출총이익의 비율로서 제품이나 상품 자체의 마진율을 의미한다. 매출총이익률이 15%라면 매출원가율은 85%라는 의미이며, 이 경우 판매관리비가 15% 이상 발생하면 영업적자가 발생한다는 뜻이다.

사업의 최종적인 성과는 영업이익이므로 매출원가 못지 않게 판매비와관리비도 중요하다. 매출총이익이 많아도 판매비와관리비가 과다하면 영업이익이 형편없을 수 있다. 판매비와관리비가 적정한 수준인지는 매출총이익률과 영업이익률의 비교를 통해 체크할 수 있다. 매출총이익률에 비해 **영업이익률**이 현저히 낮다면 판매비와관리비의 규모가 너무 과다하지 않은지 체크해야 한다.

영업이익률

매출액에 대한 영업이익의 비율로서 매출액에 대한 영업성과가 어느 정도인지를 나타낸다. 영업이익률이 10%라면 매출원가와 판매관리비를 합친 총영업비용이 매출의 90%라는 뜻이다.

매출총이익과 영업이익의 비교를 통해 회사의 경영체질도 따져볼 수 있는데 매출총이익이 많고 영업이익도 많은 회사라면 돈을 잘 버는 이익체질형의 회사라고 할 수 있다. 그러나 매출총이익은 많은데도 영업이익이 대폭 줄어들었다면 관리가 부실한 방만경영형의

회사라고 할 수 있으며, 반대로 매출총이익에 비해 영업이익이 그다지 줄지 않았다면 관리를 잘하는 회사로 보면 된다. 물론 이 과정에서 반드시 업종의 특성을 감안해야 하는데, 일반적으로 음·식료품제조회사나 제약회사처럼 마케팅비용(판매비)이 많이 발생하는 업종은 일반 제조업과는 달리 매출원가의 비중이 낮은 대신 상대적으로 판매비와관리비의 비중이 높은 편이다.

한편, 영업이익과 세전순이익을 비교하면 자금이 부족한 회사인지, 여유자금이 많은 회사인지 알 수 있다. 영업이익에 비해 세전순이익이 더 많으면 회사가 여유자금의 투자 등을 통해 많은 금융수익을 얻고 있을 가능성이 높으며, 반대로 영업이익에 비해 세전순이익이 더 적으면 차입의존형의 회사로서 과다한 이자비용이 지출되고 있을 가능성이 높다. 물론 영업외손익에는 이자수익과 이자비용 외에도 여러 가지 항목이 있으므로 상세한 원인은 항목을 하나하나 들여다본 후 판단해야 한다.

마지막으로 손익항목 중 자산매각에 따른 손익(유형자산처분손익)처럼 일시적으로 발생하는 손익이 포함된 경우에는 이를 충분히 고려해야 한다. 이런 일회성 손익항목은 매년 반복적으로 발생하는 항목이 아니므로 회사의 장기적인 수익성을 평가할 때는 제외시켜야 한다.

기업을 한눈에 꿰뚫어 볼 수 있는 재무제표 분석

1. 매출총이익과 영업이익으로부터 경영체질을 파악한다

2. 영업이익과 법인세차감전순이익으로부터 자금의 여유도를 파악한다

손익계산서

20XX.1.1. ~ 20XX.12.31.

(주)한경전자   (단위 : 억 원)

과목	금액	한경전자의 구성비	전자부품 제조업종의 평균구성비*	
매출액	8,564	100%	100%	
매출원가	(6,192)	72.3%	80%	
매출총이익	2,372	27.7%	20%	경영체질
판매비와관리비	(1,518)	17.7%	14.5%	
영업이익	854	10%	5.5%	
영업외수익	182	2.1%	5.6%	자금여유도
영업외비용	(542)	6.3%	4.3%	
법인세차감전순이익	494	5.7%	6.8%	
법인세비용	(144)	1.7%	1.2%	
당기순이익	350	4%	5.6%	
주당이익	3,500원	-	-	

* 한국은행 <기업경영분석>에서 인용

(주)한경전자는 동종 업계 평균치보다 매출원가율이 낮아 상품과 제품의 마진이 높은 편이다. 그러나 판매비와관리비의 비중이 높아 영업이익률은 10%에 그치고 있으므로(방만경영형) 판매비와관리비의 감축이 필요하다. 한편 타사의 경우 영업외수익과 영업외비용의 비중이 비슷하지만 (주)한경전자는 영업외비용이 매우 많아(차입의존형) 영업이익에 비해 법인세차감전순이익이 대폭 줄어드는 현상을 보이고 있다.

재무상태표 보는 법

회사의 덩치와 체성분(근육·지방량)을
체크한다

08 재무상태표는 이렇게 구성된다

손익계산서를 통해 회사의 경영성과를 파악한 정 팀장, 이번에는 재무상태표에 도전해 보기로 했다. 그런데 재무상태표는 일단 명칭부터 바로 와닿지 않는데다가 충당금·잉여금·유동자산·유동부채 등 생소한 항목이 너무 많아 당혹스럽다. 재무상태표는 어떻게 구성된 것일까?

손익계산서가 회사의 경영성과를 보여주는 재무보고서라면, **재무상태표**는 재무상태를 보여주는 재무보고서이다. 여기서 재무상태란 회사가 가지고 있는 자산·부채·자본의 결산일 현재 잔액 상태를 의미한다.

자산은 미래에 "회사로 들어올 돈"을 의미한다. 은행예금이나 거래처에서 받을 매출채권, 투자한 유가증권과 창고·매장에 있는 재고자산이 모두 앞으로 현금화될 자산이다.

부채는 이와 반대로 "회사로부터 나갈 돈"이다. 은행차입금과 거래처에 지급해야 할 매입채무, 퇴직금부채 등은 미래에 상환시점에서 현금성자산이 나갈 수밖에 없다.

앞으로 들어올 돈에서 나갈 돈을 뺀 차액이 **자본**이다. 즉, 자본은 자산에서 부채를 차감한 것이므로 자본은 기업이 보유하고 있는 순자산을 뜻한다. 자산·부채·자본의 잔액은 매일매일 변하는데, 재무상태표에 표시된 금액은 결산일 현재의 잔액을 의미한다.

사업을 하기 위해서는 자본이 필요한데, 사업자본은 두 가지 원천에 의해 조달된다. 부채는 갚아야 할 남의 돈이므로 이를 타인자본이라고 한다. 하지만 자본은 회사의 주인인 주주의 돈으로서 상환할 필요가 없으므로 이를 자기자본이라고 한다. 그리고 부채와 자본을 합쳐서 **총자본**이라고 한다.

재무상태표는 크게 차변의 자산과 대변의 부채 및 자본으로 구성되어 있다. 대변의 부채와 자본은 기업자금의 조달원천을 보여주는 것으로, 기업 활동에 필요한 자금이 어디서 얼마나 조달되었는지를 나타낸다. 그리고 이렇게 조달된 자금이 어떻게 운용되고 있는지를 차변의 각 자산계정이 보여준다. 조달된 자금은 현재 운용되고 있는 자산의 합계액과 일치해야 하므로 재무상태표상으로는 **"자산총계 = 부채총계 + 자본총계"**라는 등식이 성립된다. 이는 총자산이 총자본(부채총계 + 자본총계)과 같다는 의미다.

재무상태표가 결산일 현재 회사가 갖고 있는 자산·부채·자본의 잔액(Balance)을 나타내지만, 재무적으로는 각 항목간 금액의 균형(Balancing)이 훨씬 더 중요하다. 재무상태표에서는 각 항목간에 숫자의 균형이 중요하므로 이를 "균형표"라고 표현하기도 한다. 특히 부채와 자본의 균형이 무엇보다 중요하다. (자기)자본에 비해 지나치게 부채가 많다면 위험하기 때문이다. 그렇다고 해서 자본이 지나치게 많아도 안된다. 부채가 적고 자본이 많으면 안전하겠지만 과다한 자본으로 인해 자기자본순이익률(ROE)이 낮아져서 기업가치가 떨어질 수 있기 때문이다.

결국 재무상태표는 자산·부채·자본항목의 잔액과 함께 항목간 금액의 균형을 보여주는 것으로서 그 금액이 불균형한 기업을 재무상태가 나쁜 기업이라고 평가한다.

이런 균형여부를 평가하기 위해 재무상태표에서는 자산을 다시 유동자산과 비유동자산으로 나눈다. 자산을 "앞으로 들어올 돈"이라고 정의했는데, 구체적인 현금화시기에 따라 결산일로부터 1년 안에 현금화될 수 있는 자산을 **유동자산**, 그렇지 않은 자산을 비유동자산이라고 한다. 비유동자산은 투자자산·유형자산·무형자산·기타비유동자산으로 구분된다. 투자자산은 장기투자목적으로 보유하는 금융자산과 부동산을, 유형자산은 사업활동에 사용하기 위한 토지·건물·기계·차량·비품 등을 말한다. 무형자산에는 특허권·상표권 등 산업재산권과 개발비가 포함된다.

부채 또한 결산일로부터 1년 안에 갚아야 하는 **유동부채**와 그렇지 않은 비유동부채로 구분한다. 이렇게 구분해 표시하면 유동자산과 유동부채의 비교를 통해 단기부채인 유동부채의 상환능력을 체크할 수 있다. 단기부채인 유동부채를 원활히 상환하려면 유동부채보다 유동자산이 더 많아야 한다. 만약 유동부채보다 유동자산금액이 더 적다면 두 항목간의 불균형이 발생한 것이며 이로 인해 재무상태는 위험한 것으로 평가된다.

그런데 회계기준에서는 유동자산에 재고자산을 포함시킨다. 하지만 재고자산은 판매라는 과정을 거쳐 현금화되는 것이므로 금융상품이나 매출채권보다는 현금화되는 속도가 느리며 경기상황에 따라 1년 안에 판매되지 않을 수도 있다. 따라서 일반기업회계기준에서는 유동자산 중 재고자산을 제외한 나머지 자산을 **당좌자산**(Quick Asset)으로 묶어서 따로 표시한다.

당좌자산

유동자산에서 재고자산을 제외한 자산으로서 1년 이내에 신속하게 현금화될 수 있는 자산을 말한다. 현금및현금성자산, 단기금융상품, 매출채권, 단기매매증권, 만기보유증권, 매도가능증권, 단기대여금, 미수금, 선급금, 선급비용 등이 이에 해당한다.
한편, 국제회계기준(K-IFRS)에 따른 상장기업의 재무상태표에서는 유가증권 등 금융자산을 ①당기손익-공정가치 금융자산(공정가치 평가 후 평가손익을 당기손익에 반영) ②기타포괄손익-공정가치 금융자산(공정가치 평가 후 평가손익을 자본에 반영) ③상각후원가-금융자산(공정가치 평가를 생략)으로 분류하여 표시한다.

즉, 유동자산은 당좌자산과 재고자산으로 나뉘는데, 회사의 재고자산에 문제가 있거나 단기지급능력을 보다 엄격하게 평가할 때는 재고자산을 제외한 당좌자산만으로 평가하는 것이 바람직하다.

기업을 한눈에 꿰뚫어 볼 수 있는 재무제표 분석

한편, 자본은 자본금과 자본잉여금, 이익잉여금, 기타포괄손익누계액 및 자본조정으로 나뉜다. 자본(재무상태표에서는 자본총계로 표시된다)은 회사의 자산총액에서 갚아야 할 부채총액을 차감한 것이므로 순자산의 의미를 갖는다. 또한 자본은 자산 총액 중 주주의 몫에 해당하는 것이므로 **주주지분**이라고도 하며, 타인자본인 부채가 제외된 것이므로 재무적으로는 **자기자본**이라고 한다.

(주)한경전자는 타인자본(부채총계) 3,845억 원과 자기자본(자본총계) 3,198억 원으로 자본을 조달해 총자산규모가 7,043억 원에 이르는 회사이다. 자산 중 유동자산은 3,667억 원, 비유동자산은 3,376억 원이며, 부채 중 유동부채는 2,619억 원, 비유동부채는 1,226억 원이다. 또한 **자본금**은 500억 원이지만 **이익잉여금**이 2,350억 원으로 자기자본의 규모가 비교적 큰 회사임을 알 수 있다.

자본금

회사가 발행한 주식의 액면총액으로서 등기된 자본금을 말한다. 발행주식수가 10만 주이고 주당 액면가가 5,000원이라면 자본금은 5억 원이 된다.

이익잉여금

주주로부터 출자 받은 자본금 이외에 영업활동을 통해 회사의 순자산이 늘어난 것으로서 매년도 손익계산서의 당기순이익(배당을 통해 주주에게 지급된 것을 제외)이 누적된 것이다. 이익잉여금은 과거 순이익의 누적금액이므로 이익잉여금이 많다는 것은 과거 사업성과가 좋았음을 의미하며 이를 통해 그동안 사업규모가 확장되어 왔음을 알 수 있다.

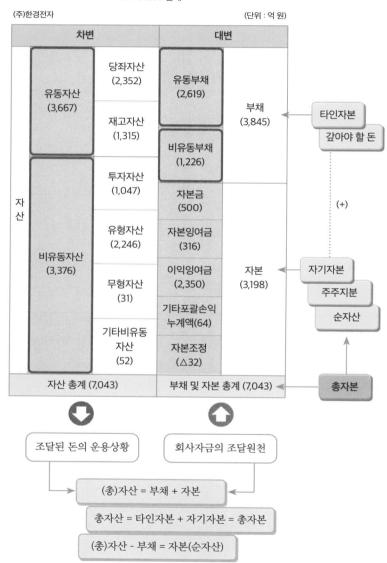

재무상태표

20XX.12.31. 현재

(주)한경전자   (단위 : 억 원)

차변	대변

자산

유동자산
(3,667)
- 당좌자산 (2,352)
- 재고자산 (1,315)

비유동자산
(3,376)
- 투자자산 (1,047)
- 유형자산 (2,246)
- 무형자산 (31)
- 기타비유동자산 (52)

부채 (3,845)
- 유동부채 (2,619)
- 비유동부채 (1,226)

자본 (3,198)
- 자본금 (500)
- 자본잉여금 (316)
- 이익잉여금 (2,350)
- 기타포괄손익누계액(64)
- 자본조정 (△32)

자산 총계 (7,043)   부채 및 자본 총계 (7,043)

타인자본
갚아야 할 돈

(+)

자기자본
주주지분
순자산

총자본

조달된 돈의 운용상황   회사자금의 조달원천

(총)자산 = 부채 + 자본

총자산 = 타인자본 + 자기자본 = 총자본

(총)자산 - 부채 = 자본(순자산)

기업을 한눈에 꿰뚫어 볼 수 있는 재무제표 분석

재무상태표

당기(12기) 20XX년 12월 31일 현재
전기(11기) 20XX년 12월 31일 현재

(주)한경전자

(단위 : 백만원)

과목	당기(12기)	전기(11기)	과목	당기(12기)	전기(11기)
I . 유동자산	366,724	324,919	I . 유동부채	261,943	247,325
(1) 당좌자산	235,203	212,383	1. 매입채무	83,641	56,744
1. 현금및현금성자산	7,830	12,457	2. 단기차입금	152,360	167,240
2. 단기금융상품	52,327	46,575	3. 미지급법인세	12,450	11,639
3. 매출채권	174,625	152,831	4. 선수금	4,724	2,914
4. 단기대여금	237	362	5. 예수금	6,852	7,362
5. 미수수익	95	72	6. 기타 유동부채	1,916	1,426
6. 선급금	37	54			
7. 선급비용	52	32	II . 비유동부채	122,567	125,629
(2) 재고자산	131,521	112,536	1. 장기차입금	94,273	76,561
1. 상품	24,321	17,264	2. 퇴직급여충당부채	21,468	19,247
2. 제품	58,398	52,586	3. 기타 비유동부채	6,826	29,821
3. 원재료	12,529	15,362			
4. 재공품	36,273	27,324	부채 총계	384,510	372,954
II . 비유동자산	337,618	346,309	I . 자본금	50,000	50,000
(1) 투자자산	104,720	127,859			
1. 장기금융상품	88,240	115,019	II . 자본잉여금	31,625	31,625
2. 매도가능증권	12,880	9,240	1. 주식발행초과금	29,547	29,547
3. 장기대여금	3,600	3,600	2. 기타자본잉여금	2,078	2,078
(2) 유형자산	224,632	209,365			
1. 토지	120,416	104,212	III . 이익잉여금	235,012	215,001
2. 건물	42,512	37,365	1. 법정적립금	19,271	17,771
3. 기계장치	39,249	28,321	2. 임의적립금	173,469	162,142
4. 비품	6,837	7,625	3. 미처분이익잉여금	42,272	35,088
5. 차량운반구	11,256	24,321			
6. 기타	4,362	7,521	IV . 기타포괄손익누계액	6,410	4,863
(3) 무형자산	3,126	3,945	1. 매도가능증권평가이익	6,410	4,863
1. 산업재산권	1,427	1,826			
2. 개발비	1,699	2,119	V . 자본조정	(3,215)	(3,215)
(4) 기타비유동자산	5,140	5,140	1. 자기주식	(3,215)	(3,215)
1. 보증금	5,140	5,140			
			자본 총계	319,832	298,274
자산 총계	704,342	671,228	부채 및 자본 총계	704,342	671,228

재무상태표를 보면 알 수 있는 정보

✦ ✦ ✦

정 팀장은 재무상태표를 보면 회사의 전반적인 재무상태를 알 수 있다고 들었다. 그런데 재무상태란 구체적으로 무엇을 의미하는 것이며 투자자는 재무상태표를 통해 어떤 정보를 얻을 수 있을까?

재무상태표를 보면 회사의 재무상태에 관한 다음과 같은 정보를 얻을 수 있다.

첫째, 총자산금액을 통해 회사의 규모(덩치)를 알 수 있다. 총자산이 많다는 것은 그만큼 조달된 자금, 즉 총자본(부채 + 자본)이 많다는 것이고 그에 따라 더 많은 자본비용이 발생하기 때문에 더 많은 영업이익을 얻어야 함을 의미한다. 다른 변수를 무시하고 단순 계산하더라도 총자산이 10억 원인 회사의 영업이익이 1억 원이라면 총자산이 100억 원인 기업은 10배인 10억 원을 벌어야 한다.

왜냐하면 자본을 사용하기 위해서는 반드시 투자자에게 그 대가를 지불해야 하기 때문인데 이를 **자본비용**이라고 한다. 따라서 회사가 조달한 자금의 원가, 즉 자본비용이 어느 정도이며 투자받은 자본에 대한 비용을 지급할 정도로 충분한 성과(영업이익)를 내고 있는지를 따져야 한다. 즉, 회사의 덩치(총자산)에 비례해서 영업이익성과가 나와야 한다는 뜻이다.

자본비용

회사가 투자자로부터 조달한 자본을 사용하는 대가로 투자자에게 지불해야 하는 비용을 말한다. 일반적으로 차입금과 같은 타인자본에 대해서는 이자비용이, 자기자본에 대해서는 배당금이 자본비용으로 발생한다. 정상적인 기업이라면 최소한 매년 이자비용과 주주가 원하는 배당금을 지급할 정도의 영업이익을 내야 한다.

둘째, 부채금액과 자본금액의 비교를 통해 회사의 재무구조가 건전한지를 알 수 있다. 재무구조란 타인자본인 부채와 자기자본인 자본의 관계비율을 의미하는 것으로 구체적으로는 **부채비율** 또는 **자기자본비율**로 측정한다. 부채비율이 너무 높거나 자기자본비율이 너무 낮을 경우 자기자본에 비해 상환해야 할 부채가 너무 많아서 재무적 안정성이 떨어진다.

부채비율

부채총계 ÷ 자본총계
부채가 자기자본의 몇 배인지를 나타내는 것으로서 일반적으로는 200% 이하를 양호하다고 본다.

자기자본비율

자본총계 ÷ 총자본(부채와자본총계)
총자본 중 자기자본이 차지하는 구성비율로서 40% 이상은 돼야 양호하다고 본다.

셋째, 이익잉여금의 크기를 통해 과거 영업활동으로 지금까지 회사 내부에 유보된 자산, 즉 재투자된 자산이 얼마인지를 알 수 있다. 아울러 이익잉여금이 많다는 것은 단기적인 손실을 감당할 여력이 그만큼 충분하다는 의미이다. 반면에 이익잉여금이 충분하지 않다면 사업 환경이 악화되어 손실이 발생할 경우 주주의 투자금인 자본금을 까먹을 가능성(이를 자본잠식이라고 한다)이 높다.

넷째, 유동자산과 유동부채의 비교를 통해 단기채무의 상환능력 등 회사의 단기지급능력(유동성)에 관한 정보를 얻을 수 있다. 회사가 단기부채를 제때에 상환하기 위해서는 최소한 유동부채보다 더 많은 유동자산을 보유하고 있어야 한다.

다섯째, 회사의 순자산가치가 얼마인지를 파악할 수 있다. 재무상태표의 자산에서 부채를 차감한 금액은 결산일 현재 회사의 장부상 순자산금액으로서 이를 발행주식수로 나누면 1주당 순자산가치(BPS : Book-value Per Share)가 계산된다. 이는 만약 회사가 청산을 한다면 1주당 회사재산이 얼마나 주주에게 분배될 수 있는지를 보여주는 금액이다.

기업을 한눈에 꿰뚫어 볼 수 있는 재무제표 분석

재무상태표에서 얻을 수 있는 정보

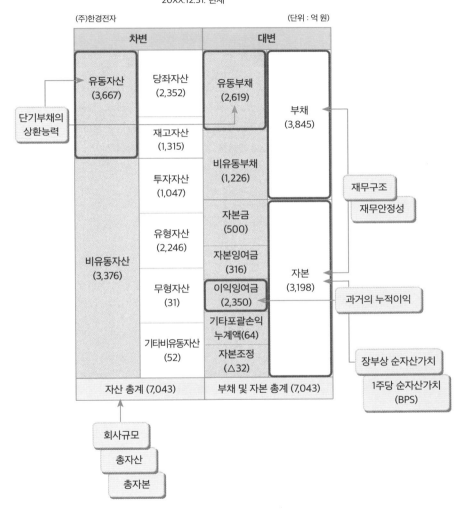

재무상태표

20XX.12.31. 현재

(주)한경전자   (단위 : 억 원)

차변		대변	
유동자산 (3,667)	당좌자산 (2,352)	유동부채 (2,619)	부채 (3,845)
	재고자산 (1,315)		
비유동자산 (3,376)	투자자산 (1,047)	비유동부채 (1,226)	
	유형자산 (2,246)	자본금 (500)	자본 (3,198)
		자본잉여금 (316)	
	무형자산 (31)	이익잉여금 (2,350)	
	기타비유동자산 (52)	기타포괄손익 누계액(64)	
		자본조정 (△32)	
자산 총계 (7,043)		부채 및 자본 총계 (7,043)	

단기부채의 상환능력

재무구조
재무안정성

과거의 누적이익

장부상 순자산가치

1주당 순자산가치
(BPS)

회사규모
총자산
총자본

10

부채와 자본을 더한 것이
총자본이다

정 팀장은 부채와 자본 모두 기업자금의 조달 원천으로서 총자본을 구성한다는 면에서는 같지만 차이점도 있다는 얘기를 들었다. 타인자본인 부채와 자기자본인 자본은 어떤 차이가 있으며, 어떤 방법으로 자금을 조달하는 것이 더 유리할까?

흔히 말하는 재무구조란 회사가 필요로 하는 자금을 조달하는 두 가지 수단, 즉 타인자본을 가리키는 부채와 자기자본을 가리키는 자본의 구성비를 말한다. 재무구조가 나쁘다거나 악화됐다는 것은 자기자본에 비해 부채가 과다하다는 뜻이다. 왜 부채가 많으면 재무구조가 나쁘다고 표현하는 것일까?

일단 부채인 타인자본은 만기 등 일정기한이 되면 반드시 상환해야 하지만 자기자본은 그럴 필요가 없다는 점에서 차이가 있다. 해당 기업의 주주가 자신이 투자한 돈을 회수하고 싶으면 투자한 회사에 상환을 요구하는 것이 아니라 다른 사람에게 주식을 팔아야 한다. 결국 회사 입장에서 주주의 돈은 영원히 사용가능하므로 상환에

기업을 한눈에 꿰뚫어 볼 수 있는 재무제표 분석

따른 부담이 없고 그만큼 자금을 장기간동안 더 안정적으로 사용할
수 있다.

  또한 부채든 자본이든 회사가 투자자로부터 자금을 받아쓰기 위
해서는 반드시 그 대가를 지불해야 하는데 이를 자본비용(Cost of
Capital)이라고 한다. 일종의 돈의 원가인 셈이다. 일반적으로 타인자
본을 사용할 때는 금융기관 등 채권자에게 이자비용이 지급되고, 자
기자본을 사용할 때는 주주에게 배당금이 지급된다. 여기서 이자비
용은 회사의 손익 상황에 상관없이 반드시 계약상 정해진 대로 지급
해야 하므로 피할 수 없는 고정비에 해당한다.

  하지만 배당은 반드시 지급해야 하는 비용이 아니라 이익성과의
일부를 주주에게 분배하는 것이므로 배당 가능한 이익잉여금이 없
거나 현금성자산이 부족하다면 지급을 하지 않아도 무방하다.

  이렇게 보면 기업의 입장에서는 타인자본보다 자기자본이 더 유
리하다고 생각할 수 있다. 하지만 자기자본의 사용에 대한 기회비용,
즉 자기자본비용을 고려하면 자기자본이 반드시 유리하다고 단정할
수 없다.
  예를 들어 30억 원을 자본금으로 출자한 주주의 경우 그 돈을 회
사에 출자하지 않고 다른 투자대상(부동산이나 펀드, 예금 등)에 투자했
더라면 얻을 수 있었던 수익을 놓친 것이므로 당연히 기회비용으로
서의 원가가 발생한다.

게다가 주식은 기업에 대한 투자로서 매우 위험하므로 그만큼 투자자가 요구하는 기대수익률이 높을 수밖에 없다. 은행예금은 안전자산이므로 이에 대한 예금투자자의 요구(기대)수익률이 낮기 때문에 낮은 이자율에도 불구하고 예금에 투자하는 것이다.

따라서 위험자산인 주식에 투자한 주주의 요구(기대)수익률이 훨씬 높을 수밖에 없는데, 일반적으로 최소 10%라고 본다. 이 경우 자기자본비용은 주주에게 사후적으로 지급한 배당금이 아니라 주주가 사전에 요구하는 기대수익률로 계산해야 한다.

또한 기업은 매년 순이익의 일부분만을 배당하고 나머지 금액은 기업에 재투자되므로 이익잉여금을 포함한 자기자본총액이 기업에 투자한 주주의 돈이다. 따라서 이 금액을 기준으로 자본비용을 계산해야 한다. 자기자본비용은 최소한 자기자본의 10%로서 차입금의 이자율보다 높다. 은행보다 더 높은 위험을 감수하는 주주의 요구수익률이 높은 것은 당연하며 주주의 돈은 그 원가가 매우 비싸다고 봐야 한다.

그러므로 기업의 입장에서는 차입금 등 부채가 주주의 돈보다 자본비용이 싸기 때문에 더 유리하다. 또한 이자비용은 회사의 비용이면서 세무상 **손금**으로 인정되므로 이에 대해서는 법인세 감세효과가 발생한다. 예를 들어 이자비용 1억 원이 지출되었더라도 세무상 손금으로 인정되면 법인소득이 그만큼 줄어들어 **법인세율**이 20%일 경우 2,200만 원(법인세의 10%인 지방소득세를 포함)의 법인세가 줄어

기업을 한눈에 꿰뚫어 볼 수 있는 재무제표 분석

드는 효과가 생긴다. 따라서 이자지급으로 인해 실제 유출된 현금은 7,800만 원인 셈이다. 그러나 배당금은 비용과 손금으로 들어가는 것이 아니기 때문에 이런 효과가 전혀 발생하지 않는다.

손금

법인세를 계산할 때 법인의 소득금액은 익금에서 손금을 차감해서 계산한다. 세법에서는 수익을 익금, 비용을 손금이라고 한다. 용어를 달리 사용하는 이유는 회계상 비용이라도 세법에서 비용으로 인정하지 않는 항목들이 있기 때문이다.

법인세율

법인세 과세표준에 대해 적용되는 세율로서 과세표준 2억 원까지는 9%, 2억 원 초과금액에 대해서는 19%, 200억 원 초과 금액에 대해서는 21%가 적용된다. 법인세 산출세액에는 10%의 지방소득세(법인세분)가 과세된다.

하지만 과다한 부채사용은 재무구조 악화로 독이 될 수 있다. 또한 부채사용 증가로 인해 이자비용이 증가하면 주주순이익이 그만큼 줄어든다. 이와 반대로 자기자본을 너무 많이 사용하면 자기자본에 대한 이익률(자기자본순이익률)이 낮아져서 주주가치가 훼손될 수도 있다.

그러므로 타인자본과 자기자본의 이와 같은 특성을 감안해 **가중평균자본비용**이 가장 적게 발생하는 **최적자본구조**를 유지하면서 영

업이익 또는 영업현금흐름 등 총자본의 운용성과를 최대화하는 것
이 기업가치를 극대화하는 길이다.

가중평균자본비용(WACC: Weighted Average Cost of Capital)

타인자본(차입금)에 대한 자본비용과 자기자본에 대한 자본비용을, 그 구
성 비율을 곱해서 평균한 회사전체의 자본비용을 말한다. 차입금과 자기
자본이 각각 20%와 80%이고 각각의 자본비용이 6%(법인세율이 20%
일 경우 세금효과를 감안하면 4.8%)와 10%라면 가중평균자본비용은
8.96%((0.2 × 4.8%) + (0.8 × 10%))로 계산된다. 사업자본의 평균원가가
8.96%라면 최소한 총자본금액의 8.96% 이상 영업이익이 나와야 자본비
용을 충당할 수 있다는 뜻이다.

최적자본구조

기업가치의 극대화를 위해서는 부채와 자기자본의 가중평균자본비용
(WACC)이 가장 적게 발생하는 자본구조를 유지해야 하는데 이렇게 가중평
균자본비용을 최소로 하는 부채와 자기자본의 최적결합을 말한다. 총자본
중 부채의 비중을 늘리면 이자비용 증가로 주주순이익이 줄어들고, 자본의
비중을 늘리면 이자비용 감소로 주주순이익은 증가하지만 자기자본이 증가
해서 자기자본순이익률이 하락한다.

기업을 한눈에 꿰뚫어 볼 수 있는 재무제표 분석

11 총자산(체격)보다 순자산(근육량)이 중요하다

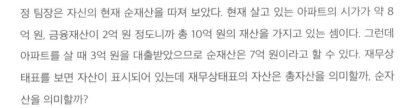

정 팀장은 자신의 현재 순재산을 따져 보았다. 현재 살고 있는 아파트의 시가가 약 8억 원, 금융재산이 2억 원 정도니까 총 10억 원의 재산을 가지고 있는 셈이다. 그런데 아파트를 살 때 3억 원을 대출받았으므로 순재산은 7억 원이라고 할 수 있다. 재무상태표를 보면 자산이 표시되어 있는데 재무상태표의 자산은 총자산을 의미할까, 순재산을 의미할까?

　　재무상태표에 표시되는 자산은 회사가 미래에 갚아야 할 부채까지 포함된 **총자산**이다. 총자산은 단지 그 회사의 규모(덩치)를 보여줄 뿐이므로 주주의 입장에서 기업가치를 따질 때는 회사자산 중 채권자의 몫, 즉 부채를 뺀 순자산가치를 봐야 한다.

　　회사의 총재산을 의미하는 자산에서 부채를 차감한 잔여재산가액이 곧 주주의 지분(몫)이 되는 셈인데, 부채를 통해 회사규모를 불리는 것은 마치 개인들이 금융기관에서 잔뜩 돈을 빌려 자산을 불려나가는 것과 같은 것으로 순자산에는 아무런 변화가 없다.

　　따라서 기업가치상승을 기대하고 투자한 투자자의 입장에서는 총자산보다 **순자산**이 늘어나는 것이 훨씬 더 중요하다. 회사가 순자산,

즉 자기자본을 늘리는 최선의 방법은 충분한 이익성과를 내는 것이다. 매년 벌어들인 순이익은 재무상태표의 이익잉여금으로 들어가 그만큼 자본이 증가하며 총자산도 증가하는데 이를 성장이라고 생각하면 된다. 이처럼 기업은 해마다 충분한 이익성과를 내서 순자산을 늘려나가는 것이 목적이다.

12 자본속에 자본금이 들어있다

★★★

회사의 재무상태표를 들여다보던 정 팀장은 자본이라는 항목 속에 자본금이 있는 것을 보고, "자본과 자본금이 같은 것이 아닌가?"라고 생각했다. 자본과 자본금은 어떻게 다를까?

주주들이 출자를 통해 회사에 자본을 제공하는 방법은 회사가 발행한 주식을 사는 것이다. 주식은 그 증서에 거래단위를 나타내는 액면가가 표시되어 있는데, 자본금이란 이 액면가를 기준으로 한 발행자본 금액을 말한다. 즉, 회사가 발행한 주식수에 주당 액면가액을 곱한 것이 **자본금**이다. 예를 들어 회사가 발행한 주식이 1,000만 주이고 주당 액면가액이 500원이라면 자본금은 50억 원이 된다.

하지만 **자본**은 회사의 총자산에서 부채를 뺀 순자산으로서 일반적으로 자본금보다 많아야 한다. 왜냐하면 회사가 매년 벌어들인 순이익만큼 회사의 순자산이 증가하게 되므로 순자산(자본)은 해마다 점점 늘어나는 것이 일반적이기 때문이다. 이 경우 순자산금액이 자본금을 초과하는 부분을 **잉여금**(surplus)이라고 한다.

　잉여금이 있는 회사는 주주로부터 투자받은 자본금보다 순자산이 더 많다는 의미이며 잉여금이 마이너스인 회사, 즉 **미처리결손금**이 있는 회사는 자본금보다 순자산이 더 적다는 의미로 자본금을 까먹었다는 뜻이다. 회사의 자산에 대한 주주의 지분은 부채를 차감한 순자산에 대한 권리를 의미하므로 자본을 주주지분이라고 한다. 반면에 자본금은 상법에 따라 회사의 법인등기부에 등재된 자본이므로 이를 **법정자본금**이라고 한다.

미처리결손금

특정년도의 비용이 수익을 초과한 경우 이를 당기순손실이라 하는데, 그 금액이 전기로부터 이월된 미처분이익잉여금보다 더 많을 경우 그 초과액을 미처리결손금이라고 한다. 예를 들어, 당기순손실이 10억 원인데 전기이월 미처분이익잉여금이 6억 원이라면 이월된 이익잉여금을 차감해도 미처리된 결손금이 4억 원이다. 이렇게 미처리결손금이 발생한 경우에는 이를 과거에 유보해둔 적립금을 사용해서 메꿔야 하는데, 이미 적립금을 전부 사용해서 없다면 재무상태표에 미처리결손금이 그대로 표시된다.

기업을 한눈에 꿰뚫어 볼 수 있는 재무제표 분석

재무상태표
20XX.12.31. 현재

(주)한경전자   (단위 : 억 원)

자산 (7,043)	부채 (3,845)
	자본금(500)
순자산 (자본) = 7,043 - 3,845 = 3,198	잉여금

발행주식수 × 액면
1,000만 주 × (@5,000)

법정자본

자본금은 500억 원인데 순자산이 3,198억 원으로 증가한 이유는 회사설립 이후 순이익(잉여금)이 발생했기 때문이다.

만약 자산총액이 4,340억 원이라면 부채(3,845억 원)를 차감한 순자산 (495억 원)이 자본금(500억 원)보다 적은 자본잠식 상태가 된다.

재무상태표
20XX.12.31. 현재

(주)한경전자   (단위 : 억 원)

자산 (4,340)	부채 (3,845)
	자본금(500)
순자산 495	미처리 결손금(△5)

잠식

13 자본잉여금과 이익잉여금의 차이점

법정자본금을 초과한 회사의 순자산금액이 잉여금임을 알게 된 정 팀장은 잉여금에도 자본잉여금과 이익잉여금이 있다는 사실을 알게 되었다. 자본잉여금과 이익잉여금은 어떻게 다를까?

회사가 잉여금으로 순자산가치를 증가시키는 방법에는 여러 가지가 있다. 먼저 회사가 영업활동을 통해 이익을 창출하면 순자산이 늘어난다. 예를 들어 원가가 100만 원인 제품을 130만 원에 현금 또는 외상으로 팔았다고 가정하면 제품판매라는 영업활동을 통해 회사의 순자산은 30만 원이 증가한다. 왜냐하면 제품자산이 100만 원 감소하는 대신 현금성자산 또는 매출채권이라는 자산이 130만 원 증가하기 때문이다.

영업외적인 이자수익을 받은 경우에도 회사의 순자산은 그만큼 증가하게 된다. 반대로 영업비용을 지출하는 경우를 생각해 보자. 판매비와관리비 등을 지출하면 순자산은 그만큼 감소하게 된다. 따라

기업을 한눈에 꿰뚫어 볼 수 있는 재무제표 분석

서 회사가 한 회계기간 동안 벌어들인 순이익은 그 기간 동안 순자산이 그만큼 증가했다는 뜻이다. 최종적인 순이익은 주주의 몫으로서 재무상태표상 자기자본을 증가시키는 결과를 가져다준다.

이처럼 회사의 손익거래를 통해 순자산이 증가한 누계금액을 **이익잉여금**이라고 한다. 따라서 이익잉여금의 원천은 매회계년도의 당기순이익인 셈이며, 매년 벌어들인 당기순이익 중 주주에 대한 배당금지급을 통해 회사 바깥으로 유출되지 않고 남아있는 금액이 이익잉여금이다. 그래서 이익잉여금을 **유보이익**이라고 표현한다.

한편 자본잉여금은 회사의 순자산이 늘어난 것이라는 점은 이익잉여금과 같지만 그 발생 원인이 손익거래가 아닌 주주와의 자본거래라는 점에서 차이가 있다. 예를 들어 회사가 신규상장하거나 증자를 한다고 가정해 보자. 주당 액면가액은 500원이지만 회사의 현재 순자산가치가 1주당 500원이 넘는다면 발행가는 500원 이상일 것이다. 만약 30,000원을 발행가로 정했다면 1주당 30,000원의 주식발행대금이 회사로 들어오게 된다.

그러나 자본금은 액면가인 500원만 늘어나게 되는데, 이때 발행가와 액면가의 차이 29,500원을 주식발행초과금이라고 한다. 이는 주식발행이라는 자본거래를 통해 주주로부터 1주당 29,500원씩 더 받은 결과로 발생한 순자산의 증가액이다. 이와 같이 자본거래를 통해 발생한 순자산증가, 즉 잉여금을 **자본잉여금**이라고 한다.

이처럼 자본잉여금과 이익잉여금을 철저히 구분하는 것은 자본잉여금에 대해서는 상법에서 그 용도를 제한하고 있기 때문이다. 이익잉여금은 회사가 성과를 낸 것이므로 주주에 대한 배당금의 재원으로 사용할 수 있지만 자본잉여금은 사업으로 번 것이 아니라 주주에게 받은 것으로서 향후 회사의 **결손금을 보전**한다든지 **자본에 전입**하는 용도로만 사용해야 한다. 즉, 주주에 대한 배당의 재원으로는 사용할 수 없다.

결손금보전

미래의 손실에 대비하기 위해 미처분이익잉여금을 별도로 옮겨둔 것을 적립금이라고 한다. 미처분이익잉여금은 언제라도 배당으로 유출될 수 있으므로 이를 막기 위해 자본 내에서 별도로 옮겨둔 것이다. 사업적자로 미처리결손금이 발생하면 이를 적립금과 상계처리하는데, 이를 결손금의 보전이라고 한다. 적립금을 모두 털어내고도 결손금의 잔액이 남아 있는 경우에는 미처리결손금상태로 표시하는데 이는 그만큼 자본금이 잠식됐다는 뜻이다.

자본전입

신주를 발행해서 증자할 때 신주를 받는 주주로부터 주식발행대금을 받지 않고 자본금을 늘리는 것을 무상증자라고 한다. 이 경우 회사에 유보된 이익잉여금이나 자본잉여금을 자본금으로 대체시키는데, 이를 자본전입이라고 하며 자본에 전입된 만큼 잉여금이 감소하고 자본금은 증가한다.

기업을 한눈에 꿰뚫어 볼 수 있는 재무제표 분석

잉여금의 분류

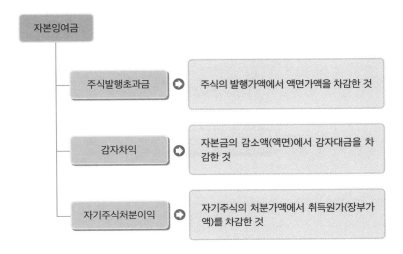

자본잉여금

- 주식발행초과금 ➡ 주식의 발행가액에서 액면가액을 차감한 것

- 감자차익 ➡ 자본금의 감소액(액면)에서 감자대금을 차감한 것

- 자기주식처분이익 ➡ 자기주식의 처분가액에서 취득원가(장부가액)를 차감한 것

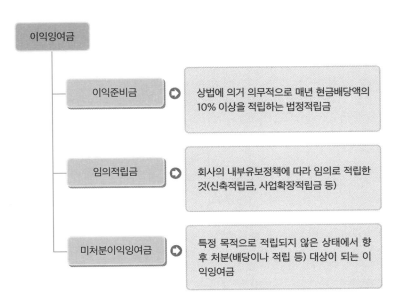

이익잉여금

- 이익준비금 ➡ 상법에 의거 의무적으로 매년 현금배당액의 10% 이상을 적립하는 법정적립금

- 임의적립금 ➡ 회사의 내부유보정책에 따라 임의로 적립한 것(신축적립금, 사업확장적립금 등)

- 미처분이익잉여금 ➡ 특정 목적으로 적립되지 않은 상태에서 향후 처분(배당이나 적립 등) 대상이 되는 이익잉여금

자본잉여금과 이익잉여금

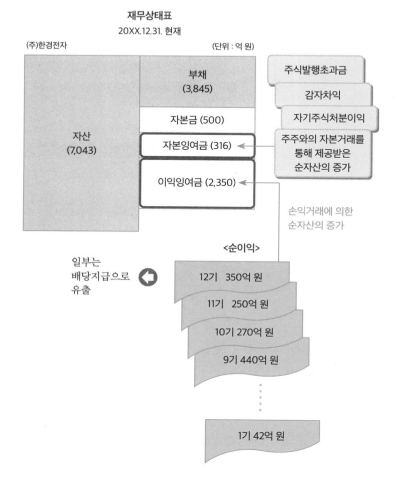

재무상태표
20XX.12.31. 현재

(주)한경전자   (단위 : 억 원)

자산 (7,043)	부채 (3,845)
	자본금 (500)
	자본잉여금 (316)
	이익잉여금 (2,350)

주식발행초과금
감자차익
자기주식처분이익
주주와의 자본거래를 통해 제공받은 순자산의 증가

손익거래에 의한 순자산의 증가

<순이익>

일부는 배당지급으로 유출

12기   350억 원
11기   250억 원
10기 270억 원
9기 440억 원

1기 42억 원

기업을 한눈에 꿰뚫어 볼 수 있는 재무제표 분석

14 자본잠식은 기업부실의 끝판왕이다

모 증권사에서 발간한 기업분석자료를 보던 정 팀장은 어떤 회사의 자기자본란에 "자본잠식"이라고 쓰여 있는 것을 봤다. 언뜻 생각하기로는 자본을 까먹었다는 의미인 것 같은데, 자본잠식이란 구체적으로 무엇이며 왜 생기는 것일까?

　정상적인 회사의 재무상태표에서는 항상 자산총액이 부채보다 많아야 하며(즉, 순자산(자기자본)이 플러스 상태이어야 한다), 순자산은 발행주식의 액면총액인 자본금에다 잉여금 및 기타포괄손익누계액과 자본조정을 합산한 것과 같다.

　그러나 회사에 수년간 당기순손실이 발생하게 되면 처음에는 기존의 **전기이월 미처분이익잉여금**을 까먹는 정도로 끝나지만, 이것마저도 바닥이 나면 미처리결손금이 생기게 된다. 미처리결손금은 이미 적립되어 있던 **임의적립금**과 **법정적립금** 등으로 메꿔야 한다. 모든 적립금이 결손을 메꾸는데 쓰여서 더 이상 남은 금액이 없을 때는 미처리결손금이 재무상태표에 그대로 나타나게 된다.

전기이월 미처분이익잉여금

당기의 미처분이익잉여금(전기이월 미처분이익잉여금에 당기순이익을 더한 것)에 대해 처분(배당지급이나 적립금 적립)을 하고 남은 잔액을 차기이월 미처분이익잉여금이라고 한다. 그리고 이 금액은 다음 회계년도에는 전기이월 미처분이익잉여금이 되어 다음 회계연도의 순이익과 함께 다음 년도의 기말 미처분이익잉여금을 구성한다.

임의적립금

미처분이익잉여금 중 일부를 장래에 특정 목적을 위해 사용할 목적으로 배당하지 않고 내부에 적립해둔 것(적립된 부분은 배당의 재원으로 사용할 수 없다)을 말한다. 단, 돈을 적립하는 것이 아니라 배당으로 돈이 유출되지 않도록 미처분이익잉여금의 일부를 떼어둔다는 뜻으로 이해해야 한다. 사업확장적립금, 신축적립금 등 다양한 임의적립금이 있다.

법정적립금

상법에 의해 미처분이익잉여금의 일부를 강제적으로 적립한 것을 말한다. 상법에서는 기업이 벌어 들인 이익을 모두 배당으로 지급하지 못하게 하기 위해 매년 현금배당액의 10% 이상을 자본금의 1/2에 달할 때까지 강제적으로 적립하도록 하고 있는데, 이를 이익준비금이라고 한다.

예를 들어 자본금이 30억 원인 회사의 자산총액이 100억 원이고 부채가 80억 원이라면 순자산총액은 20억 원으로 자본금보다 오히려 더 적은 상태가 된다. 이런 경우는 회사의 결손금 10억 원이 이미

기업을 한눈에 꿰뚫어 볼 수 있는 재무제표 분석

자본금을 잠식하기 시작한 것이라 볼 수 있는데 결국 영업활동을 잘 못해 자본금 중 10억 원을 이미 까먹은 셈이다. 이를 **부분자본잠식** 이라고 하며 자본금 30억 원 중 10억 원을 까먹었으므로 자본잠식 률은 33%인 셈이다.

만약 결손금이 더욱 커져서 자산총액이 80억 원으로 줄어든다면 순자산금액, 즉 자기자본은 0이 되어 자본금 30억 원을 전부 까먹 은 완전자본잠식 상태가 된다.

완전자본잠식은 회사 자산에 대한 주주의 지분이 1원도 없다는 의 미로 주주가 회사재산에 대해 주장할 수 있는 주식의 지분가치가 전 혀 없음을 의미한다. 이 상태에서 자본잠식이 더 진행되면 부채가 자산을 초과하는 상황, 즉 순자산(자기자본)이 마이너스인 상황이 될 수도 있다.

따라서 회사가 자본잠식 상태에 들어갔다면 주주로부터 추가출자 를 받는 등 자본을 보충해서 사업을 계속 영위할 수도 있지만, 불가 능하다면 청산하는 수밖에 없다. 이와 관련해 한국거래소에서는 투 자자보호를 위해 회사 자본금의 50%가 잠식되면 관리종목으로 지 정하고, 자본잠식률 50%가 2년 연속으로 진행되거나 자본금이 완 전히 잠식되면 상장을 폐지하도록 하고 있다.

자본금이 전액 잠식된 이유는 장기간 회사의 이익성과가 부진했 기 때문이다. 지속적인 적자로 인해 기존에 누적된 잉여금은 물론 출자받은 자본금까지 전부 까먹게 된 것이다. 결국 기업에서 가장 중요한 것은 이익성과이며 이익을 내지 못하면 결국 더 이상 유지되 기 어렵다는 것을 일깨워준다.

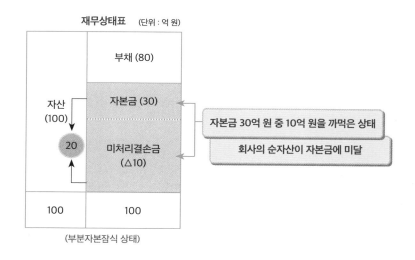

재무상태표 (단위 : 억 원)

부채 (80)

자산
(100)

20

자본금 (30)

미처리결손금
(△10)

100

100

> 자본금 30억 원 중 10억 원을 까먹은 상태

> 회사의 순자산이 자본금에 미달

(부분자본잠식 상태)

재무상태표 (단위 : 억 원)

부채 (80)

자산
(80)

0

자본금 (30)

미처리결손금
(△30)

80

80

> 자본금 30억 원을 모두 까먹은 상태

> 회사자산 80억 원에 대한 주주의 권리는
> 전혀 없음

(완전자본잠식 상태)

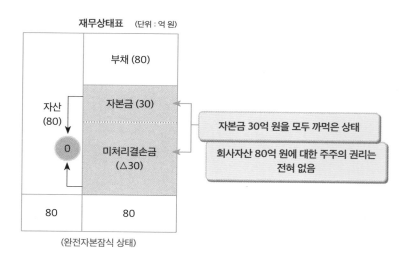

15 무상증자는 호재이지만 유상증자와 무상감자는 악재인 이유

★ ★ ★

인터넷 뉴스를 보던 정 팀장은 H건설이 10:1로 감자를 실시한다는 제목과 함께 주가 하락을 예상하는 기사를 봤다. 회사가 감자를 하는 이유는 무엇이며 증자나 감자를 실시하면 회사의 재무상태에 어떤 변화가 생길까?

회사의 자본금에 변화가 생기는 것은 자본금을 늘리는 경우(증자)와 줄이는 경우(감자) 두 가지가 있다. 증자는 회사가 필요한 자금을 추가로 조달하기 위해 새로 주식을 발행해 자본금을 늘리는 것이고, 감자는 반대로 이미 발행했던 주식을 없애(이를 주식소각이라고 한다) 자본금을 줄이는 것이다.

주식대금을 실제로 납입받고 증자하는 경우를 **유상증자**라고 하는데, 유상증자의 결과 회사의 자산과 자본은 신주의 발행금액만큼 증가한다. 이때 자본금은 발행된 주식의 액면가 상당액만 증가하며 액면가를 초과한 금액은 주식발행초과금이라는 **자본잉여금**으로 들어간다.

자본잉여금

주주와의 자본거래(증자, 감자, 자기주식거래 등)를 통해 회사의 순자산이
늘어난 것으로서 주식발행초과금, 감자차익, 자기주식처분이익 등이 이에
해당한다.

유상증자는 신규투자 등에 필요한 자금을 기존 주주들로부터 조
달받는 것으로 기존 주주는 본인의 의사와 상관없이 신주의 발행가
액 상당액을 추가로 투자해야 한다. 그런데 신주발행으로 인해 발행
주식수가 증가하고 이로 인해 주당이익이 줄어든다는 것이 문제점
이다. 또한 자기자본증가에 따라 자기자본순이익률(ROE)이 낮아져
주가가 하락하기 때문에 일반적으로 유상증자공시는 주가에 악재로
작용한다.

이와 달리 증자대금을 전혀 받지 않고 기존주주들에게 신주를 교
부할 수도 있는데 이를 **무상증자**라고 한다. 무상증자는 아무런 대가
없이 주식을 나눠주는 것이므로 이를 실시하려면 그에 해당하는 재
원(자본잉여금 또는 이익잉여금)이 있어야 한다.

자본잉여금은 과거에 주주와의 자본거래를 통해 주주들로부터 받
은 돈이고 이익잉여금도 어차피 주주의 것이므로 이를 재원으로 주
식을 공짜로 나눠줄 수 있다. 이렇게 무상증자를 실시하면 잉여금은
감소하는 대신 자본금이 증가하게 되므로 회사의 순자산에는 아무
런 변화가 생기지 않는다.

주주의 입장에서는 출자금의 납입이 없이 공짜로 신주를 받게 되므로 마치 배당을 받은 것과 비슷하다. 그래서 무상증자 공시는 주주들이 환영할만한 호재이다. 하지만 증자로 인해 발행주식수가 늘어남에 따라 이후 **주당이익**이 감소하는 결과가 초래되므로 장기적으로는 주가가 하락해서 받은 만큼을 다시 반납해야 하는 결과가 생길 수도 있다.

주당이익(EPS : Earning Per Share)

회사의 당기순이익을 발행주식(보통주)수로 나눠 보통주식 1주당 돌아갈 당기순이익이 얼마인지를 나타내는 것으로서 발행주식 규모가 서로 다른 회사의 상대적인 수익성을 비교하기 위해 사용된다.

자본금을 줄이는 감자의 경우에도 유상감자와 무상감자가 모두 가능하다. 두 경우 모두 주주로부터 주식을 반환받아 이를 소각하는 것인데, **유상감자**는 받았던 주식대금을 다시 돌려주는 것이지만, **무상감자**는 주식대금을 전혀 돌려주지 않는다는 점에서 차이가 있다.

이때 돌려준 주식대금이 액면가보다 많으면 **감자차손**이, 액면가보다 적으면 **감자차익**이 발생한다. 회사의 자본금이 너무 많은데도 마땅히 투자할 데가 없는 경우 등 자금여유가 있을 때 주주에게 자본금을 되돌려 줄 목적으로 유상감자를 실시하기도 한다.

그러나 대부분의 감자는 재무상태가 좋지 않은 회사에서 결손금을 메꾸기 위한 목적으로 실시한다. 따라서 줄어드는 자본금보다 더 적은 금액을 돌려주거나 아예 돌려주지 않음으로써 감자차익이 발생하는 경우가 일반적이다.

감자차익은 주주와의 자본거래를 통해 회사자산이 늘어난 것이므로 자본잉여금에 해당한다. 이때 유상감자의 경우에는 소각된 주식의 액면가액과 감자대금의 차액이 감자차익이며 무상감자의 경우에는 소각된 주식의 액면가액 전액이 감자차익이 된다.

정 팀장이 봤던 H건설의 10:1 감자란 기존주식 10주를 1주로 병합하는 것을 의미한다. 예를 들어 액면가 5,000원짜리 주식 1,000주를 가진 주주의 경우 감자가 실시되면 주식수가 100주로 줄어들게 된다. 결국 이 주주는 감자를 통해 900주의 주식을 잃는 셈이며, 회사는 이 주주로부터 450만 원(900주 × @5,000)의 감자차익을 얻게 된다. 이처럼 감자는 기존주주에게 손실을 끼치는 것이 일반적이기 때문에 상법상 주주총회의 특별결의를 거쳐야 하는 등 그 요건이 매우 까다롭다.

한편 감자를 통해 얻은 감자차익은 자본잉여금이므로 회사의 미처리결손금을 보전하거나 나중에 자본에 전입하는 등의 용도로 사용된다. 만약 감자차익을 미처리결손금을 보전하는데 사용했다면 자본잉여금(감자차익)과 미처리결손금 모두 감소하게 된다. 따라서 최종적으로는 자본금과 미처리결손금이 같이 소멸하는데, 회사가 경영을 잘못해서 발생한 손실을 주주가 책임지고 부담하는 셈이다.

결국 무상감자는 주주의 자본금을 희생시켜서 회사의 손실을 메우는 것이므로 무상감자 소문만으로도 주가는 이미 하락하게 된다.

기업을 한눈에 꿰뚫어 볼 수 있는 재무제표 분석

유상증자의 효과

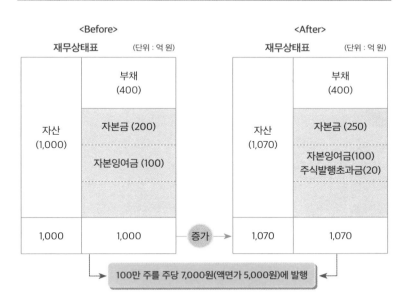

<Before>
재무상태표 (단위 : 억 원)

자산 (1,000)	부채 (400)
	자본금 (200)
	자본잉여금 (100)
1,000	1,000

증가 →

<After>
재무상태표 (단위 : 억 원)

자산 (1,070)	부채 (400)
	자본금 (250)
	자본잉여금(100) 주식발행초과금(20)
1,070	1,070

100만 주를 주당 7,000원(액면가 5,000원)에 발행

무상감자의 효과

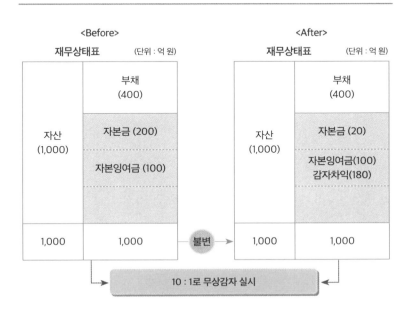

<Before>
재무상태표 (단위 : 억 원)

자산 (1,000)	부채 (400)
	자본금 (200)
	자본잉여금 (100)
1,000	1,000

불변 →

<After>
재무상태표 (단위 : 억 원)

자산 (1,000)	부채 (400)
	자본금 (20)
	자본잉여금(100) 감자차익(180)
1,000	1,000

10 : 1로 무상감자 실시

16 재무상태표의 핵심 체크포인트

재무상태표를 보면 회사의 재무상태가 어떤지 알 수 있다고 하는데, 여러 계정과목 가운데서도 특히 어떤 항목을 어떻게 봐야 할지 난감하다. 재무상태표를 통해 회사의 재무상태를 진단하려면 주로 어떤 항목에서 무엇을 체크해야 할까?

재무상태표를 볼 때는 먼저 총자본의 구성 상태를 확인해야 한다. 즉, 전체 자본 중 부채와 자기자본의 비중이 어느 정도인지를 따져 봐야 하는데, 자기자본의 비중이 너무 낮거나 차입금 등 부채의 비중이 높다면 이는 그만큼 재무적으로 안정성이 떨어지는 회사라고 할 수 있다. 그리고 조달된 자본이 어떤 자산에, 얼마나 투자되어 있는지를 자산항목을 통해 파악해야 한다. 영업과 관련된 자산 중에서는 핵심사업자산인 매출채권과 재고자산이 가장 중요하다. 사업부실의 가장 원초적인 발단이 매출채권과 재고자산의 부실에서 시작되기 때문이다.

만약 매출채권과 재고자산의 비중이 증가하거나 너무 높으면(각각 총자산의 20%를 넘는 것을 위험하다고 본다) 채권회수와 재고자산 판매에 문제가 있음을 암시하는 것으로서 두 자산의 회전율이 떨어지고 있음을 의미한다. 이에 따라 영업현금흐름도 악화될 가능성이 높다.

또한 매출채권과 재고자산 모두 손상위험이 발생할 수 있는데, 손상은 자산금액이 장부금액대로 현금화되지 못할 위험을 말한다. 회계기준에 따르면 매출채권과 재고자산은 모두 실제 회수가 가능한 금액으로 평가돼야 하며 손상이 예상되는 금액을 해당 자산에서 차감하고 비용으로 처리해야 한다. 매출채권에 대해서는 충분한 **대손충당금**이 차감되어 있는지, 부실채권은 없는지를 체크해야 한다. 재고자산에 대해서는 재고평가가 적정한지, 불량재고는 없는지를 체크해야 한다. 아울러 1년 안에 갚아야 하는 유동부채를 감당할 만한 충분한 유동자산을 보유하고 있는지도 확인해야 한다.

대손충당금

매출채권 등 회사가 받을 채권에 대해 나중에 받지 못할 것으로 예상하는 금액을 추정해서 미리 비용처리를 해둔 금액을 말한다. 나중에 채권을 떼이게 되면(이를 대손이라고 한다) 대손충당금에서 털어낸다.

한편 영업활동과 무관한 투자자산에 대해서는 손익계산서의 관련 손익항목을 통해 투자성과가 제대로 나오고 있는지 살펴봐야 한다. 핵심사업자산의 부실 이외에 투자실패도 사업부실의 원인이기 때문이다. 특히 다른 회사의 주식 등 가치변동이 심한 지분투자에 대해

서는 현재의 지분가치 및 배당금수익이나 처분손익 등을 확인해야한다. 상장기업의 경우에는 대부분 연결재무제표를 작성하는데 지배기업과 종속기업의 손익을 합산한 연결기준의 손익으로 지배기업의 가치가 결정되므로 자회사인 종속기업과 관계기업의 손익상황도살펴야 한다. 제조업의 경우에는 유형자산의 과잉투자여부도 점검대상이다.

끝으로 장기자금과 단기자금의 균형도 따져봐야 한다. **비유동자산**과 같은 장기성자산에 투자된 자금은 단기간 내에 회수하기 어려운 자금이므로 가급적 **비유동부채**나 자기자본과 같은 장기성자금으로 조달되어야 한다. 만약 비유동자산금액이 비유동부채와 자기자본의 합계금액보다 더 많다면 장기성자산의 일부가 유동부채와 같은 단기자금으로 조달되었다는 뜻으로 재무적인 안정성에 문제가생길 수 있음을 암시한다.

비유동자산

유동성이 없는 자산, 즉 결산일로부터 1년 또는 정상영업순환주기 이내에 현금화될 수 없는 자산으로서 투자자산, 유형자산, 무형자산 및 기타비유동자산으로 구분된다.

비유동부채

결산일로부터 1년 이내에 갚지 않아도 되는 부채로서 장기차입금이나 퇴직급여충당부채 등이 이에 해당한다.

기업을 한눈에 꿰뚫어 볼 수 있는 재무제표 분석

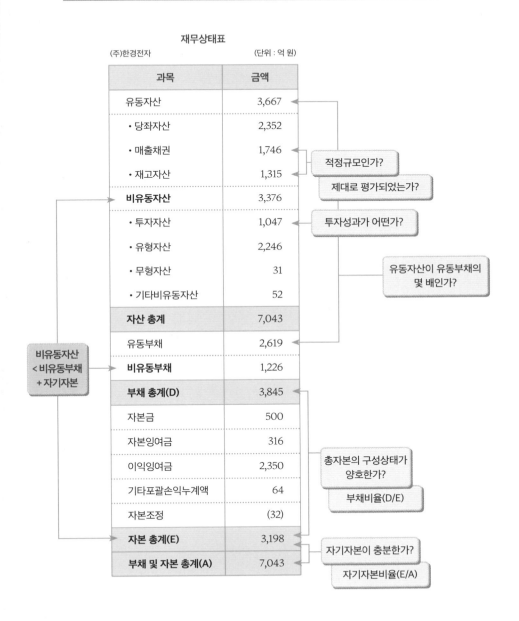

재무상태표

(주)한경전자   (단위 : 억 원)

과목	금액
유동자산	3,667
• 당좌자산	2,352
• 매출채권	1,746
• 재고자산	1,315
비유동자산	3,376
• 투자자산	1,047
• 유형자산	2,246
• 무형자산	31
• 기타비유동자산	52
자산 총계	7,043
유동부채	2,619
비유동부채	1,226
부채 총계(D)	3,845
자본금	500
자본잉여금	316
이익잉여금	2,350
기타포괄손익누계액	64
자본조정	(32)
자본 총계(E)	3,198
부채 및 자본 총계(A)	7,043

비유동자산 <비유동부채 +자기자본

적정규모인가?

제대로 평가되었는가?

투자성과가 어떤가?

유동자산이 유동부채의 몇 배인가?

총자본의 구성상태가 양호한가?

부채비율(D/E)

자기자본이 충분한가?

자기자본비율(E/A)

현금흐름표와
자본변동표 보는 법

혈액순환이 원활한지와 순자산이
변동한 이유를 점검한다

17 현금흐름표의 핵심 체크포인트

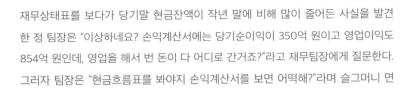

재무상태표를 보다가 당기말 현금잔액이 작년 말에 비해 많이 줄어든 사실을 발견한 정 팀장은 "이상하네요? 손익계산서에는 당기순이익이 350억 원이고 영업이익도 854억 원인데, 영업을 해서 번 돈이 다 어디로 간거죠?"라고 재무팀장에게 질문한다. 그러자 팀장은 "현금흐름표를 봐야지 손익계산서를 보면 어떡해?"라며 슬그머니 면박을 준다. 손익계산서와 현금흐름표는 무엇이 다를까?

현금흐름표는 한 회계기간동안 회사의 현금이 어떤 이유로 얼마나 들어오고 나갔는지, 즉 "돈의 흐름"을 일목요연하게 보여주는 재무제표로서 여기서 말하는 현금은 재무상태표의 맨 처음에 나오는 **현금및현금성자산**을 의미한다. 현금및현금성자산의 결산일 현재의 잔액과 당기 중 증감액은 재무상태표에도 나타나지만 현금유·출입의 상세한 내역을 보다 구체적으로 보여주는 것이 현금흐름표다.

현금및현금성자산

회계상 현금에는 통화 외에도 통화와 마찬가지 효력이 있는 타인이 발행한 수표 등 통화대용증권이 모두 포함된다. 뿐만 아니라 당좌예금이나 보통예금처럼 이자수익을 목적으로 하지 않는 만기가 없는 요구불예금도 현금에 포함된다. 현금성자산에는 단기간 내에 현금으로 전환이 쉬운 만기가 3개월 이내인 채권, 양도성예금증서(CD), 종합자산관리계좌(CMA), 머니마켓펀드(MMF) 등이 포함된다.

회사의 순자산가치는 매년 발생한 이익성과로 인해 증가하지만, 현금흐름이 수반되지 않는 이익은 아무런 의미가 없다. 그래서 회사의 영업활동을 통한 현금창출능력으로 기업가치를 평가하기도 한다. 그만큼 영업현금흐름은 **가치중심경영**(VBM : Value Based Management)에서 매우 중요한 지표라고 할 수 있다.

가치중심경영

단순한 회계상의 이익만이 아니라 실질적인 기업가치 창출을 경영의 최고 목표로 삼는 것을 말한다. 이 경우 기업가치는 영업현금흐름(OCF)이나 경제적 부가가치(EVA) 금액으로 평가한다.

회사의 현금은 크게 **영업활동**, **투자활동** 및 **재무활동**을 통해 매일 매일 들어오고 나간다. 이 가운데 영업활동의 성과는 손익계산서의 영업이익으로 나타난다. 그런데 이익은 현금기준이 아닌 발생주의에 따라 계산된 것이므로 이를 다시 현금기준으로 수정하면 영업활동을 통한 현금유입액이 간접적으로 계산된다.

또한 영업활동을 통해 지속적으로 현금흐름을 창출하려면 투자를 해야 하는데, 이에 필요한 자금은 영업활동을 통해 유입된 자금이 사용되기도 하지만 재무활동을 통해 조달되기도 한다.

영업활동

기업의 주된 활동으로서 제조업이나 유통업의 경우 제품을 제조하거나 상품을 매입해서 매출하는 활동을 말한다. 한편 이자수익·이자비용·배당금수익은 손익계산서에는 영업외손익으로 분류하지만, 비상장기업의 현금흐름표에서는 이를 모두 영업활동에 포함시킨다. 단, 국제회계기준(K-IFRS)을 적용하는 상장기업은 이자수익과 배당금수익을 영업활동 또는 투자활동에, 이자비용을 영업활동 또는 재무활동에 선택적으로 표시할 수 있다.

투자활동

영업활동을 뒷받침하기 위해 각종 자산을 취득하거나 매각하는 활동을 말한다. 여유자금으로 금융자산을 취득하거나 처분하는 것도 이에 해당한다.

재무활동

영업활동이나 투자활동에 필요한 자금을 조달하거나 상환하는 활동을 말한다. 주주에 대한 배당금지급액도 이에 해당한다. 단, 국제회계기준(K-IFRS)을 적용하는 상장기업은 배당금지급액을 영업활동 또는 재무활동에 선택적으로 표시할 수 있다.

따라서 현금흐름표의 현금증감액은 크게 영업활동에 의한 현금흐름과 투자 및 재무활동에 의한 현금흐름으로 구분된다. 일반적으로 영업활동에 의한 현금흐름은 유입인 경우가 대부분이지만 투자와 재무활동에 의한 현금흐름은 유입도 있고 유출도 있다.

투자활동에 따른 현금흐름은 대부분 재무상태표의 자산계정과 관련된다고 보면 된다. 투자자산이나 유형자산 등 회사의 각종 자산을 매각한 것은 투자활동에 따른 현금유입이지만, 취득한 것은 투자활동에 따른 현금유출로 표시된다.

재무활동에 따른 현금흐름은 대부분 재무상태표의 부채나 자본계정과 관련된다. 차입금이나 자본금이 증가한 것은 신규차입이나 유상증자 등의 재무활동을 통해 현금이 유입된 것이지만, 차입금상환이나 현금배당금지급 등은 재무활동에 따른 현금유출로 표시된다.

이 세 가지 현금유입액과 유출액을 모두 가감하면 당기중에 얼마의 현금이 증가(감소)했는지 계산되며, 여기에 기초의 현금을 가산하면 당기말의 현금이 계산된다. 물론 기초와 기말의 현금은 재무상태표의 수치와 정확히 일치한다.

그러므로 현금흐름표를 통해 회사가 발생기준에 따른 이익성과와는 별개로 영업을 통해 얼마나 돈을 벌었는지 그리고 자산매각에 의한 투자활동이나 신규차입 등에 의한 재무활동을 통해 얼마나 현금을 확보했는지 확인할 수 있다. 아울러 이렇게 유입된 현금이 신규

투자나 차입금상환 등 재무활동에 어떻게 사용되고 있는지 돈의 흐름을 항목별로 한눈에 들여다 볼 수 있다.

　가장 중요한 것은 영업활동에 따른 현금흐름이다. 영업현금흐름은 회사가 매년 갚아야 할 원리금을 상환하고 주주배당금을 지급할 수 있는 재원이므로 최소한 그만큼은 벌어야 한다. 만약 영업현금흐름이 마이너스라면 원리금상환과 배당금지급은 물론 미래 사업유지와 성장을 위한 투자지출이 불가능하며 부족한 현금을 재무활동으로 조달해야 하므로 차입금이 증가하는 문제가 생긴다.

현금흐름표

20XX년 1월 1일부터 20XX년 12월 31일까지

(주)한경전자   (단위 : 억 원)

과목	금액	
Ⅰ. 영업활동으로 인한 현금흐름		256
1. 당기순이익	350	
2. 현금유출이 없는 비용 가산		
(1) 감가상각비	255	
(2) 기타	63	
3. 현금유입이 없는 수익 차감		
(1) 외환차익	(24)	
(2) 외화환산이익	(12)	
(3) 기타	(93)	
4. 영업활동으로 인한 자산·부채의 변동		
(1) 매출채권의 증가	(218)	
(2) 재고자산의 증가	(190)	
(3) 매입채무의 증가	269	
(4) 기타	(144)	
Ⅱ. 투자활동으로 인한 현금흐름		(127)
1. 토지의 취득	(162)	
2. 기계장치의 취득	(109)	
3. 기타	144	
Ⅲ. 재무활동으로 인한 현금흐름		(175)
1. 차입금의 상환	(42)	
2. 배당금의 지급	(150)	
3. 기타	17	
Ⅳ. 현금의 증가(감소)		(46)
Ⅴ. 기초의 현금		124
Ⅵ. 기말의 현금		78

현금이 증가(감소)한 이유를 보여준다

기업을 한눈에 꿰뚫어 볼 수 있는 재무제표 분석

18 　자본변동표의 핵심 체크포인트

＊＊＊

재무상태표를 보니 (주)한경전자의 자본총액이 전기말 2,982억 원에서 당기말 3,198억 원으로 216억 원 증가했음을 알 수 있었는데, 자기자본이 이렇게 늘어난 이유가 무엇인지 궁금하다. 자기자본의 변동내역을 한눈에 들여다보는 방법은 무엇일까?

자본변동표란 한 회계기간 동안 자기자본총액이 변하게 된 이유를 한눈에 알아볼 수 있도록 만든 재무제표로서 주주에게 의미있는 정보를 제공한다. 자본에는 자본금과 자본잉여금, 이익잉여금, 기타포괄손익누계액 및 자본조정이 모두 포함된다. 회사의 자기자본이 증가하는 이유에는 여러 가지가 있다. 먼저 손익계산서에서 계산된 당기순이익은 자본의 미처분이익잉여금으로 대체되므로 그만큼 기말의 자기자본이 늘어난다.

　이러한 손익거래 외에도 증자 등과 같은 주주와의 자본거래를 통해 자기자본이 늘어날 수 있다. 증자를 하면 일반적으로 자본금과 주식발행초과금이라는 자본잉여금이 증가한다.

그리고 회사가 **자기주식**을 취득하면 취득가액만큼 자기자본에서 차감표시(이를 자본조정(-)이라고 한다)되므로 자기자본이 일시적으로 감소한다. 그리고 이를 소각하지 않고 취득가액보다 더 비싸게 처분하면 그 과정에서 마이너스로 표시된 자본조정이 없어지는 동시에 **자기주식처분이익**이라는 자본잉여금이 발생해 자기자본이 다시 늘어난다.

자기주식

회사가 발행한 자기회사의 주식을 다시 사들인 것을 말한다. 일반적으로 회사의 주가가 하락할 경우 주가를 부양하기 위한 목적에서 자기주식을 일시적으로 취득하는 경우가 많다. 취득한 자기주식은 재무상태표에 그 취득원가를 자본조정(-) 항목으로 자본에서 차감적으로 표시한다. 자기주식을 소각하면 자본조정(-)은 사라지는 대신, 자본금이 감소하고 발행주식수도 감소한다.

자기주식처분이익

자기주식을 취득했다가 다시 처분하는 과정에서 발생한 이익으로서 처분가액에서 취득가액을 차감한 금액이다. 자기주식처분이익은 주주와의 거래를 통해 얻은 이익이므로 자본잉여금에 해당한다.

한편, 감자를 하거나 현금으로 배당금을 지급하는 경우 자기자본이 감소하는데 그 이유는 감자를 하면 자본금이, 배당금을 지급하면 미처분이익잉여금이 각각 감소하기 때문이다. 그러나 무상으로 증자·감자를 실시하거나 주주에게 주식배당을 하는 경우에는 자기자

기업을 한눈에 꿰뚫어 볼 수 있는 재무제표 분석

본총액에 아무런 변화가 생기지 않는다. 무상증자의 경우에는 증자의 재원인 잉여금이 감소하는 대신 자본금이 증가하고, 무상감자의 경우에는 자본금이 감소하는 대신 감자차익이라는 자본잉여금이 증가하기 때문이다.

또한 주식배당의 경우에도 배당으로 지급된 주식의 액면가액만큼 미처분이익잉여금이 감소하는 대신 자본금이 늘어난다. 이처럼 자본변동표에는 한 회계기간 동안의 자기자본총액에 대한 모든 변화내역이 담겨있기 때문에 주주에게 가장 중요한 주주지분이 무슨 이유로, 얼마나, 어떻게 달라졌는지를 한눈에 파악할 수 있다. 이때 자기자본의 증가사유가 순이익에 의한 것인지 아니면 자본거래에 의한 것인지를 따져보는 것이 매우 중요하다.

(주)한경전자의 자기자본은 당기순이익(350억 원)과 매도가능증권평가이익(16억 원)으로 모두 366억 원이 증가했고, 배당금지급으로 150억 원이 감소해 결과적으로 216억 원이 증가했다.

제 2 부

재무비율을
이용한
기업 진단법

재무안정성 진단법

빛 갚을 능력이 있는
안전한 회사인가?

19 재무비율분석을 통해 숫자의 불균형을 체크한다

재무제표 보는 법에 어느 정도 자신감이 생긴 정 팀장은 이제는 회사의 경영상태를 직접 분석해 볼 수 있다는 자신감에 들떠있다. 기업경영분석의 첫 단계는 재무비율분석이라는 말을 들었는데, 비율분석을 하면 무엇을 알 수 있을까?

기업분석이란 재무상태표, 손익계산서 등의 재무제표와 각종 경영관련 데이터를 가지고 회사의 경영상태를 종합적으로 분석하는 것이다. 그 중 재무제표의 숫자로 계산된 재무비율을 중심으로 분석하는 것을 **재무제표분석** 또는 **재무분석**이라고 한다.

재무분석은 19세기말 자본주의 초기단계에 미국은행에서 대출신청 기업의 신용상태나 채무상환능력을 평가하기 위해 재무상태표를 입수해 분석한 것이 그 시초다. 따라서 초기의 재무분석은 기업에 대한 자금제공자인 금융기관에서 기업의 신용상태를 체크하기 위한 신용분석이 목적이었으므로 재무상태표를 이용해 주로 분석대상기업의 재무적인 안정성(지급능력을 의미함)과 유동성을 분석하는 것이었다.

　그러나 20세기 이후 자본주의의 발전과 더불어 기업 숫자가 증가하고 규모도 커지면서 기업에 대한 투자자가 금융기관이외에 다수의 주주로 확대되었다. 이에 따라 채권자가 중시하는 안정성 위주의 분석에서 주주입장에서 수익성을 점검하고, 경영자의 효율적인 경영관리를 위한 재무관리·통제의 수단으로 이용되는 등 재무분석의 활용범위가 점차 확대되었다.

　나아가 종전의 재무분석은 주로 과거와 현재의 재무상태와 성과분석에 초점을 두었으나 최근에는 재무예측을 통해 미래의 이익성과와 현금흐름을 예측하고 이를 이용해 신규투자계획의 사업성검토, 자금의 조달과 운용에 대한 재무계획수립으로 범위가 확대되고 있다. 아울러 기업인수·합병거래가 활발하게 진행됨에 따라 추정영업현금흐름과 가중평균자본비용을 활용한 기업가치평가(valuation) 등 새로운 영역으로 그 적용범위가 확대되고 있다.

　한편, 재무비율분석은 재무분석의 가장 1차적인 방법으로서 재무제표를 구성하고 있는 관련 항목들 간의 비율값을 통해 기업의 **안정성**, **활동성**, **수익성**, **성장성**, **생산성**을 체크하는 방법이다. 이들을 재무분석의 5대 지표라고 하며 관계되는 항목간 숫자의 균형여부를 점검함으로써 재무적인 문제점을 파악하는 것이다.

　예를 들어, 재무상태표에서 부채와 관련된 항목은 자본이므로 두 항목의 수치를 비교하면 부채의 과다 또는 자본의 부족여부를 진단할 수 있다. 또한 유동부채와 관련된 항목은 유동자산이므로 두 금

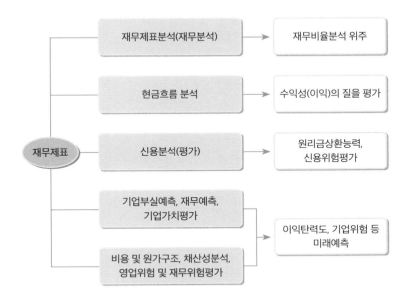

액을 비교하면 유동부채의 과다여부 또는 유동자산의 부족여부를 진단할 수 있다.

손익계산서에도 매출액과 관련된 항목은 영업이익 또는 순이익이므로 이를 비교하면 매출액 대비 이익금액이 충분한지, 부족한지를 판단할 수 있다. 마찬가지로 영업이익과 이자비용을 비교하면 영업이익으로 이자비용을 충분히 감당할 수 있는지 판단할 수 있다.

안정성

부채를 상환할 능력이나 이자부담능력 등 주로 채권자에 대한 지급능력을 체크하는 지표로서 유동비율, 부채비율, 자기자본비율, 차입금의존도, 이자보상비율 등이 있다.

활동성

회사의 자산 또는 자본이 수익창출(매출) 활동에 얼마나 잘 활용되고 있는지를 나타내는 지표로서 총자본회전율, 유형자산회전율, 매출채권회전율, 재고자산회전율 등이 있다.

수익성

회사가 얼마나 이익성과를 많이 내는지를 나타내는 지표로서 매출액영업이익률, 매출액순이익률, 총자산순이익률, 자기자본순이익률 등이 있다.

성장성

회사가 얼마나 잘 커나가고 있는지를 나타내는 지표로서 매출액증가율, 영업이익증가율, 총자산증가율, 유형자산증가율 등이 있다.

생산성

회사가 노동과 자본 등 생산요소를 잘 활용해서 이들 요소에 대한 분배(인건비, 이자비용, 주주순이익 등)를 충분히 하고 있는지를 나타내는 지표로서 부가가치율이 가장 주된 생산성지표이다.

기업을 한눈에 꿰뚫어 볼 수 있는 재무제표 분석

재무제표 분석의 단계별 절차

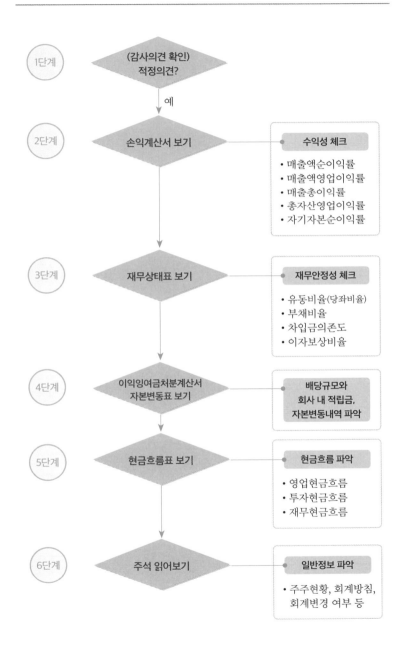

1단계 **(감사의견 확인) 적정의견?**

예

2단계 **손익계산서 보기** ─ **수익성 체크**
- 매출액순이익률
- 매출액영업이익률
- 매출총이익률
- 총자산영업이익률
- 자기자본순이익률

3단계 **재무상태표 보기** ─ **재무안정성 체크**
- 유동비율(당좌비율)
- 부채비율
- 차입금의존도
- 이자보상비율

4단계 **이익잉여금처분계산서 자본변동표 보기** ─ **배당규모와 회사 내 적립금, 자본변동내역 파악**

5단계 **현금흐름표 보기** ─ **현금흐름 파악**
- 영업현금흐름
- 투자현금흐름
- 재무현금흐름

6단계 **주석 읽어보기** ─ **일반정보 파악**
- 주주현황, 회계방침, 회계변경 여부 등

결국 비율분석은 항목간 균형여부를 체크함으로써 대상 기업의 재무적인 강점과 약점을 찾아내는 것이다. 비율분석은 대상기업에 이해관계를 가지고 있는 다양한 재무정보 수요자(주로 주주와 채권자)에 의해 실시되는데, 각 수요자의 입장에 따라 재무비율분석을 실시하는 목적이 다르기 때문에 중점적으로 검토하는 비율도 다르다.

예를 들어, 주주에게는 기업가치의 결정변수인 수익성과 성장성이 중요하지만 원리금의 지급능력을 중시하는 채권금융기관은 회사의 안정성, 즉 지급능력이 중요하다. 반면에 경영자는 현재의 재무상황을 진단하고 이를 토대로 경영전략을 수립하기 위해서 모든 지표에 관심을 갖게 된다.

따라서 분석목적에 따라 중점적으로 체크해야 할 분석지표가 다를 수밖에 없으며 전체적인 분석결과를 토대로 종합적인 평가를 내릴 때는 각 항목의 가중치를 서로 달리 해야 한다.

재무비율의 유형

안정성	유동비율	유동자산 ÷ 유동부채
	당좌비율	당좌자산 ÷ 유동부채
	부채비율	부채 ÷ 자기자본
	차입금의존도	차입금 ÷ 총자본
	이자보상비율	영업이익 ÷ 이자비용
	비유동장기적합률	비유동자산 ÷ (비유동부채 + 자기자본)
	자기자본비율	자기자본 ÷ 총자본

활동성	재고자산회전율	매출액 ÷ (기초재고자산 + 기말재고자산) / 2
	매출채권회전율	매출액 ÷ (기초매출채권 + 기말매출채권) / 2
	총자산회전율	매출액 ÷ (기초총자산 + 기말총자산) / 2
	자기자본회전율	매출액 ÷ (기초자기자본 + 기말자기자본) / 2

수익성	매출액영업이익률	영업이익 ÷ 매출액
	매출액순이익률	당기순이익 ÷ 매출액
	자기자본순이익률	당기순이익 ÷ (기초자기자본 + 기말자기자본) / 2
	총자산순이익률	당기순이익 ÷ (기초총자산 + 기말총자산) / 2

성장성	매출액증가율	(당기매출액 ÷ 전기매출액) - 1
	총자산증가율	(당기말총자산 ÷ 전기말총자산) - 1

생산성	부가가치율	부가가치총액 ÷ 매출액
	1인당 부가가치	부가가치총액 ÷ 임직원수

20

표준비율보다는
업종평균비율과 비교하거나
추세를 봐야 한다

지금까지 열심히 공부한 덕분에 재무비율을 계산해서 회사의 수익성과 안정성 등을 파악할 수 있게 된 정 팀장은 또 한 번 고비를 맞았다. 계산된 재무비율을 가지고 어떻게 평가해야 할지 막막한 것이다. 회사의 재무비율 수치는 무엇을 기준으로 좋고 나쁨을 판단해야 할까?

재무제표를 통해 기업을 진단하는 재무비율분석법은 회사의 재무 상태와 경영성과를 분석하는 가장 손쉬운 방법이다. 왜냐하면 재무 제표는 비교적 쉽게 구할 수 있으며 재무제표의 구성요소와 구조만 알면 얼마든지 간단한 공식을 통해 재무비율을 계산할 수 있기 때문 이다. 재무비율분석은 사람의 건강진단처럼 기업의 건강과 체력 등 을 진단하는 것이다.

자산은 그 기업의 덩치, 즉 체격에 해당한다. 부채와 자본은 체성 분을 보여주는데 부채는 지방량을, 자본은 근육량을 보여준다. 손익 계산결과로 나온 이익은 기업의 체력을, 현금흐름은 혈액순환을 보 여주는 것이라고 생각하면 된다. 비율분석을 통해 건강한 체성분을 유지하고 있는지, 체력이 좋고 혈액순환이 원활한지를 보는 것이다.

　그런데 비율분석은 계산보다 그 결과를 어떻게 해석할 것인지가 어렵다. 개인의 건강진단은 혈압수치와 혈액검사를 통한 혈당과 콜레스테롤 수치 등으로 정상여부를 쉽게 판단할 수 있지만 기업의 경우는 그렇지 않다. 어떤 회사의 부채비율이 250%, 매출액영업이익률을 8%라고 하자. 과연 이 수치가 좋은 건지, 나쁜 건지를 무슨 기준으로 어떻게 평가할 것인가?

　비율분석결과 산출된 수치는 일단 표준비율과 비교해야 한다. 표준비율이란 재무이론상 설정된 이상적인 기준비율을 의미한다. 어떤 기업이든 이 정도면 이상적이라고 평가할만한 그야말로 스탠다드가 되는 기준이다. 매출액영업이익률은 20% 이상, 매출액순이익률은 5% 이상, **유동비율**은 130% 이상, **부채비율**은 200% 이하, **차입금의존도**는 30% 이하, **총자본회전율**은 1.5회 이상 등 모든 지표마다 정해진 표준비율이 있다.

　그러나 표준비율은 업종특성을 전혀 감안하지 않은 것이므로 업종이 저마다 다른 모든 기업에 이를 무차별적으로 적용하는 것은 한계가 있다. 기업은 다양한 업종마다 제각기 서로 다른 특징을 갖고 있어서 같은 지표라도 업종마다 그 결과치가 다르게 나온다. 예를 들어, 은행업은 대출자산의 주된 재원이 고객으로부터 받은 예금(은행입장에서는 돌려줘야 할 부채에 해당한다)이므로 부채비율이 매우 높은데, 이는 은행이 부실해서가 아니라 사업특성 때문이다.

유동비율

1년 이내에 갚아야 하는 부채(유동부채)의 몇 배에 해당하는 유동자산을 보유하고 있는지를 나타내는 비율로서 130% 이상은 돼야 안정적이라고 본다.

부채비율

부채가 자기자본의 몇 배인지를 나타내는 것으로서 200% 이하를 양호하다고 본다.

차입금의존도

차입금이 총자본에서 차지하는 구성비율로서 30% 이하면 안정적이라고 본다.

총자본회전율

매출액이 총자본의 몇 배인지를 나타내는 비율로서 1.5회 이상은 돼야 총자본을 제대로 활용해 충분한 매출을 달성하고 있는 것으로 해석한다.

제약업종이나 음·식료 등 식품업종의 경우에는 직접원가인 제조원가의 비중이 매우 낮아 매출총이익률이 비교적 높게 나온다. 그 대신 간접비인 판매비와관리비의 비중이 매우 높다. 특히 제약업종은 매출채권회전율이 다른 업종에 비해 매우 낮고, 신선식품제조업은 장기간 보관이 어려운 제품의 특성상 재고자산회전율이 매우 높게 나오는 것이 일반적이다. 따라서 이를 단순히 표준비율과 비교해서 양호 또는 불량하다고 해석하면 안된다.

또한 시설투자가 별로 필요 없는 서비스산업은 비유동자산에 비해 유동자산의 비중이 높아서, 비교적 유동비율이 높으며 거액의 시설투자가 필요한 제조업에 비해 총자본회전율이 높게 나오는 등 업종별로 저마다 다른 특징이 있다. 거꾸로 자본투자액이 많은 제조업은 총자본회전율이 1.5회 이상 나오기 힘들다.

따라서 회사의 재무비율 수치는 획일적으로 정해진 표준비율 대신 **업종별 평균비율**과 비교하는 것이 합리적이다. 아울러 대기업과 중소기업의 차이도 감안해야 한다. 대기업에 비해 중소기업은 모든 재무지표가 부진할 수밖에 없다. 앞서 나온 부채비율 200% 이하, 차입금의존도 30% 이하는 우량한 중소기업에서만 드물게 확인된다. 중소기업은 자본금도 적지만 이익성과가 많지 않아서 이익잉여금이 적기 때문에 자기자본이 매우 적다. 이에 따라 일반적으로 부채비율과 차입금의존도가 비교적 높게 나온다.

이와 관련해 한국은행에서는 매년 법인세 신고대상 기업의 재무제표를 수집해서 분석한 기업분석자료를 〈기업경영분석〉이라는 책자(www.bok.or.kr의 한은DB→발간자료에서 검색)를 통해 공개하고 있다. 여기에는 다양한 업종별·기업규모(대기업·중견기업·중소기업)별 평균적인 재무비율이 나와 있으므로 분석대상기업이 속한 동일업종의 동일규모 기업의 평균비율과 비교하면 훨씬 더 의미있는 해석을 내릴 수 있다.

아울러 동일 업종·동일규모 기업의 평균과 비교하는 것 못지않게 중요한 것은 **추세분석**이다. 과거 3~5년간의 비율추이를 통해 분석 대상 기업의 수익성과 안정성 등 분석지표 결과수치가 어떤 방향으로 진행되고 있는지를 살펴야 한다.

　　매출액영업이익률 등 수익성이 추세적으로 계속 하락하거나 부채비율과 차입금의존도 등 안정성지표가 추세적으로 계속 상승한다면 위험신호로 받아 들여야 한다.

기업을 한눈에 꿰뚫어 볼 수 있는 재무제표 분석

21 단기부채의 상환능력을 보여주는 3대 지표

정 팀장은 은행으로부터 자금을 빌릴 때 가장 중요한 것이 신용평가이며 특히 단기부채가 많을 경우 충분한 유동성이 뒷받침되지 않으면 위험할 수 있다고 생각했다. 단기적인 채무불이행위험(Default Risk)을 제거하려면 1년 이내에 현금화할 수 있는 단기성자산이 충분해야 할 텐데 단기부채의 상환능력을 알아보려면 무엇을 확인해야 할까?

기업의 1차적인 목적은 사업을 통해 충분한 이익성과를 내는 것이므로 5대 재무지표 중 가장 중요한 것은 수익성이다. 그러나 수익성 못지않게 중요한 것이 재무적인 안정성이다. 대체로 수익성, 즉 이익성과가 좋은 회사는 순이익이 재투자돼서 스스로 번 돈으로 사업을 하게 되므로 차입금 등 부채가 많지 않아 안정성도 덩달아 좋을 수밖에 없다. 이와 반대로 안정성이 낮은 회사는 대부분 수익성에 문제가 있기 때문인데 이익성과가 적거나 아예 적자인 경우 차입금이 증가하면서 재무안정성이 훼손된다.

하지만 수익성이 좋은 회사라 할지라도 매출채권과 재고자산이 급증하거나 과잉투자와 투자실패 등으로 자금부족이 발생하면 이로 인해 일시적인 채무불이행위험에 직면할 수 있다.

    재무적인 안정성은 지급능력을 의미하는 것으로 주로 채권자에게 정해진 시기에 채무를 갚을 수 있는지를 체크하는 것이다. 안정성을 점검하는 지표에는 유동비율, 당좌비율, 현금비율, 부채비율, 자기자본비율, 차입금의존도, 이자보상비율 등이 있다.

    먼저 회사의 지급능력을 단기지급능력과 장기지급능력으로 나누어 분석하는데, **단기지급능력**이란 단기부채, 즉 유동부채의 상환능력을 평가하는 것으로서 유동비율과 당좌비율 및 현금비율로 확인할 수 있다. 단기부채란 결산일로부터 1년 안에 갚아야 하는 부채로서 재무상태표에서는 유동부채로 표시된다. 이러한 단기부채를 재 때 상환하려면 충분한 단기성자산(유동자산)을 확보하고 있어야 한다.

    유동비율은 유동부채의 몇 배에 해당하는 유동자산을 보유하고 있는지를 따져보는 것이다. 즉, 유동비율은 유동자산을 유동부채로 나눠 계산한다. 일반적으로 유동비율이 130% 이상이면 단기부채의 상환에 아무런 문제가 없다고 판단한다. 즉, 유동부채가 100억 원이면 유동자산은 그 금액의 1.3배인 130억 원 정도 보유하고 있어야 안전하다는 뜻이다. (주)한경전자의 경우 유동비율이 140%(3,667억 원 ÷ 2,619억 원)이므로 충분한 유동성을 확보하고 있다고 볼 수 있다.

    그런데 유동비율을 가지고 단기부채의 상환능력을 체크할 때는 반드시 재고자산의 규모와 현금화 가능성을 살펴야 한다. 그 이유는 재고자산이 유동자산 속에 포함되어 있기 때문이다. 재고자산은 다른 유동자산과는 달리 판매와 대금회수의 과정을 거쳐야 하므로 현금화하는데 비교적 오랜 시간이 걸리는데다, 판매가 안될 수도 있다. 이런 이유 때문에 비상장기업의 재무상태표에서는 재고자산을 제외한 나머지 유동자산을 '당좌자산'으로 구분해 표시한다. **당좌자산**(Quick Assets)이란 표현 그대로 아주 신속하게 현금화할 수 있는 자산으로서 현금및현금성자산, 단기금융상품, 상장된 유가증권, 매출채권, 단기대여금, 선급금, 미수금 등이 해당된다.

재무상태표에서는 회사가 보유하고 있는 재고자산이 아무리 늦어도 1년 또는 **정상영업순환주기** 내에 현금화될 것이라는 가정 하에 이를 유동자산에 포함시킨 것이다. 이 경우 재고자산의 비중이 그리 높지 않은 회사라면 별문제가 없으나, 재고자산의 비중이 매우 높은 회사라면 재고자산이 모두 1년 안에 현금화될 것으로 보는 데 문제가 있을 수 있다.

정상영업순환주기

재고자산을 매입(생산)해서 판매한 후, 매출채권을 회수하기까지 걸리는 기간을 말한다. 예를 들어 재고자산이 판매되기까지 60일, 매출채권이 회수되기까지 90일이 평균적으로 걸린다면 정상영업순환주기는 150일인 셈이다. 대부분의 경우 1년 이내이지만, 재고자산의 판매와 매출채권회수가 느린 경우에는 1년 이상이 소요되기도 한다. 이 경우 비록 정상영업순환주기가 1년 이상이라고 하더라도 재고자산은 그 순환주기 내에 현금화되는 것이므로 재무제표에는 유동자산으로 분류한다.

따라서 회사의 유동자산에 포함된 매출채권과 재고자산 등이 앞으로 1년 이내에 모두 현금화된다고 가정한 것이므로 유동성을 보다 엄격하게 평가할 때는 재고자산을 유동자산에서 제외시키는 것이 바람직하다. 특히 불경기로 재고자산의 판매가 불확실하거나 장기간 미판매된 악성재고가 많을 경우에는 더욱 그렇다.

이렇게 유동자산 중 재고자산을 제외한 당좌자산만을 가지고 단기부채의 지급능력을 체크하는 것을 **당좌비율**이라고 하며, 이때는 당좌자산을 유동부채로 나눠 계산한다. 당좌비율은 분자의 유동자산에서 재고자산을 제외한 것이므로 그 결과값이 유동비율보다 항상 낮을 수밖에 없는데, 재고자산의 비중이 그리 높지 않은 회사라면 유동비율과 당좌비율에 큰 차이가 나지 않는다. 거꾸로 재고자산 비중이 높은 회사라면 유동비율과 당좌비율의 차이가 크게 나타난다.

일반적으로 당좌비율은 100% 이상이면 양호하다고 해석하는데 (주)한경전자의 경우 당좌비율이 89.8%(2,352억 원 ÷ 2,619억 원)로 계산된다. (주)한경전자의 당좌비율이 유동비율에 비해 매우 낮은 것은 그만큼 재고자산의 비중이 높다는 뜻이므로 전기와 비교해서 재고자산의 판매 속도(회전율)에 문제가 없는지 따져봐야 한다. 이와 같이 유동비율과 당좌비율의 비교를 통해 회사가 보유하는 재고자산의 과다여부 및 부실여부도 체크할 수 있다.

한편 단기부채의 상환능력을 가장 엄격하게 나타내는 지표는 **현**

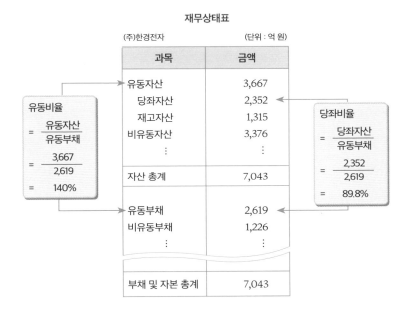

재무상태표

(주)한경전자   (단위 : 억 원)

과목	금액
유동자산	3,667
당좌자산	2,352
재고자산	1,315
비유동자산	3,376
⋮	⋮
자산 총계	7,043
유동부채	2,619
비유동부채	1,226
⋮	⋮
부채 및 자본 총계	7,043

유동비율

$$= \frac{유동자산}{유동부채}$$

$$= \frac{3,667}{2,619}$$

$$= 140\%$$

당좌비율

$$= \frac{당좌자산}{유동부채}$$

$$= \frac{2,352}{2,619}$$

$$= 89.8\%$$

금비율이다. 당좌자산 안에도 아직 현금화가 안된 매출채권·단기대여금 등이 포함돼 있는데, 이 또한 현금화가 불확실하다고 보는 것이다. 현금비율은 현금및현금성자산을 유동부채로 나눈 것으로, 당장 현금화가 가능한 현금및현금성자산만을 가지고 단기부채의 지급능력을 체크하는 것이다.

현금비율은 20% 이상이면 양호하다고 보는데 (주)한경전자의 경우는 약 3%(78억 원 ÷ 2,619억 원)로 업종평균비율 19%에 비해 매우 낮은 편이다. 이는 여유자금의 대부분을 현금및현금성자산 대신 단기금융상품(523억 원)으로 보유하고 있기 때문이다. 그런데 단기금융상품은 만기가 정해져 있어서 당장 인출이 불가능하다는 이유로 현금성자산에 포함되지 않지만, 어차피 만기가 1년 이내이고 현금화의 불확실성은 없는 것이므로 이를 포함해서 평가해도 된다.

　지금까지 살펴본 유동성지표는 모두 재무상태표의 잔액을 토대로 계산된다. 이는 유동부채를 1년 이내에 한꺼번에 상환한다고 가정하고 이에 필요한 유동자산이 얼마나 있는지를 비교해 보는 것이다. 그러나 사업 활동을 계속하는 기업이 유동부채를 한꺼번에 갚는 경우는 매우 드물다. 즉, 유동부채는 순차적으로 상환하는 것이므로 지급능력을 실질적으로 평가하려면 매출채권 및 재고자산의 회전율과 영업현금흐름을 같이 들여다봐야 한다.

　왜냐하면 매출채권과 재고자산의 과다로 인해 유동자산이 많아지고 이로 인해 유동비율이 높은 것이라면 영업현금흐름이 나쁜데도 불구하고 오히려 지급능력이 좋은 것으로 오판할 수 있기 때문이다. 이와 반대로 매출채권과 재고자산의 현금화 속도가 빠른 기업은 실질적인 지급능력이 좋은데도 불구하고 유동자산 비중이 적어서 유동비율은 낮게 평가된다.

　또한 현금비율을 해석할 때도 재무상태표의 현금및현금성자산은 단지 결산일의 잔액일 뿐, 그 정체(원천)를 보여주는 것이 아니라는 점에 주목해야 한다. 즉, 단기차입금 등 외부자금을 끌어다 넣은 것일 때는 비록 현금비율이 높더라도 실질적인 지급능력은 낮다고 해석해야 한다. 결국 실질적으로 단기 지급능력을 좌우하는 것은 돈의 흐름, 즉 매출채권 및 재고자산의 현금화속도(회전율)와 이로 인한 영업현금흐름이다.

22 부채비율보다 차입금의존도가 더 중요한 이유는?

얼마 전, 정 팀장은 재무팀장에게서 "우리 회사는 비록 부채비율은 좀 높지만 차입금 의존도가 그리 높지 않기 때문에 재무위험은 없어"라는 말을 들었다. 부채비율과 차입금의존도는 무엇이 다르며 재무위험을 측정할 때 부채비율과 차입금의존도를 같이 따져봐야 하는 이유는 무엇일까?

부채는 갚아야 할 돈이므로 그 금액이 많을수록 갚지 못할 위험 이 높다. 부채비율은 회사의 재무적인 안정성을 체크하는 가장 기본 적인 지표로서 갚아야 할 부채가 많을수록 재무적으로 불안정한 회 사라고 할 수 있다. 그런데 부채금액만으로 과다여부를 판정할 수는 없다. 자기자본이 많으면 그에 비례해서 부채가 많아도 되지만, 자기 자본이 적으면 그에 비례해서 부채도 적어야 한다. 즉, 부채의 과다 여부를 판단하는 기준은 자기자본이다.

부채비율은 부채를 자기자본으로 나눠 계산한다. 즉, 부채가 자기 자본의 몇 배에 해당하는지를 따져보는 것인데 일반적으로는 부채비율이 200% 이하일 때 재무적으로 안전하다고 해석한다. 가령 자기자본이 500억 원이라면 부채는 1,000억 원을 넘지 않는 것이 안전하다는 의미다. 이 경우 부채는 유동부채와 비유동부채를 모두 합산한 총부채이므로 부채비율은 장기적인 상환능력을 평가하는 지표에 해당한다. (주)한경전자의 경우 부채비율이 120%(3,845억 원 ÷ 3,198억 원)로서 전자부품업계의 평균부채비율(61%)에 비해서는 높은 편이다.

1997년 외환위기 이전만 하더라도 우리나라 상장기업들의 평균 부채비율이 무려 400%에 달했지만, 이후 지속적인 재무구조개선의 결과로 지금은 상장기업의 평균 부채비율이 100%로 낮아졌다. 부채비율 100%란 부채와 자기자본이 같다는 뜻으로 사업자본의 절반은 자기자금이지만 절반은 남의 돈이라는 뜻이다.

상장기업은 그 특성상 주식시장을 통해 다수의 주주로부터 투자받은 돈을 사용하므로 자기자본의 비중이 높아서 부채비율이 그다지 높지 않다. 그러나 비상장기업은 대부분 부채비율이 높은데, 그 이유는 자기자본이 적기 때문이다. 자본금과 잉여금이 모두 적다보니 사업자본의 상당액이 금융기관 부채로 조달되는 특징이 있다.

부채비율을 가급적 200% 이하로 유지해야 하는 이유는 부채의 과다한 사용이 기업에는 자칫 미래에 위험으로 작용할 수 있기 때문이다. 왜냐하면 부채는 상환해야 하므로 반드시 갚아야 하는 부담이 있는 데다, 금융기관 부채, 즉 차입금의 경우에는 정해진 이자를 따로 지급해야 하기 때문이다. 게다가 이자비용은 재무적인 **고정비**로서 회사의 매출이나 영업이익이 감소하더라도 정해진 만큼 지급해야 하기 때문에 경기가 좋지 않아 매출과 영업이익이 감소하는 상황에서는 큰 부담과 위험 요인이 될 수 있다.

그런데 재무상태표에 표시된 부채 중에서 금융기관에서 빌린 차입금이나 회사가 발행한 사채에 대해서는 정해진 대로 이자를 지급해야 하지만 대부분의 부채는 이자지급과 무관하다. 예를 들면 거래처에 갚아야 할 **매입채무**나 각종 **예수금**, **선수금**, **미지급금** 및 임직원에 대한 **퇴직급여충당부채** 등 대부분의 부채는 이자비용과 아무 상관이 없는 비이자부채에 해당한다. 따라서 상환 위험을 체크할 때는 모든 부채를 포함시키지만 이자위험을 평가할 때는 이자비용을 수반하는 부채, 즉 차입금만으로 위험을 평가해야 한다.

특히 선수금은 건설업·조선업·설계용역업 등 수주산업에서 거래처로부터 매출대금을 미리 받은 것이므로 돈으로 상환하는 것이 아니라 제품·상품을 인도하거나 공사 진행 등 매출로 상환하는 부채이다. 따라서 상환 위험을 평가할 때 군이 부채에 포함시킬 이유가 없으며 오히려 선수금이 많을수록 예약된 미래 매출이 많다는 의미이므로 재무적으로는 긍정적으로 해석해야 한다.

매입채무

일반적 상거래(원재료나 상품을 구매하는 행위)와 관련해 거래처에 대금을 지급하지 않아 장래에 갚아야 할 채무를 말한다. 외상매입금과 지급어음을 합친 것이다.

예수금

상거래(매출 또는 매입거래)와는 아무 관련 없이 회사가 일시적으로 받아 놓은 돈을 가리킨다. 임직원에게 급여를 지급할 때 떼놓은 근로소득세 원천 징수액 및 국민연금보험료나 건강보험료의 공제액은 회사가 이를 납부할 때까지 예수금이라는 부채계정에 넣어둔다.

선수금

매출거래와 관련해서 미리 받은 돈을 말한다. 예를 들어 제품을 팔거나 공사를 진행하기로 계약하고 미리 받은 계약금·중도금은 선수금으로 처리했다가 나중에 제품이 인도되거나 공사가 진행되면서 소멸된다.

미지급금

매입채무와는 달리 상거래와 아무 관련 없이 지급하지 않은 돈을 가리킨다. 예를 들어, 비용지출시 사용한 법인카드대금 미결제액이나 업무용차량을 구입하고 대금의 일부를 결제하지 않았다면 이는 미지급금에 해당한다.

퇴직급여충당부채

임직원이 장래에 퇴직할 때 지급해야 할 퇴직금소요액을 미리 부채로 계상한 것을 말한다. 부채로 계상된 금액은 당해 연도말 현재의 퇴직금추산액이며 매년 늘어나는 금액만큼 추가로 비용(퇴직급여)과 부채(퇴직급여충당부채)로 계상한다. 실제 퇴직금 지급 시에는 퇴직급여충당부채에서 상계처리되므로 비용으로 인식되지 않는다.

기업을 한눈에 꿰뚫어 볼 수 있는 재무제표 분석

아울러 부채 사용에 따른 위험 요인이 장래 지급할 이자비용 때문이라면 부채 중에서도 실제 이자비용을 지출해야 하는 차입금의 규모를 가지고 재무적 안정성을 따지는 것이 더 합리적이다. 이런 이유 때문에 회사의 총자본 중에서 이자비용을 수반하는 차입금이 어느 정도인지를 가지고 재무적인 안정성을 따지는데, 이를 차입금의 존도라고 한다.

차입금의존도는 총차입금(장·단기 차입금 및 회사가 발행한 사채와 유동성 장기차입금을 포함한다)을 총자본으로 나눠 계산하며, 차입금의존도가 30% 이하일 때 안전하다고 본다. 즉, 차입금의존도가 30%를 넘으면 이자부담 때문에 자칫 위험에 빠질 수도 있다고 본다. (주)한경전자의 경우 차입금의존도는 35%(2,466억 원 ÷ 7,043억 원)로 다소 높은 편이다.

재무상태표

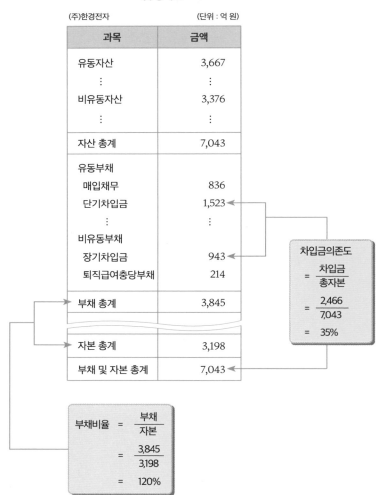

(주)한경전자 (단위 : 억 원)

과목	금액
유동자산	3,667
⋮	⋮
비유동자산	3,376
⋮	⋮
자산 총계	7,043
유동부채	
매입채무	836
단기차입금	1,523
⋮	⋮
비유동부채	
장기차입금	943
퇴직급여충당부채	214
부채 총계	3,845
자본 총계	3,198
부채 및 자본 총계	7,043

차입금의존도

$$= \frac{차입금}{총자본}$$

$$= \frac{2,466}{7,043}$$

$$= 35\%$$

부채비율 $= \dfrac{부채}{자본}$

$$= \frac{3,845}{3,198}$$

$$= 120\%$$

23 이자보상비율을 결정하는 4대 변수에 주목해야 한다

정 팀장의 친구 오억만 씨는 개인사업자로 지난해 집을 사면서 은행에서 5억 원을 대출받았다. 오억만 씨가 취득한 아파트의 취득금액은 10억 원이므로 굳이 표현하자면 차입금의존도가 50%인 셈이다. 정 팀장은 "대출금리가 6%라면 매월 이자만 해도 250만 원, 연간 3,000만 원인데 너무 과한거 아냐?"하고 걱정했다. 그러자 오억만 씨는 "내가 1년 동안 벌어들이는 사업소득이 2억 원 정도니까 그 정도는 결코 무리가 아니야"라고 정 팀장을 안심시켰다. 과연 오억만 씨의 말이 맞을까?

차입금의존도가 높다고 해서 항상 회사의 재무적 안정성에 문제가 있다고 단정하기는 어렵다. 가령 개인의 경우 각자의 상환능력이나 이자부담능력에 따라 차입금액이 달라지는 것을 볼 수 있다. 예를 들어 똑같은 6억 원짜리 아파트를 구입한다고 가정할 때 연봉이 5,000만 원인 정 팀장이 빌릴 수 있는 대출의 규모와 연간소득이 2억 원인 오억만 씨가 빌릴 수 있는 대출의 규모는 다를 수밖에 없다.

실제로 금융기관이 사용하는 DTI(Debt To Income) 지표는 능력에 맞지 않은 과다한 대출로 인한 부실채권을 예방하기 위해 만든 제도이다. DTI 비율 40%란 연간 원리금상환액(분자)이 연간 소득(분모)의 40%를 초과하지 않아야 한다는 기준이므로 연봉이 5,000만 원일 경우 연간 원리금상환액이 2,000만 원 이내여야 한다는 뜻이다. 오억만 씨의 경우에는 2억 원의 40%가 8,000만 원이므로 차입가능액이 정 팀장의 4배에 이른다. 이는 차입금의 절대 금액보다 차입자의 소득능력이 더 중요하다는 점을 시사한다.

따라서 회사의 재무적 안정성을 따질 때는 차입금 규모와 함께 그 차입금에 대한 이자를 감당할 능력이 있는지를 함께 살펴야 하며, 이자를 감당할 만한 충분한 여유가 있고 그 차입금을 사업 활동에 투자해서 제대로 성과를 내고 있다면 아무 문제가 없다. 이 경우 회사가 차입금이자를 감당할 능력은 영업이익에서 나온다. 이자비용을 비롯한 영업외비용은 모두 영업이익에서 지출되기 때문이다. 따라서 차입금의존도와 별도로 회사의 영업이익이 이자비용의 몇 배인지를 따져봐야 하는데 이를 이자보상비율(보통 비율보다는 배율로 측정하므로 이자보상배율이라고도 한다)이라고 한다.

이자보상비율은 영업활동으로 벌어들인 이익으로 이자비용을 어느 정도 부담할 수 있는지, 즉 기업의 이자부담능력을 평가하는 지표로서 영업이익을 이자비용으로 나눠 산출한다. 즉, 영업이익이 이자비용의 몇 배인지 측정해 이자비용의 지급능력을 따지는 것으로 2배 이상이면 양호하다고 본다. 이자보상비율이 높을수록 이자부담능력이 높다고 할 수 있으며 1배 미만이면 영업이익으로 이자비용조차 충당하기 어려운 한계기업임을 의미한다. 이자보상비율은 금융당국의 기업구조조정과 관련하여 퇴출기업을 판정하는 기준(3년 연속 이자보상비율이 1배 미만인 기업)의 하나로 활용되기도 한다.

 이자보상비율은 대출자산에 대해 이자를 받아야 하는 은행 등 금융기관에서는 매우 중요한 상환능력 점검지표이다. 특히 영업이익이 부진한 경우 추가로 차입을 하는 경우가 많은데, 이 경우 부진한 영업이익으로 인해 이자보상비율이 대부분 낮을 수밖에 없다. 그래서 은행 내부적으로는 이자보상비율의 기준을 비교적 낮게(보통 1.5배) 설정하고, 영업이익 대신 다소 완화된 기준을 사용하기도 한다.

 첫째, EBITDA(에비타, Earnings Before Interest, Taxes, Depreciation and Amortization)를 기준으로 산정하는 방법인데, 이를 **EBITDA/이자비용 비율**이라고 한다. EBITDA는 상각전영업이익을 의미하는 것으로 영업이익에 감가상각비와 무형자산상각비를 더한 금액이다. 감가상각비는 발생주의에 따라 손익계산을 하기 위해서 과거에 유형자산을 취득하면서 투자한 금액을 매년 비용으로 반영한 것이다. 그런데 이는 당기에 현금으로 지출된 것이 아니므로 다시 더해서 영업이익을 현금기준으로 수정한 것이다. 이자는 현금성자산으로 지급하는 것인데, 지출되지도 않은 비용을 굳이 비용으로 인식할 필요가 없다고 보는 셈이다. 특히 감가상각비가 많은 제조업이나 건설업종은 영업이익 대신 EBITDA를 단기 사업성과지표로 사용하는 경우가 많은데, 이렇게 하면 이익성과가 많아져서 이자보상비율이 더 높아진다.

둘째, 만약 회사가 차입금과는 별도로 예금 등 금융자산을 보유하고 있고 여기서 이자수익이 발생한다면 실질이자비용이 줄어들 것이므로 영업이익을 순이자비용(이자비용 - 이자수익)으로 나눠 구하기도 하는데, 이를 **순이자보상비율**이라고 한다.

(주)한경전자의 경우 이자보상비율은 5.7배(854억 원 ÷ 150억 원)이며, EBITDA/이자비용 비율은 7.4배{(854억 원(영업이익) + 255억 원(감가상각비) + 8억 원(무형자산상각비)) / 150억 원}, 순이자보상비율은 11배{854억 원 ÷ (150억 원 - 73억 원)}로서 이자부담능력은 매우 높은 편이다. 즉, 비록 차입금총액이 많기는 하지만 영업이익으로 이자비용을 충당하는 데는 단기적으로 별 문제가 없다.

한편 이자보상비율은 매출액영업이익률과 총자본회전율 그리고 차입금의존도의 역수와 차입금평균이자율의 역수를 모두 곱한 것과 같다. 즉, 이자보상비율은 4가지 변수에 의해 결정되므로 이를 통해 이자보상비율이 낮은 요인을 알 수 있으며 이를 통해 향후의 이자보상비율도 예측할 수 있다.

4개의 변수 중 **매출액영업이익률**과 **총자본회전율**은 높을수록 **차입금의존도**와 **차입금평균이자율**은 낮을수록 이자보상비율이 높아진다. 예를 들어, 어떤 기업의 매출액영업이익률이 5%, 총자본회전율이 1.2, 차입금의존도가 40%, 차입금평균이자율이 5%라면 이 회사의 이자보상비율은 3배가 된다. 만약 다른 변수는 일정한데 매출액영업이익률이 2%로 하락한다면 이자보상비율은 1.2배로 하락한다.

손익계산서

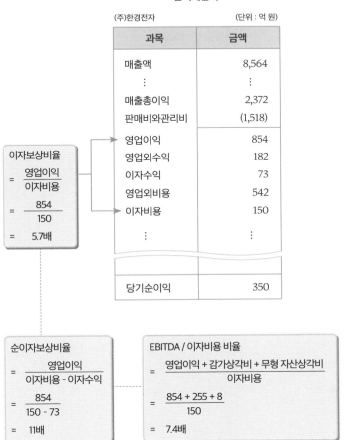

(주)한경전자   (단위 : 억 원)

과목	금액
매출액	8,564
⋮	⋮
매출총이익	2,372
판매비와관리비	(1,518)
영업이익	854
영업외수익	182
이자수익	73
영업외비용	542
이자비용	150
⋮	⋮
당기순이익	350

이자보상비율

$$= \frac{영업이익}{이자비용}$$

$$= \frac{854}{150}$$

$$= 5.7배$$

순이자보상비율

$$= \frac{영업이익}{이자비용 - 이자수익}$$

$$= \frac{854}{150 - 73}$$

$$= 11배$$

EBITDA / 이자비용 비율

$$= \frac{영업이익 + 감가상각비 + 무형 자산상각비}{이자비용}$$

$$= \frac{854 + 255 + 8}{150}$$

$$= 7.4배$$

이자보상비율의 결정요인

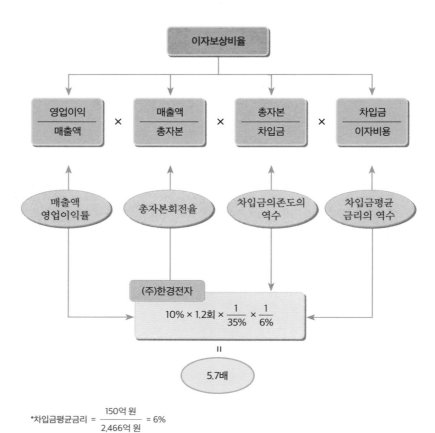

$$*차입금평균금리 = \frac{150억\ 원}{2,466억\ 원} = 6\%$$

기업을 한눈에 꿰뚫어 볼 수 있는 재무제표 분석

이 경우 이자보상비율을 종전과 같이 유지하려면 총자본회전율이 상승하거나 차입금의존도와 평균이자율이 하락해야 한다. 만약 총자본회전율이 1.5로 상승하고 차입금의존도가 20%로 낮아진다면 이자보상비율은 그대로 3배가 나온다. 하지만 수익성이 악화된 상태에서 차입금의존도와 조달금리를 낮추는 것은 쉽지 않다.

한편, 이자비용은 차입금의 사용에 대한 대가로 매출수준에 관계없이 정해진 대로 지급해야 하는 고정비이므로 매출감소 등 경기불황에 대비하기 위해서는 차입금과 이자비용을 최대한 줄여야 한다. 매출이 감소하면 영업이익이 감소하는데 고정비인 이자비용 때문에 영업이익 감소폭보다 주주순이익 감소폭이 더 커져서 기업가치가 훼손되기 때문이다.

이와 반대로 경기가 좋아 매출과 영업이익의 증가가 예상될 때는 차입금을 적극 사용함으로써 **재무레버리지효과**를 통해 더 많은 순이익을 낼 수 있다. 따라서 기업은 향후 매출과 영업이익의 성장가능성 및 차입금리를 초과하는 영업이익 창출능력 등을 종합적으로 감안해 외부차입규모를 결정해야 한다.

재무레버리지효과

매출액과 영업이익에 관계없이 차입금에 대한 이자비용이 고정적으로 일정하게 발생함에 따라 영업이익의 변화폭보다 당기순이익의 변화폭이 더 크게 확대돼서 나타나는 현상을 말한다. 이에 따라 불황으로 영업이익이 감소할 경우 주주이익은 심각하게 감소한다.

24 자기자본비율은 너무 높아도 탈이고 너무 낮아도 탈이다.

신문을 보던 정 팀장은 '상장기업들 재무구조개선-자기자본비율 계속 올라'라는 기사를 보았다. 부채보다는 주주자금인 자기자본이 많을수록 재무적인 안정성이 좋을 것 같긴한데…. 그렇다면 자기자본비율이 어느 정도라야 재무적인 안정성이 있다고 할 수 있을까?

자기자본비율은 회사의 총자본 중에서 자기자본이 차지하는 비중을 나타내는 안정성지표로서 자기자본비율이 높을수록 그만큼 부채가 적다는 뜻이므로 회사의 재무적 안정성이 높아진다. 자기자본비율은 부채비율과 반비례하는 것으로 부채비율이 높을수록 자기자본비율은 낮아진다. 부채비율이 100%인 경우 부채와 자기자본이 같아서 총자본 중 자기자본의 비율은 1/2인 50%이다. 하지만 부채비율이 400%인 경우에는 부채가 자기자본의 4배이므로 자기자본비율은 1/5, 즉 20%로 낮아진다.

거래처나 은행 등 채권자에게 빚을 갚을 수 있는 안전한 기업이

되기 위해서는 부채비율이 낮아야 한다. 하지만 기업(특히 대주주가 경영자인 비상장중소기업)은 일반적으로 사업자본을 조달할 때 자기자본보다 차입금 등 부채를 더욱 선호한다.

차입금을 선호하는 이유는 첫째, 비상장기업의 경우 자기자본을 투자하는 대주주가 경영자이기 때문이다. 상장기업은 대주주 외에 다수의 소액주주가 있기 때문에 그들로부터 증자 등으로 자금을 투자받을 수 있지만, 비상장기업은 증자할 경우 기존주주인 자신이 직접 추가로 투자해야 한다. 그런데 투자는 그 자체가 위험이므로 자신의 자금 대신 은행자금을 선호하는 것이다. 즉, 사업위험을 주주인 자신으로부터 금융기관으로 분산하려는 것이다.

둘째, 자기자본이 너무 많으면 주주의 투자금액에 대한 수익성지표인 **자기자본순이익률**(ROE)이 떨어지기 때문이다. 거꾸로 부채를 많이 사용할수록 상대적으로 자기자본이 적어지므로 자기자본에 대한 순이익률이 상승하는데, 이를 부채사용으로 인한 지렛대효과(이를 레버리지효과)라고 한다. 결국 부채 사용에 따른 레버리지효과를 감안하면 주주입장에서 부채가 무조건 나쁜 것은 아니다.

즉, 채권자의 입장에서는 자기자본비율이 높은, 안전한 회사가 좋은 회사지만 주주는 주주 돈인 자기자본으로 순이익을 많이 내주는 회사가 좋은 회사이다. 이 경우 부채가 거의 없거나 적은 회사는 자기자본의 과다로 자기자본순이익률이 떨어질 수 밖에 없다. 따라서 자기자본은 너무 적지도, 너무 많지도 않은 적당한 상태가 최선이다.

셋째, 차입금의 이자는 법인세 계산 시 손금으로 인정받아 감세효과가 발생하는데 비해 자기자본에 대한 배당금은 비용이 아니므로 **세금절감효과**가 발생하지 않는 것도 차입금을 선호하는 이유다.

세금절감효과(Tax-shield effect)

회사의 비용지출금액이 세무상 손금으로 인정됨에 따라 법인세가 줄어드는 효과를 말한다. 예를 들면 차입금 20억 원에 대한 이자비용 1억 원(이자율은 5%)을 지급하고 이를 모두 손금으로 인정받으면 법인세율이 20%일 때 2,000만 원의 법인세가 줄어드는 효과가 생긴다. 결국 세금절감효과를 감안하면 이자비용 지출로 인한 회사의 실제 순자산감소는 8,000만 원으로서 명목이자율은 5%지만 실질이자율은 4%인 셈이다.

그러나 자기자본비율이 너무 낮으면 불황이 계속될 경우 도산 위험이 높아진다. 불황이 계속돼 회사의 순자산이 지속적으로 감소하더라도 자기자본이 충분하면 이를 감당할 수 있지만 그렇지 않은 경우에는 부채가 총자산금액을 초과하는 상황(완전자본잠식)에 직면할 수 있다.

따라서 기업은 적정수준의 자기자본비율을 유지해야 하는데 자기자본비율이 40% 이상이면 우량기업, 15% 미만이면 부실기업으로 본다. 이를 부채비율로 환산하면 각각 150% 미만, 566% 이상에 해당한다.

(주)한경전자의 자기자본비율은 45.4%(3,198억 원 ÷ 7,043억 원)로서 동종업계 평균인 62.1%에 비해 낮은 편이다. 또한 자기자본비율을 부채비율로 환산하면 120%(54.6 ÷ 45.4)이다.

기업을 한눈에 꿰뚫어 볼 수 있는 재무제표 분석

재무상태표

(주)한경전자   (단위 : 억 원)

과목	금액
유동자산 ⋮	3,667 ⋮
유동부채	2,619
비유동부채	1,226
부채 총계	3,845
자본금 ⋮	500 ⋮
자본 총계	3,198
부채 및 자본 총계	7,043

$$자기자본비율 = \frac{자본}{총자본}$$

$$= \frac{3{,}198}{7{,}043}$$

$$= 45.4\%$$

25 유동비율을 뒤집어 보면 비유동장기적합률이 나온다

(주)한경전자는 이번에 공장을 증설하기로 결정하고 이에 필요한 자금 중 100억 원을 외부차입금으로 충당하기로 했다. 이번에 영업팀에서 자금팀으로 부서를 옮긴 정 팀장은 100억 원 중 40억 원은 단기성자금으로, 나머지 60억 원은 장기성자금으로 조달하는 내용의 보고서를 작성했다. 본부장은 정 팀장에게 "신규자금조달 후 비유동장기적합률이 어떻게 달라지는지 체크해 봤어?"라고 물었다. 비유동장기적합률이란 무엇을 의미하는 것일까?

회사의 자산은 크게 단기성자산과 장기성자산으로 구분된다. 단기성자산은 유동자산처럼 단기간 내에 회수되는 자산을 말하며, 장기성자산은 비유동자산(투자자산·유형자산·무형자산)처럼 장기간에 걸쳐서 서서히 회수되는 자산을 말한다. 단기성자산이든, 장기성자산이든 회사가 자산을 소유하려면 이에 필요한 자금을 조달해야 하는데, 이때 단기성자산에 투자되는 자금은 단기자본으로 조달하고 장기성자산에 투자되는 자금은 장기자본으로 조달하는 것이 바람직하다.

유형자산 등 장기성자산에 투자될 자금을 1년 이내에 갚아야 할 단기자본으로 조달할 경우 자금조달의 불균형이 발생하고 이로 인

기업을 한눈에 꿰뚫어 볼 수 있는 재무제표 분석

1. 건전형(비유동자산 < 장기성자본, 유동자산 > 단기성 자본)

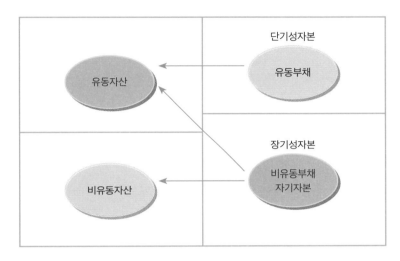

2. 불건전형(비유동자산 > 장기성 자본, 유동자산 < 단기성 자본)

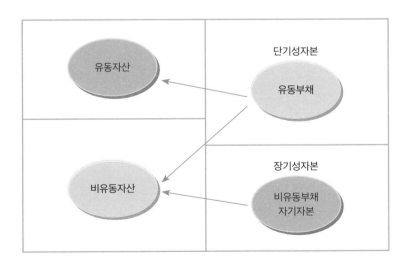

해 재무적 안정성에 문제가 생길 수 있다. **비유동장기적합률**이란
장·단기자금조달의 균형을 보여주는 지표로서 장기성자산, 즉 비유
동자산을 장기성자본인 비유동부채와 자기자본의 합계금액으로 나
눠 계산한다. 이 비율이 100% 이하라면 비유동자산에 투자된 자금
이 모두 장기성자금으로 조달됐음을 나타낸다. 하지만 100%를 초
과하는 경우에는 일부 자금이 단기성 유동부채에서 조달되었음을
의미한다.

예를 들어 유동자산이 200억 원이고 비유동자산이 500억 원
인 회사의 유동부채가 300억 원, 비유동부채와 자기자본의 합계가
400억 원이라면 비유동장기적합률은 125%(500억 원 ÷ 400억 원)로
계산된다. 이는 장기성자산에 투자된 자금 500억 원 중에서 100억
원이 단기성 유동부채로 조달됐다는 의미다.

따라서 비유동장기적합률은 100% 미만이어야 정상인데, 이 비율
이 낮다는 것은 곧 유동비율이 높다는 것과 같은 의미이며, 반대로
비유동장기적합률이 높다는 것은 유동비율이 낮다는 것과 같은 의
미이다.

위 회사의 경우 유동비율이 67%(200억 원 ÷ 300억 원)로서 매우
낮은데, 유동부채가 유동자산을 초과한 만큼 비유동자산에 투자되
었기 때문에 비유동장기적합률이 높게 나오는 셈이다. 즉, 비유동장
기적합률은 유동비율과 반비례하므로 유동비율과는 반대로 낮을수
록 좋다. 보통 60% 이하를 양호한 것으로, 150%를 넘으면 불량하

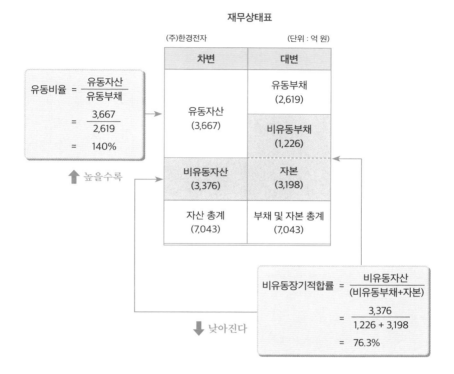

재무상태표

(주)한경전자   (단위 : 억 원)

다고 판정한다.

　(주)한경전자의 경우 비유동장기적합률이 76.3%(3,376억 원 ÷ 4,424억 원)로서 낮은 편인데 이는 유동비율(140%)이 높기 때문이다.

(주)한경전자의 재무안전성지표 분석

항목	(주)한경전자의 재무비율	표준비율	업종평균비율*	
			전자부품 제조업	제조업 전체
유동비율	140%	130%	144.4%	121.3%
당좌비율	89.8%	100%	116.2%	90.6%
현금비율	3%	20%	19.2%	14.5%
부채비율	120%	200%	60.9%	97.8%
차입금의존도	35%	30%	15.6%	22.7%
이자보상비율	569.3%	200%	579.2%	469.8%
순이자보상비율	1,109.1%	400%	1,219.0%	856%
비유동장기적합률	76.3%	60%	86.2%	88.6%
자기자본비율	45%	40%	62.1%	50.5%

* 한국은행 <기업경영분석>에서 인용

유동비율에 문제가 없는데도 당좌비율이 매우 낮은 것은 재고투자가 과다하다는 증거이며, 이자보상비율은 높은 편이지만 차입금의존도를 좀 더 낮출 필요가 있다. 차입금의존도를 낮추면 업계평균보다 높은 부채비율도 지금보다 낮아지고 자기자본비율도 더 개선될 수 있다. 단기금융상품(523억 원)을 포함한 총현금유동성은 큰 문제가 없지만 현금비율이 매우 낮으므로 현금보유비중을 더 높일 필요가 있다.

기업을 한눈에 꿰뚫어 볼 수 있는 재무제표 분석

활동성 진단법

사업자본(자산)을 놀리지 않고
제대로 활용하고 있는가?

26 자본효율성이 높아야 자본수익성이 확보된다

✦ ✦ ✦

정 팀장의 외삼촌인 나대박 씨는 직장을 퇴직하고 총자본 10억 원으로 법인(도매업)을 설립했다. 개업식에 참석한 정 팀장은 외삼촌으로부터 연간 10억 원 정도의 매출을 기대한다는 말을 듣고는 다음과 같이 말했다. "외삼촌! 그 정도 매출로는 안돼요. 총자본이 10억 원이면 최소한 그이상의 매출을 달성해야 자본효율성이 있는 셈이거든요" 정 팀장이 말한 자본효율성이란 무엇이며 어느 정도가 돼야 할까?

자본효율성이란 회사가 주주나 채권자로부터 투자받은 자본을 얼마나 제대로 잘 활용하는지를 점검하는 **활동성지표**이다. 사업에 투입된 자본은 그 금액에 비례해서 이익성과를 내야 하므로 투자된 돈이 효율적으로 사용됐는지 여부를 매출액을 기준으로 따진다.

즉, 매출액을 투입된 자본으로 나눈 회전율로써 자본의 효율적 사용여부를 판단하는데, 분모의 자본은 기초와 기말의 평균 총자본(총자산)으로 나누어 계산한다. 그 이유는 분자의 매출액은 연간 달성한 누적금액이고 분모의 재무상태표상의 자본은 전기말과 당기말의 잔액이므로 이를 평균한 연평균자본으로 나누는 것이 합리적이기 때문이다. 분모에 총자본을 넣으면 **총자본회전율**(총자본과 총자산은 같은

것이므로 총자산회전율이라고도 한다), 자기자본을 넣으면 **자기자본회전율**
이 되는데, 자본회전율이 높을수록 해당 자본이 사업 활동에 잘 활
용되고 있음을 의미한다. 이와 반대로 자본회전율이 낮다면 투입된
자본규모에 비해 매출이 부진하거나 매출수준에 비해 투입된 자본이
너무 과다하다는 증거가 된다.

　　회사가 재무적인 안정성을 유지하는 것만큼 중요한 것이 사업자
본을 효율적으로 사용하는 것이다. 즉, 사업에 투자된 돈이 열심히
일을 하게끔 해야 한다는 뜻인데, 만약 사업자본이 일하지 않고 놀
고 있다면 영업이익이 나오기 어렵고 자본비용을 지급할 수 없게 된
다. 그런데 영업이익 달성은 충분한 매출이 확보돼야 가능하므로 매
출을 기준으로 활동성을 측정하는 것이다. 다시 말해 회사가 이익을
창출하려면 일단 매출의 절대금액이 커야 하는데, 이 경우 회사가
사용중인 자본규모에 비해 적정한 매출액을 달성하고 있는지는 총
자본회전율을 통해 체크할 수 있다.

　　활동성비율은 기업이 보유하고 있는 각종 자산(자본)의 회전율을
통해 해당 자산의 매출기여도를 측정하는 것이므로 회전율이 높을
수록 자산(자본)이 활발하게 움직여 해당 자산의 수익기여도가 높음
을 나타낸다.
　　일반적으로 총자본회전율은 1.5회 이상을 양호한 수준으로 본다.
즉, 총자본이 200억 원이면 매출액이 최소한 300억 원은 되어야 한
다는 의미이다. 단, 자본회전율은 업종간 차이가 크므로 업종특성을

기업을 한눈에 꿰뚫어 볼 수 있는 재무제표 분석

감안해서 평가해야 한다. 제조업은 매출에 비해 자산규모가 커서(유형자산투자 등) 비교적 자본회전율이 낮은 반면, 서비스업은 그렇지 않다. 따라서 업종평균과 비교하는 것이 바람직하다. 동일업종이라도 총자산 중 투자자산 등 비사업자산이 많은 경우, 비사업자산은 매출과 관련이 없으므로 총자산회전율이 낮게 나오기도 한다.

만약 총자본회전율이 동일업종의 평균보다 낮다면 사업활동에 투입된 총자본(총자산)에 비해 매출이 너무 저조하거나, 매출액에 비해 너무 과다한 자본이 투입된 것으로 봐야한다. 전자의 경우에는 매출확대를 통해, 후자의 경우라면 불필요하거나 성과가 나지 않는 비사업자산을 줄여서 회전율을 끌어 올려야 한다.

자본회전율이 극도로 낮은 회사는 투자된 돈에 비해 매출이 너무 적기 때문에 총자본이익률도 낮을 수밖에 없는데, 이는 활동성이 회사의 자본수익성에도 간접적인 영향을 미친다는 의미이다.

한편 자기자본회전율은 매출액을 평균자기자본으로 나눠 계산하는데, 3회 이상을 양호한 수준으로 본다. 부채비율이 100%일 경우 자기자본회전율은 총자본회전율의 2배가 된다.

(주)한경전자의 경우 총자본회전율은 1.2회(8,564억 원 ÷ 6,877억 원)로 업종평균치 1.1회와 비슷하며, 자기자본회전율은 2.8회(8,564억 원 ÷ 3,090억 원)로 업종평균치 1.8회보다는 높은 편이며, 총자본회전율의 2배를 초과하는데, 그 이유는 (주)한경전자의 부채비율이 120%로 부채가 자기자본보다 많기 때문이다.

총자본(총자산)회전율 및 자기자본회전율

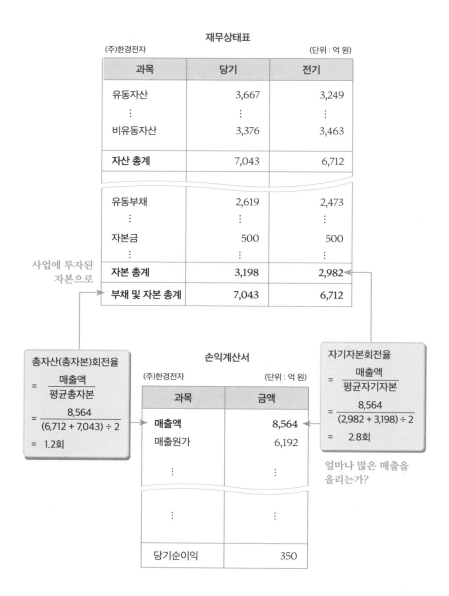

재무상태표

(주)한경전자   (단위 : 억 원)

과목	당기	전기
유동자산	3,667	3,249
⋮	⋮	⋮
비유동자산	3,376	3,463
자산 총계	7,043	6,712
유동부채	2,619	2,473
⋮	⋮	⋮
자본금	500	500
⋮	⋮	⋮
자본 총계	3,198	2,982
부채 및 자본 총계	7,043	6,712

사업에 투자된
자본으로

총자산(총자본)회전율

$$= \frac{\text{매출액}}{\text{평균총자본}}$$

$$= \frac{8,564}{(6,712 + 7,043) \div 2}$$

$$= 1.2회$$

손익계산서

(주)한경전자   (단위 : 억 원)

과목	금액
매출액	8,564
매출원가	6,192
⋮	⋮
⋮	⋮
당기순이익	350

자기자본회전율

$$= \frac{\text{매출액}}{\text{평균자기자본}}$$

$$= \frac{8,564}{(2,982 + 3,198) \div 2}$$

$$= 2.8회$$

얼마나 많은 매출을
올리는가?

기업을 한눈에 꿰뚫어 볼 수 있는 재무제표 분석

27 총자산 중 매출채권과 재고자산의 적정 비중은 어느 정도인가?

★★★

자금팀의 정 팀장으로부터 매입채무 결제자금이 모자란다는 보고를 받은 고차원 상무는 급히 영업팀장에게 재고 및 매출채권 현황을 뽑아오도록 지시했다. 보고서를 받아 본 고 상무는 영업팀장에게 "재고와 매출채권이 이렇게 늘어나고 있는데 뭐하고들 있는 거야?"라고 호통치면서 빨리 재고를 줄이고 매출채권을 정리할 것을 지시했다. 이를 옆에서 지켜본 정 팀장은 회사가 영업을 하려면 일정규모의 재고자산과 매출채권은 생길 수밖에 없는데, 도대체 재고자산과 매출채권이 어느 정도이길래 그러는 것인지 궁금했다.

회사의 **영업순환주기**(operating cycle)에서 가장 중요한 항목은 재고자산과 매출채권이다. 재고자산이 판매되어 매출채권으로 바뀐 다음, 일정기간 후 매출채권이 회수되어 다시 원재료매입비용과 가공비 등 재고투자에 사용되면서 자금의 순환과정이 마무리된다.

따라서 재고자산이나 매출채권에 묶인 자금이 과다하면 이는 기업자금이 원활하게 순환되지 않고 있다는 증거다. 즉, 재고나 매출채권에 묶인 자금은 정체된 자금으로서 이를 최대한 줄여 나가는 것이 자금관리의 핵심과제다.

영업순환주기(Operating Cycle)

재고자산이 판매되어 매출채권으로 바뀐 후, 매출채권이 최종적으로 현금으로 회수되기까지 소요되는 기간을 말하며 재고자산회전기간과 매출채권 회수기간을 더해 계산한다. 영업순환주기가 길어질수록 자금회전이 늦어져 영업현금흐름이 악화되고 단기차입금이 증가한다.

회계적으로 당기말 재고자산이 전기말보다 증가했다면 당기에 매입 또는 생산된 물량보다 판매량이 더 적다는 의미이며, 이는 원가를 기준으로 매입 또는 생산을 위해 지출된 돈보다 회수된 돈이 더 적다는 의미이다. 재고증가분은 그 매입원가나 생산원가가 지출됐음에도 불구하고 아직 현금화되지 못한 채, 매장이나 창고에서 잠자고 있는 셈이다. 게다가 손익계산상으로도 재고증가분은 아직 판매가 안된 것이므로 당기의 매출원가에 포함되지 않아 그만큼 영업이익에 거품이 끼여 있는 셈이다.

매출채권도 마찬가지다. 매출채권이 전기말보다 증가했다면 당기에 발생된 매출수익보다 회수된 매출채권이 더 적다는 의미로서 그만큼 현금화되지 않은 돈은 거래처에서 잠자고 있는 셈이다. 또한 재고자산 증가액처럼 영업이익에는 이미 포함된 것이지만 현금흐름은 없는 것이다.

따라서 재고자산이나 매출채권이 비정상적으로 증가하는 것은 결코 바람직하지 못한 현상이기 때문에 회사가 보유하는 재고자산과 매출채권의 규모가 적정한지 따져봐야 한다.

기업을 한눈에 꿰뚫어 볼 수 있는 재무제표 분석

재무상태표

(주)한경전자   (단위 : 억 원)

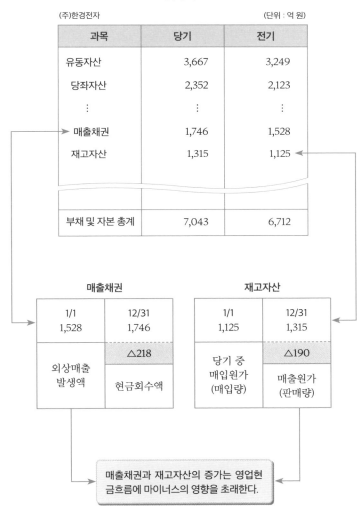

과목	당기	전기
유동자산	3,667	3,249
당좌자산	2,352	2,123
⋮	⋮	⋮
매출채권	1,746	1,528
재고자산	1,315	1,125
부채 및 자본 총계	7,043	6,712

매출채권

1/1 1,528	12/31 1,746
	△218
외상매출 발생액	현금회수액

재고자산

1/1 1,125	12/31 1,315
	△190
당기 중 매입원가 (매입량)	매출원가 (판매량)

매출채권과 재고자산의 증가는 영업현금흐름에 마이너스의 영향을 초래한다.

일반적으로 재고자산과 매출채권은 각각 총자산의 20%를 넘지 않는 것이 좋다고 본다. 재고나 매출채권의 비중이 20%를 넘게 되면 영업순환주기가 길어지고 이로 인해 회사의 영업현금흐름이 악화될 가능성이 있기 때문이다. 나아가 미판매 또는 미회수상태가 장기간 지속되면 각각 부실재고 또는 부실채권으로 둔갑할 가능성도 높다. 기업부실의 1차적인 사유는 재고자산과 매출채권의 부실이다. 재고자산을 제때에 팔지 못하고 받을 채권을 제때에 받지 못할 경우 영업활동에 따른 현금흐름 악화로 도산하는 경우가 많기 때문이다.

(주)한경전자의 재고자산 비중은 18.6%(1,315억 원 ÷ 7,043억 원)로 업종평균치 7.3%에 비해 매우 높은 편이며, 매출채권의 비중도 24.8%(1,746억 원 ÷ 7,043억 원)로 업종평균치 10%에 비해 매우 높다. 이런 경우 재고자산 및 매출채권의 회전율을 검토해서 회전율이 낮은 원인을 따져봐야 한다.

영업자금의 순환사이클

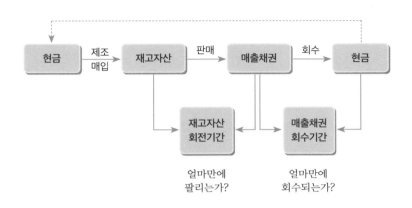

재무상태표

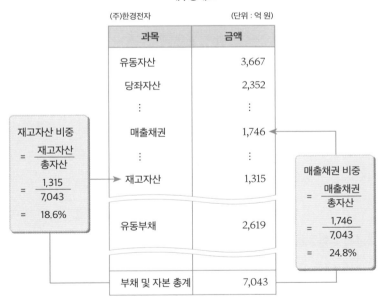

28 재고자산의 판매속도가
느려지면 안되는 이유

사업을 시작한지 1년이 지난 나 사장, 사업을 하는데 도무지 돈을 만져보기가 어렵다.
개업식 때 조카가 했던 말이 생각난 그는 정 팀장을 불러 재무제표를 내밀었다. 재무
제표를 한참 들여다보던 정 팀장은 재고자산이 제대로 회전되지 않아 판매되기까지
시간이 너무 많이 걸리는 것이 문제라고 지적했다. 재고자산이 판매될 때까지 소요되
는 기간은 어떻게 계산할까?

재고자산은 매출채권과 함께 핵심사업자산으로서 현금화 속도가
매우 중요하다. 재고자산이 현금화되려면 최대한 빨리 판매가 돼야
하는데, 이를 "회전"이라고 표현하며 재고자산이 판매될 때까지 평
균적으로 소요되는 기간을 재고자산회전기간이라고 한다.

재고자산회전기간은 재고자산회전율을 계산해보면 알 수 있다.
재고자산회전율은 재고자산이 한 회계기간 동안 몇 회나 회전했는
지 나타내는 것으로서 손익계산서의 매출액 또는 매출원가를 평균
재고자산으로 나눠 계산한다.

일반적으로 활동성지표를 계산할 때는 매출액을 기준으로 하지
만, 재고자산회전율은 매출원가를 기준으로 계산하는 것이 더 의미

있다. 그 이유는 분모의 재고자산이 이윤이 포함되지 않은 원가금액이므로 매출액을 기준으로 할 경우 매출총이익만큼 재고물량의 회전율이 실제보다 높게 나오기 때문이다.

매출원가

한 회계년도 동안 회사가 매출한 금액에 상응하는 원가금액으로서 기초재고액에 매입원가를 더하고 기말재고액을 빼서 계산한다. 예를 들어, 기초재고가 1억 원이 있었고 당기 중에 9억 원의 매입이 있었는데, 기말재고가 3억 원이 남아 있다면 모두 7억 원이 팔렸다는 계산이 나온다. 이때 7억 원을 매출원가라고 하며, 매출액이 12억 원이라면 매출총이익은 5억 원으로 계산된다. 기말재고 3억 원은 비록 현금유출이 있었다고 하더라도 아직 판매되지 않았으므로 발생주의에 따라 당기의 비용으로 보지 않는다.

예를 들어, 회사가 보유하는 평균재고는 30억 원인데 당해 연도의 매출원가가 300억 원이라면 당기중에 재고자산이 팔려나간 횟수는 모두 10회라는 의미이다. 재고자산회전율을 알면 그 회전기간도 알 수 있는데 1년이 365일이므로 회전율이 10회이면 회전기간은 1/10년인 36.5일(365일 ÷ 10회)이 된다. 또는 재고자산평균잔액(30억 원)을 매출액(300억 원)으로 나눈 후에 365일을 곱해도 동일하게 계산된다.

즉, 재고자산이 구입돼 팔리기까지 평균 36.5일이 소요됐다는 뜻이다. 따라서 재고자산회전기간은 재고자산회전율의 역수와 같으므로 재고자산회전율이 높을수록 재고자산회전기간은 단축돼 그만큼 재고자산이 빨리빨리 팔려 나간다고 볼 수 있다.

만약 회전율이 18회전이면 회전기간은 1/18년, 즉 20일로 짧아진다. 재고자산회전율이 높다는 것은 그만큼 재고자산이 기업에 머무는 기간(재고자산회전기간)이 짧고 재고자산이 빨리 팔려나간다는 뜻으로 재고부실의 위험도 낮고 영업현금흐름도 양호하다는 것을 의미한다.

이와 반대로 재고자산회전율이 낮아지면 재고자산의 판매 속도가 느려져서 영업현금흐름이 악화되며, 이에 따라 부족자금을 차입금으로 충당해야 하는 문제가 생긴다. 장기간 미판매시에는 재고자산의 예상회수가치가 장부가에 미달해서 손상처리(재고자산평가손실 또는 재고자산폐기손실)를 해야 하는 경우도 발생할 수 있다.

일반적으로 재고자산회전율은 6회 이상이면 양호한 것으로 본다. 이상적인 재고자산회전율 6회를 재고자산회전기간으로 환산하면 약 60일(365일 ÷ 6회) 미만이 된다. 하지만 재고자산은 기업마다 그 유형이 워낙 다양한데다, 그 종류별로 회전율이 각각 다르므로 일반적인 비교기준을 적용하기 어렵다. 따라서 동일 업종의 평균치와 비교한 후 분석대상기업의 재고자산회전율 추이분석을 통해 최근 회전율이 하락하는 경우 반드시 그 원인을 파악해야 한다.

한편 한국은행에서 작성하는 〈기업경영분석〉에서는 재고자산회전율도 매출액을 기준으로 계산하고 있다. 따라서 (주)한경전자의 경우 매출액을 기준으로 계산한 재고자산회전율은 7회(8,564억 원 ÷ 1,220억 원)로 업종평균치 15.7회에 비해 매우 낮은 편이며, 이를 재고자산회전기간으로 환산하면 52일(365일 ÷ 7회)이다.

기업을 한눈에 꿰뚫어 볼 수 있는 재무제표 분석

재무상태표

(주)한경전자   (단위 : 억 원)

과목	당기	전기
유동자산	3,667	3,249
당좌자산	2,352	2,123
매출채권	1,746	1,528
재고자산	1,315	1,125
⋮	⋮	⋮
⋮	⋮	⋮
부채 및 자본 총계	7,043	6,712

재고자산회전율

$$= \frac{매출액}{평균재고}$$

$$= \frac{매출액}{(기초재고 + 기말재고) \div 2}$$

$$= \frac{8,564}{(1,125 + 1,315) \div 2}$$

$$= \ 7회$$

손익계산서

(주)한경전자   (단위 : 억 원)

과목	금액
매출액	8,564
매출원가	6,192
매출총이익	2,372
⋮	⋮
법인세비용	144
당기순이익	350

재고자산회전기간

$$= \frac{365일}{회전율}$$

$$= \frac{365일}{7회}$$

$$= 52일$$

또는

$$= \frac{평균재고}{매출액} \times 365일$$

$$= \frac{(1,125 + 1,315) \div 2}{8,564} \times 365일$$

$$= 52일$$

29 매출채권의 회수속도가 느려지면 자금이 고갈된다

재고자산회전율과 회전기간에 대해 설명을 들은 나 사장은 "그러면 우리 회사도 앞으로 재고자산회전기간만 단축하면 자금회전에 별 문제가 없겠네?"라고 물었다. 이에 정 팀장는 "재고자산이 아무리 빨리 팔려도 매출채권이 현금으로 회수되지 못하면 물거품이에요"라고 답했다. 매출채권회전율과 회수기간은 어떻게 계산하며 어느 정도가 돼야 문제가 없을까?

　　재고자산 못지않게 그 회전속도가 중요한 것이 매출채권이다. 기업간 거래는 신용거래이므로 재고자산이 판매된다고 해서 바로 현금화가 되는 것이 아니라 매출채권으로 바뀌는 것이다. 판매 이후 매출채권이 회수됨으로써 비로소 현금화가 완료되는 셈인데, 매출 이후 매출채권이 회수될 때까지 평균적으로 걸리는 기간을 **매출채권회수**(회전)**기간**이라고 한다.

　　매출채권회수기간도 재고자산의 경우처럼 그 회전율을 계산해보면 알 수 있다. **매출채권회전율**은 매출액을 매출채권 평균잔액으로 나눠 계산한다. 예를 들어 당기 중 매출액이 1,000억 원인데 회사의 매출채권 평균잔액이 200억 원이라면 회전율은 5회로 계산된다. 이

기업을 한눈에 꿰뚫어 볼 수 있는 재무제표 분석

때 매출채권은 재무상태표에 표시된 전기말과 당기말의 매출채권잔액을 평균하되, 대손충당금을 차감하기 전의 금액으로 해야 한다. 왜냐하면 손익계산서의 매출액에는 향후 대손처리될 수도 있는 외상매출액이 모두 포함돼 있기 때문이다.

재고자산회전율의 경우와 마찬가지로 매출채권회전율을 확인하면 매출채권의 회수가 얼마나 빨리 이루어지는지 그 회수속도를 측정할 수 있다. 회전기간은 회전율의 역수이므로 회전율이 5회라면 회전기간은 1/5년이다. 따라서 365일을 매출채권회전율 5회로 나누면 매출채권이 회수되는데 평균적으로 73일이 걸리는 것을 알 수 있다. 또는 매출채권평균잔액(200억 원)을 매출액(1,000억 원)으로 나눈 후에 365일을 곱해도 회전기간(73일)을 계산할 수 있다. 이는 매출채권 잔액 200억 원이 평균적으로 73일분의 매출에 해당한다는 의미와 같다. 자금회전이 안돼서 어려움을 겪는 기업의 경우 매출채권회전율이 매우 낮은데, 심지어 회전율이 2회인 경우도 있다. 이는 회전기간이 1/2년, 즉 6개월분의 매출대금이 회수되지 않고 채권으로 깔려 있다는 뜻이다. 이런 경우에는 대부분 매출채권에 묶인 자금 때문에 차입금이 많을 수밖에 없다. 매출채권회전율도 6회 이상이면 양호한 것으로 해석한다.

(주)한경전자의 매출채권회전율은 4.7회(8,564억 원 ÷ 1,819억 원)로 업종평균치 10.4회에 비해 매우 낮은 편이며, 이를 매출채권회수기간으로 환산하면 78일(365일 ÷ 4.7회)이 나온다.

재무상태표

(주)한경전자   (단위 : 억 원)

과목	당기	전기
유동자산	3,667	3,249
당좌자산	2,352	2,123
매출채권	1,940	1,698 ◄
대손충당금	(194)	(170)
	1,746	1,528
재고자산	1,315	1,125
⋮		
부채 및 자본 총계	7,043	6,712

매출채권회전율

$$= \frac{매출액}{평균매출채권}$$

$$= \frac{매출액}{(기초매출채권 + 기말매출채권) \div 2}$$

$$= \frac{8,564}{(1,698 + 1,940) \div 2}$$

$$= 4.7회$$

손익계산서

(주)한경전자   (단위 : 억 원)

과목	금액
매출액	8,564 ◄
매출원가	6,192
매출총이익	2,372
⋮	⋮
법인세비용	144
당기순이익	350

매출채권회수기간

$$= \frac{365일}{회전율}$$

$$= \frac{365일}{4.7회}$$

$$= 78일$$

또는

$$= \frac{평균매출채권}{매출액} \times 365일$$

$$= \frac{(1,698 + 1,940) \div 2}{8,564} \times 365일$$

$$= 78일$$

기업을 한눈에 꿰뚫어 볼 수 있는 재무제표 분석

한편 재고자산회전기간과 매출채권회수기간을 더하면 재고자산이 판매되어 최종적으로 현금으로 회수될 때까지의 기간이 산출되는데, 이를 **영업순환주기**(Operating Cycle)라고 한다.

(주)한경전자의 영업순환주기는 130일(52일 + 78일)이다. 이는 회사의 현금이 52일간은 재고자산에, 78일간은 거래처에 묶여 있어서 결국 130일간 사용할 자금을 따로 확보해야 한다는 뜻인데, 이렇게 묶여 있는 자금을 **운전자금**(Working Capital)이라고 한다. 매출의 최종 마무리는 판매대금의 현금회수인데, 운전자금이란 "아직도 일하고 있는 돈", "묶여 있는 돈", "깔려 있는 돈"이라고 보면 된다. 운전자금부담을 줄이기 위해서는 무엇보다 재고자산과 매출채권의 회전율을 높여서 그 회전기간을 단축시켜야 한다.

마찬가지로 매입채무도 매출채권처럼 회전율을 계산하여 그 회전기간을 계산할 수 있다. 단, **매입채무회전기간**은 매입채무가 결제될 때까지 평균적으로 소요되는 기간을 의미하는 것이므로 길수록(즉, 회전율이 낮을수록) 좋다. **매입채무회전율**은 매출액을 매입채무 평균잔액으로 나누면 된다.

(주)한경전자의 매입채무회전율은 12.2회(8,564억 원 ÷ ((567억 원 + 836억 원) / 2))로 계산되는데, 이를 매입채무회전기간으로 환산하면 30일(365일 ÷ 12.2회)이다. 매입처에 대한 대금결제기간이 평균적으로 30일이며, 30일간 결제를 미루어서 그 자금을 사용하고 있다

는 뜻이다.

영업순환주기에 매입채무회전기간을 포함하면 **1회전 운전기간**(현금순환주기(Cash Cycle)라고도 한다)이 산출된다. 이때 매입채무회전기간은 자금이 묶인 것이 아니라 그 기간 동안 사용하는 것을 의미하므로 차감해야 한다.

(주)한경전자의 경우 영업순환주기 130일에서 매입채무회전기간 30일을 빼면 100일이 1회전 운전기간이다. 1회전 운전기간을 통해 **운전자금**을 확인할 수 있다. 운전자금은 매출액에 1회전 운전기간(년)을 곱하면 되므로 현재 매출액 8,564억 원에 운전기간 0.27년(100일 / 365일)을 곱하면 2,312억 원이 연평균 묶여 있는 운전자금이다.

(주)한경전자의 운전자금은 전기말에 2,256억 원이었으나 당기말에는 2,419억 원으로 163억 원이 증가했다. 이처럼 운전자금소요액이 증가한 이유는 매입채무가 증가했지만 매출채권과 재고자산이 더 많이 증가했기 때문이다.

기업에서 운전자금관리는 매우 중요한데, 관리의 핵심은 운전자금부담액을 최대한 줄이는 것이다. 운전자금부담액은 매출액과 1회전 운전기간에 의해 결정되며 매출이 증가할수록, 1회전 운전기간이 길어질수록 증가한다. 운전기간에 변화가 없더라도 매출증가에 따라 재고자산과 매출채권이 증가하게 되므로 운전자금소요액은 매년 증가한다.

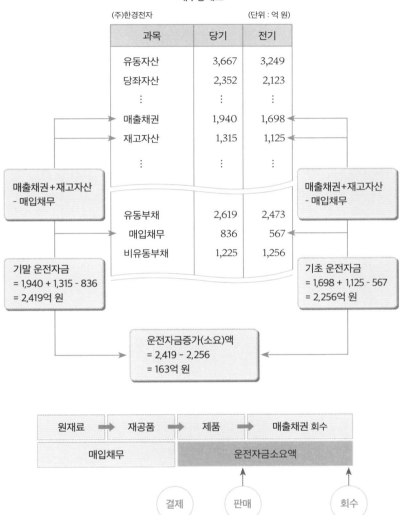

재무상태표

(주)한경전자   (단위 : 억 원)

과목	당기	전기
유동자산	3,667	3,249
당좌자산	2,352	2,123
⋮	⋮	⋮
매출채권	1,940	1,698
재고자산	1,315	1,125
⋮	⋮	⋮
유동부채	2,619	2,473
매입채무	836	567
비유동부채	1,225	1,256

매출채권＋재고자산
－매입채무

매출채권＋재고자산
－매입채무

기말 운전자금
= 1,940 + 1,315 - 836
= 2,419억 원

기초 운전자금
= 1,698 + 1,125 - 567
= 2,256억 원

운전자금증가(소요)액
= 2,419 - 2,256
= 163억 원

원재료	재공품	제품	매출채권 회수

매입채무	운전자금소요액

결제   판매   회수

1회전 운전기간

따라서 1회전 운전기간을 그대로 유지하거나 최대한 단축시켜야 한다. 만약 (주)한경전자가 지금과 동일한 운전기간을 유지하더라도 매출이 지금보다 5% 증가해서 내년도에 9,000억 원이 된다면 운전자금은 2,430억 원으로 증가할 것으로 예상된다. 따라서 지금보다 118억 원((9,000억 원 - 8,564억 원) × 0.27년)의 신규 자금이 조달돼야 한다.

그런데 1회전 운전기간마저 늘어나면 자금소요액이 더 많이 증가하게 된다. 만약 판매부진과 매출채권 회수지연으로 운전기간이 0.35년으로 늘어날 경우, 운전자금소요액은 3,150억 원으로 늘어나 신규 자금소요액이 무려 838억 원에 달한다. 핵심사업자산의 회전율 관리가 중요한 이유가 이 때문이다.

기업을 한눈에 꿰뚫어 볼 수 있는 재무제표 분석

(주)한경전자의 활동성지표 분석

항목	(주)한경전자의 재무비율	표준비율	업종평균비율*	
			전자부품 제조업	제조업 전체
총자산(총자본)회전율	1.2회	1.5회	1.1회	1.2회
자기자본회전율	2.8회	3회	1.8회	2.3회
재고자산회전율	7회	6회	15.7회	10.8회
매출채권회전율	4.7회	6회	10.4회	7.5회
매입채무회전율	12.2회	8회	14.3회	11회

* 한국은행 <기업경영분석>에서 인용

총자산회전율은 업종평균비율과 비슷하나 자기자본회전율은 업종평균비율보다 높다. 그 이유는 (주)한경전자의 부채비율이 높아 상대적으로 자기자본의 비중이 낮기 때문이다. 재고자산과 매출채권의 회전율은 모두 업종평균에 비해 매우 낮은 수준이기 때문에 관리가 요망된다. 재고자산과 매출채권의 규모를 줄이고 매출을 늘린다면 총자산회전율도 표준비율 수준으로 높일 수 있다.

수익성 진단법

매출과 투자된 자본에 비해 충분한
이익성과를 내고 있는가?

30 수익성은 상대적으로 평가해야 한다

(주)한경전자의 손익계산서를 들여다보던 정 팀장은 매출액이 8,564억 원이나 되는데도 당기순이익은 350억 원에 불과한 것을 발견하고는 다소 실망했다. "순이익이 중요한 데 매출액의 얼마 정도가 순이익으로 남아야 할까? 그렇다고 비용을 줄이는 데는 한계가 있을텐데…." 우량기업으로 평가받기 위해서는 순이익이 최소한 어느 정도 돼야할까?

기업에서 가장 중요한 재무분석지표는 성과지표, 즉 **수익성지표**다. 기업은 현재와 미래의 이익성과로 그 가치를 평가받고, 재무적인 안정성도 결국 수익성에 위해 좌우되기 때문이다. 기업이 지속적으로 이익성과를 내고 이를 재투자해서 외부 차입금없이 사업을 키워나간다면 안전성이 나빠질 이유가 없다. 결국 지나치게 높은 부채비율이나 자본잠식 등 안정성이 훼손된 근원은 낮은 수익성 때문이다.

그런데 수익성은 상대적인 것이다. 예를 들어, 어떤 회사의 영업이익이 작년도 10억 원에서 올해 12억 원으로 20%가 증가했을 때 수익성이 좋아졌다고 단정할 수는 없다. 매년 매출은 변동하며 사업에 사용된 자본도 변동하므로 수익성은 이익성과를 매출액 또는 투자된 자본금액과 비교해서 상대적으로 평가해야 한다.

즉 수익성을 상대적으로 평가하는 두 가지 요소는 매출과 자본인데, 전자를 **매출수익성**(= 이익 ÷ 매출), 후자를 **자본수익성**(= 이익 ÷ 자본)이라고 한다. 매출수익성은 "얼마를 팔아서 얼마가 남았나?"를 보는 것이고, 자본수익성은 "얼마를 투자해서 얼마가 남았나?"를 보는 것이다.

만약 작년 매출은 100억 원인데 올해 매출이 150억 원이었다면 매출기준으로는 이익률이 10%에서 8%로 오히려 더 나빠진 것이다. 그런데 작년의 총자본이 200억 원이고 올해의 총자본은 100억 원이라면 투입된 자본을 기준으로 보면 수익성이 5%에서 12%로 개선된 셈이다.

따라서 연도별 이익의 증감액도 중요하지만 매출과 자본이 같지 않은 이상, 이익성과금액의 증감만으로 수익성을 따져서는 안되며, 매출과 자본을 기준으로 상대적인 수익성을 따져봐야 한다. 손익계산서의 가장 아래 부분에 표시되는 주당이익도 기업의 자본수익성을 보여주는 것이다. 주당이익(EPS : Earnings Per Share)이란 당기순이익을 보통주 발행주식수로 나누어 보통주식 1주당 돌아갈 이익을 표시한 것인데, 당기순이익 총액이 작년과 같더라도 증자 등으로 나눠먹을 주식수가 많아지면 주당이익은 적어진다. 따라서 주주가 기업을 평가할 때는 당기순이익 총액보다 주당이익, 즉 상대적인 수익성을 봐야 한다.

매출수익성이 중요한 이유는 매출이 많아도 이익이 남지 않으면 아무런 소용이 없기 때문이다. 예를 들어 매출이 6,000억 원인 A회사의 순이익이 180억 원(매출액순이익률은 3%)이고, 매출이 3,000억 원인 B회사의 순이익이 150억 원(매출액순이익률은 5%)이라면 비록 이익의 절대금액은 A회사가 많지만, 수익성은 B회사가 더 높은 것으로 평가된다.

이처럼 회사의 수익성은 손익계산서에 표시된 여러 가지 이익수치를 매출액과 비교해 측정할 수 있다. **매출액순이익률**은 매출액 대비 순이익이 얼마나 발생했는지를 따져보는 것으로, 매출액순이익률이 5% 이상은 돼야 수익성이 좋은 우량기업으로 간주된다. 물론 업종마다 수익성이 다를 수 있으므로 획일적인 기준을 적용하기는 어렵다.

또한 영업외손익을 제외한 영업이익의 크기를 매출액과 비교해 수익성을 따진 것을 **매출액영업이익률**이라고 하는데, 흔히 말하는 영업이익률이 이에 해당한다. 여기서 영업이익은 회사 고유의 사업활동을 통해 벌어들인 이익으로서 회사의 가장 중요한 수익원이다.

게다가 순이익에는 매출과 무관한 영업외손익이 포함된 것이므로 매출액영업이익률이 더 의미있는 수익성지표이다. 일반적으로 매출액영업이익률이 10%를 넘으면 수익성이 양호하다고 보고, 20%를 넘으면 우량기업으로 간주한다.

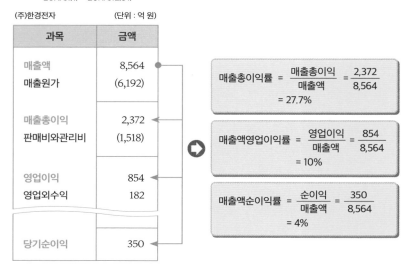

한편, **매출총이익률**은 매출총이익을 매출액으로 나눠 계산하는 것으로 매출액의 몇 %가 제품판매에 따른 이윤인지를 보여준다. 매출총이익률이 높다는 것은 상대적으로 매출원가가 낮다는 의미로 회사가 한계이익(마진)이 높은 고부가가치 제품을 취급하고 있음을 보여준다. 반대로 매출총이익률이 낮다는 것은 상대적으로 매출원가가 높아 한계이익이 낮다는 의미이다.

일반적으로 매출총이익률이 30% 이상이면 양호하다고 해석한다. 즉, 매출원가율이 70% 이상이면 곤란하다는 뜻이다. 하지만 제품마진은 업종에 따라 다를 수 있기 때문에 업종평균과 비교하는 것이 더 바람직하다.

예를 들어 제약업종의 경우 매출원가율이 낮은 만큼 매출총이익률이 높은 편이며, 건설업과 소매업은 매출원가율이 매우 높아서 매출총이익률이 낮은 편이다. 제조업도 업종 특성상 대부분 매출원가율이 80% 내외이므로 고부가가치 산업이 아닌 이상, 이 기준을 충족하기가 쉽지 않다. 그러나 매출총이익률이 10% 미만이면 제품의 마진율이 매우 낮아 판매비와관리비를 차감할 경우 영업이익이 나올 가능성이 거의 없다고 봐야 한다.

(주)한경전자의 경우 매출총이익률은 27.7%, 매출액영업이익률은 10%, 매출액순이익률은 4%로서 매출총이익률에 비해 매출액영업이익률이 낮은 편이다. 이는 판매비와관리비의 규모가 과다한 것이 그 원인이므로 구체적인 내역을 통해 원인을 파악하고 개선해야 한다.

31 수익성으로 판정하는 우량기업의 기준은?

✦ ✦ ✦

정 팀장의 재무적인 지식에 놀란 나 사장은 "자네가 개업식 날 내게 말한 자본효율성만 달성하면 나도 우량기업 사장이라는 소리를 들을 수 있는 거지?"라고 물었다. 나 사장이 말하는 우량기업이란 어떤 회사를 말하는 것이며 우량기업이 되기 위해 갖추어야 할 요건은 무엇일까?

기업의 이익창출력은 사람에 비유하면 기초체력과 같아서 체력이 좋은 기업은 시간이 갈수록 순이익을 바탕으로 자기자본(근육)을 키워가는 강한 기업이 된다. 그러나 체력이 떨어지는 기업, 즉 이익성과가 부진한 기업은 시간이 갈수록 부채(지방)가 증가하면서 종국에는 부실로 인해 기업회생이나 파산 등 정리단계에 들어서게 된다.

결국 기초체력이 어느 정도냐에 따라 기업운명이 바뀌는 것이므로 투자할 때는 반드시 해당 기업의 수익성과 장기적인 이익창출력을 따져봐야 한다.

기업을 한눈에 꿰뚫어 볼 수 있는 재무제표 분석

특히 주주의 입장에서는 이익성과가 매우 중요한데, 과연 얼마나 이익성과를 내야 충분한지가 의문이다. 그런데 수익성이란 상대적인 것으로서 이익의 절대금액으로 평가해서는 안 된다는 것을 이미 확인했다.

　매출수익성과 자본수익성, 두 가지 지표 중에서 우량기업과 부실기업을 판정하는 기준은 **자본수익성**이다. 즉 투입된 자본에 비해 많은 이익성과를 내는 기업을 우량기업, 투입된 자본에 비해 이익성과가 저조한 기업을 부실기업이라고 한다. 결국 사업에 투자된 돈(자본)의 성과를 중요하게 보는 셈이다. 이에 따라 투입자본에 대한 이익의 비율인 자기자본순이익률(ROE) 또는 총자산순이익률(ROA)이 우량기업과 부실기업을 가려내는 가장 대표적인 기준으로 꼽힌다.

　다음 페이지에 나오는 표를 보면 매출액을 기준으로는 A기업이 5%의 수익성을 나타내, B기업의 2%보다 높지만, 투입된 자본을 기준으로 보면 B기업의 수익성이 4%로서 과다하게 자본이 들어간 A기업의 1%보다 높다. 이런 경우 자본제공자인 투자자의 입장에서는 B기업의 가치를 더 높게 평가한다.

항 목	A기업	B기업
① 순이익	5억 원	2억 원
② 매출액	100억 원	100억 원
③ 총자본	500억 원	50억 원
④ 총자본회전율(= ② ÷ ③)	0.2회	2회
⑤ 매출액순이익률(= ① ÷ ②)	5%	2%
⑥ 총자본순이익률(= ① ÷ ③)	1%	4%

매출수익성보다 자본수익성이 더 중요하다

A기업의 경우 매출수익성이 좋은데도 불구하고 자본수익성이 나쁜 이유는 매출액에 비해 총자본이 너무 많기(또는 총자본에 비해 매출액이 너무 적기) 때문이다. 즉, 총자본회전율이 0.2회에 불과해 매출수익성 5%의 80%를 잠식하고 있다.

이와 반대로 B기업은 매출수익성이 2%에 불과하지만 총자본회전율이 2회로서 자본수익성이 매출수익성의 2배로 나타난다.

결국 매출수익성은 자본수익성을 결정하는 두 가지 변수 중 하나이며, 총자본회전율에 따라 자본수익성이 더 높을 수도, 낮을 수도 있다.

기업을 한눈에 꿰뚫어 볼 수 있는 재무제표 분석

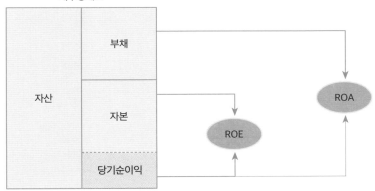

재무상태표

자산

부채

자본

당기순이익

ROE

ROA

우량기업이란 적은 자본으로 많은 이익을 내는 기업이다

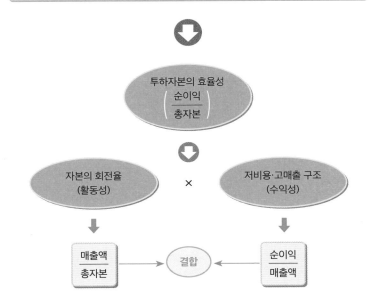

투하자본의 효율성
$$\frac{순이익}{총자본}$$

자본의 회전율
(활동성)

×

저비용·고매출 구조
(수익성)

$$\frac{매출액}{총자본}$$

결합

$$\frac{순이익}{매출액}$$

비용(원가) 및 자산관리가 이익에 미치는 영향

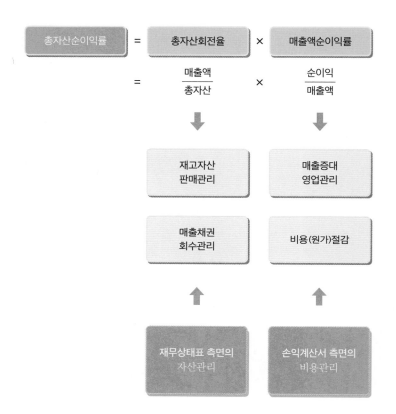

기업을 한눈에 꿰뚫어 볼 수 있는 재무제표 분석

32 투하자본수익률(ROIC)은 총자산순이익률(ROA)을 수정한 것이다

★ ★ ★

투자공부를 위해 한 증권회사에서 발간한 리포트를 보던 정 팀장은 "ROIC(투하자본수익률)가 높거나 상승하는 종목이 유망하다"는 대목에서 잠시 주춤한다. 자신이 알고 있던 ROA가 생각났는데, ROIC는 ROA와 무엇이 다른건지 궁금하다.

수익성은 매출액과 비교될 수도 있지만 경우에 따라서는 기업에 투자된 자금과 비교되어야 하는데, 이를 자본수익성이라고 한다. 투자된 금액이 많을수록 더 많은 이익성과를 내야 하기 때문이다. 자본수익성은 투자금액에 대한 이익성과를 비교하는 것이므로 이를 ROI(Return On Investment)라고 한다.

그런데 기업에 투자된 자금에는 두 종류가 있다. 이 경우 기업경영에 투입된 자본을 부채를 포함한 총자본(총자산)으로 보고 수익성을 따지는 것을 **총자본순이익률**(ROA : Return On Assets)이라고 하고, 투입자본을 자기자본에 국한해서 수익성을 따지는 지표를 **자기자본순이익률**(ROE : Return On Equity)이라고 한다.

총자본순이익률(ROA)

총자본에 대한 순이익의 비율로서 기업경영에 투입된 총자본(총자산)에 비해 얼마나 많은 이익을 벌었는지를 나타내는 수익성지표이다. 총자본은 곧 총자산을 의미하므로 총자산순이익률이라고 표현하기도 한다.

자기자본순이익률(ROE)은 주주에게 중요한 지표인데 반해, 총자본순이익률(ROA)은 경영자에게 매우 중요한 지표이다. 왜냐하면 경영자는 주주자본뿐 아니라 부채로 조달된 모든 총자산을 효율적으로 관리·운용해 이익성과를 내야 하기 때문이다. 부채를 포함한 총자본순이익률은 자기자본순이익률보다 항상 낮을 수밖에 없다.

예를 들어 부채비율이 100%라면 총자본순이익률은 자기자본순이익률의 절반이 된다. 그러나 (주)한경전자의 경우처럼 자기자본순이익률(11.3%)이 총자본순이익률(5%)의 2배 이상으로 나오는 것은 그만큼 부채의 비중이 절반 이상으로 높다는 의미이다. 이미 확인한 대로 (주)한경전자의 부채비율은 120%이다. 마찬가지로 부채의 비중이 별로 높지 않은, 즉 자기자본비율이 매우 높은 회사는 자기자본순이익률과 총자본순이익률의 차이가 크지 않다.

총자본순이익률이 낮게 나오는 것은 회사에 투자된 총자본규모에 비해 순이익이 너무 적거나 회사의 총자산규모가 불필요하게 많다는 증거다. 다시 말해 자산 중에 일하지 않고 노는 자산이 있다는 것인데, 이런 경우에는 각 자산의 이익기여도를 따져보고 수익이 나지 않거나 불필요한 자산에 대해서는 과감한 구조조정이 필요하다.

그런데 자기자본은 주주에 의해 투자된 돈이므로 주주 몫의 이익인 당기순이익과 비교(자기자본순이익률)하는 것이 타당하지만, 총자본은 주주자금 외에 차입금 등 부채가 포함된 것이므로 이자비용을 차감하기 전의 영업이익과 비교하는 것이 더 의미가 있다.

영업이익은 차입금에 대한 이자비용과 주주배당금을 차감하기 전의 이익으로서 채권자와 주주에게 분배될 금액이다. 그러나 당기순이익은 이미 자본사용의 대가인 이자를 차감한 것이므로 이를 총자본과 비교하면 총자본의 이익성과를 올바르게 나타내지 못한다.

투자된 돈에 대한 성과는 그 대가를 지급하기 전의 금액으로 평가해야 하기 때문이다. 따라서 투입된 자본의 성과를 따져보는데는 총자본순이익률보다 **총자본영업이익률**이 더 적합하다.

총자본영업이익률은 총자본의 사용에 대한 대가, 즉 **가중평균자본비용**보다 높아야 한다. 자본을 사용한 기업의 영업이익성과는 그 자본비용을 충분히 커버하고도 남을 만큼의 이익이 나와야 하며, 자본비용을 보상하고도 남은 부분이 기업가치의 증가분이다. 결국 기업가치를 높이기 위해서는 영업이익을 극대화하거나 자본비용을 줄여야 한다는 점을 알 수 있다.

그런데 중소기업처럼 투자자산이 거의 없는 기업은 총자산이 모두 영업활동을 위해 사용되지만, 상장기업은 총자산의 일부가 자회사에 대한 지분투자나 장기성금융자산 등 투자자산으로 구성된다. 투자자산이란 비영업자산으로서 해당자산에서는 영업이익 대신 이자나 배당금수익 등 영업외수익이 발생한다. 이 때문에 투자자산이 많은 기업의 경우 총자산영업이익률이 실제보다 과소평가되는 문제가 생긴다.

예를 들어, 총자산은 100억 원이지만 그 중 투자자산이 30억 원이라면 실제 영업활동에 투입된 돈(이를 투하자본이라고 한다)은 70억 원이므로 이를 기준으로 영업성과를 평가하는 것이 더 합리적이다. 손익계산서의 영업이익은 영업활동을 통해 벌어들인 이익으로서 차입금 사용에 따른 이자비용이나 금융상품의 투자에 따른 이자수익 등이 전혀 포함되지 않은 순수한 영업활동의 성과이다. 이러한 영업성과를 총자산이 아닌 영업에 투입한 자금과 비교하면 투입자금 대비 영업성과를 좀 더 정밀하게 따져볼 수 있는데, 이를 **투하자본수익률**(ROIC)이라고 한다.

투하자본수익률(ROIC)

영업활동에 투하된 자본으로 얼마나 많은 영업이익을 달성했는지를 나타내는 것으로 영업활동의 효율성을 평가하는 지표이다. ROIC는 세후영업이익을 투하자본으로 나눠 계산한다. 투하자본수익률이 가중평균자본비용보다는 높아야 기업가치가 창출된 것으로 본다.

ROIC = 세후영업이익 ÷ 투하자본

ROIC(Return On Invested Capital)는 투하자본수익률로서 영업활동에 투입한 자금을 가지고 얼마나 많은 세후영업이익을 달성했는지를 측정한 것이다. 즉, 영업활동에 투입된 자본을 얼마나 효율적으로 잘 활용하는지를 나타내는 지표로서 세후영업이익을 투하자본으로 나누어 계산한다.

투하자본수익률(ROIC)에서 가중평균자본비용(WACC)을 뺀 차이가 플러스이면 모든 투자자의 요구수익률인 자본비용을 초과해서 영업이익성과를 거두었다는 뜻이므로 그만큼 기업가치가 창출된 것으로 해석한다.

투하자본수익률(ROIC)을 계산할 때 분자의 **세후영업이익**은 말 그대로 법인세를 차감한 후의 영업이익이다. 회사의 이익에 대해서는 어차피 법인세를 내야 하므로 영업이익에 대한 법인세를 차감하는 것이다.

따라서 세후영업이익은 영업이익에서 이에 대한 법인세상당액을 차감해서 계산한다. 이때 법인세상당액은 영업이익에 해당 기업의 **법인세 유효세율**을 곱해서 계산하면 된다. 예를 들어 손익계산서에 표시된 영업이익이 1,000억 원, 법인세비용이 420억 원, 당기순이익 980억 원이라고 하자.

법인세차감전순이익 1,400억 원(980억 원 + 420억 원)에 대한 유효법인세율은 30%(420억 원÷1,400억 원)이므로 영업이익 1,000억 원에서 300억 원을 차감하면 세후영업이익은 700억 원으로 계산된다.

법인세 유효세율

특정 회계년도에 회사가 벌어들인 세전순이익 중에서 법인세비용이 차지하는 비율을 가리킨다. 즉, 법인세비용을 법인세비용차감전순이익으로 나누어 계산한 비율로서 법인세차감전순이익이 100억 원인 회사가 법인세 30억 원을 빼고 당기순이익을 70억 원으로 보고했다면 법인세유효세율은 30%로 계산된다.

한편, 분모의 **투하자본**은 자본비용이 발생하는 자본 중 영업활동에 투입된 자본을 뜻한다. 따라서 총자산에서 비영업자산(투자자산과 건설중인자산)과 비이자부채를 차감하면 된다. 그런데 차입금을 제외한 나머지 부채는 어차피 자본비용이 발생하지 않는 비이자부채이므로 차입금과 자기자본을 합한 금액에서 비영업자산만을 차감하는 것이 더 간편하다.

이렇게 투하자본을 기준으로 계산된 투하자본수익률과 가중평균 자본비용을 비교해보면 회사가 투입된 자본의 원가만큼 영업성과를 냈는지 따져볼 수 있다.

(주)한경전자의 경우 유효법인세율은 29%로서 영업이익이 854억 원이므로 세후영업이익은 606억 원(854억 원× (1 - 0.29))이다.

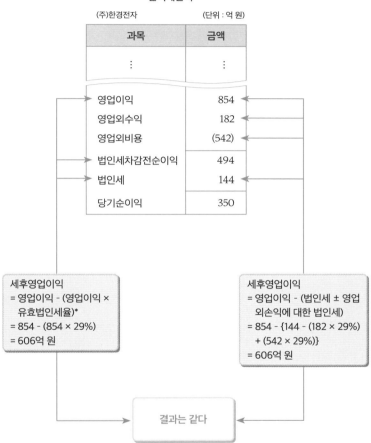

손익계산서

(주)한경전자   (단위 : 억 원)

과목	금액
⋮	⋮
영업이익	854
영업외수익	182
영업외비용	(542)
법인세차감전순이익	494
법인세	144
당기순이익	350

세후영업이익
= 영업이익 - (영업이익 ×
　유효법인세율)*
= 854 - (854 × 29%)
= 606억 원

세후영업이익
= 영업이익 - (법인세 ± 영업
　외손익에 대한 법인세)
= 854 - {144 - (182 × 29%)
　+ (542 × 29%)}
= 606억 원

결과는 같다

* 유효법인세율 = 144억 원 ÷ 494억 원 = 29%

투하자본(IC) 계산법

	비이자부채 ④
투하자본 (⑤ + ⑥ - ②) 또는 ① - (② + ④)	차입금 ⑤
비영업자산 (투자자산 등) ②	자기자본 ⑥
자산총계 ①	부채와자본총계

*(주)한경전자의 투하자본

= (단기차입금 + 장기차입금) + 자기자본 − 투자자산

= (1,523억 원 + 943억 원) + 3,198억 원 − 1,047억 원

= 4,617억 원

(주)한경전자의 투하자본은 4,617억 원이므로 투하자본수익률은 13.1%로 계산된다. 이는 만약 (주)한경전자의 가중평균자본비용이 13.1%보다 낮다면 기업가치가 늘어난 것이지만, 가중평균자본비용이 13.1%보다 높다면 투하자본을 사용해 벌어들인 세후영업이익이 자본비용에도 미달한다는 뜻이다.

기업을 한눈에 꿰뚫어 볼 수 있는 재무제표 분석

투하자본(IC)과 투하자본수익률(ROIC)

재무상태표

(주)한경전자   (단위 : 억 원)

차변		대변	
과목	금액	과목	금액
유동자산	3,667	비이자부채(B)	1,379
순유형자산	2,246		
무형자산	31	투하자본(IC) = (A) - (B) = 4,617	
기타비유동자산	52		
자산총계(A)	5,996		

> 총부채 - 이자지급 부채
> = 3,845-(1,523+943)

<별법>
> 이자지급 부채(차입금) +
> 자기자본 - 비영업자산
> (매도가능증권 등 투자자산)
> = (1,523 + 943)
>   + 3,198 - 1,047

* 투하자본 계산을 위한 자산총계(A) 5,996억 원은 (주)한경전자의 자산 총계 7,043억 원에서 비영업자산에 해당하는 투자자산 1,047억 원을 제외한 것임

$$ROIC = \frac{\text{세후영업이익}}{\text{투하자본(IC)}^*} = \frac{606억\ 원}{4,617억\ 원} = 13.1\%$$

* 기초와 기말의 평균투하자본으로 계산하는 것이 더 정확하나 계산 편의상 기말 투하자본만으로 수익률을 계산했음

* 자기자본의 시가를 기준으로 투하자본(IC)을 계산할 경우 ROIC는 다음과 같이 계산한다.

$$ROIC = \frac{\text{세후영업이익}}{\text{차입금 + 자기자본의 시가총액}} = \frac{606억\ 원}{(1,523 + 943 + 4,600 - 1,047)억\ 원} = 10\%$$

33

주주에게는
자기자본순이익률(ROE)이
높은 회사가 최고다

✦ ✦ ✦

신문에서 '자기자본순이익률(ROE)이 높은 회사의 주가가 높다'는 기사를 본 정 팀장은 자기자본순이익률이란 회사의 자기자본 대비 순이익이 얼마인지를 계산한 것이라고 생각했다. 자기자본순이익률이 어느 정도면 좋은 기업일까?

자기자본은 주주로부터 투자받은 자금(이익잉여금은 주주가 직접 투자한 돈은 아니지만 주주의 재산이므로 결국은 주주가 받지 않고 투자한 돈과 마찬가지다)이며 회사는 이 자금을 잘 운용해 순이익을 달성해야 한다. 그리고 해마다 순이익은 회사의 자기자본으로 대체돼서 그만큼 주주의 지분을 늘려준다.

자기자본순이익률(ROE : Return On Equity)은 당기순이익을 자기자본으로 나눈 것으로서 주주의 입장에서는 일종의 투자수익률과도 같다. 전기말에 자기자본이 100억 원인 회사의 올해 순이익이 10억 원이라면 자기자본순이익률은 10%이다. 이는 전기말의 자기자본

기업을 한눈에 꿰뚫어 볼 수 있는 재무제표 분석

100억 원이 올해 말에는 110억 원으로 증가했고, 투자한 회사가 자기자본의 장부금액에 대해 10%의 수익을 주주에게 제공했다는 의미다.

ROE를 정확히 계산하기 위해서는 당기순이익을 **평균자기자본**으로 나눠야 하는데, 그 이유는 회전율과 마찬가지로 분자의 당기순이익이 연간 달성한 이익이기 때문에 숫자의 균형을 맞추기 위함이다.

평균자기자본

당기순이익은 회계기간 동안 발생한 누적금액인 반면에 재무상태표의 자기자본은 기말 현재의 금액으로 표시되기 때문에 이를 토대로 비율을 계산하면 수치가 왜곡된다. 따라서 분모의 자기자본은 기초와 기말의 평균치를 사용해야 한다.

ROE는 한마디로 주주가 투자한 돈에 대해 회사가 얼마나 많은 성과(순이익)를 달성했는지를 따져보는 것으로 주주에게는 매우 중요한 투자지표이다. 따라서 주주라면 누구나 자신이 제공한 자금에 대해 많은 순이익을 달성한 회사를 선호하기 마련이다. 만약 만족스럽지 못한 성과를 올린 회사에는 더 이상 투자하지 않을 것이며 이에 따라 주가는 하락할 수밖에 없다. 결국 ROE는 주가, 즉 기업가치와 가장 관련성이 높은 재무지표이다.

자기자본순이익률이 주주가 원하는 기대수익률을 초과하는지 여부가 기업가치를 결정하는 주요 변수가 된다. 일반적으로 주주가 투자자로서 직면하는 위험은 안전자산인 예금이나 채권보다 훨씬 높다. 이에 따라 투자한 회사에 기대하는 요구수익률(이를 자기자본비용이라고 한다)도 매우 높을 수밖에 없는데, 일반적으로 10% 이상으로 본다. 사업위험이 높거나 이익의 변동성이 높을 경우에는 더 높은 수익률을 요구하게 되므로 더 높은 ROE를 달성해야 한다.

회계상의 순이익은 주주순이익으로서 재무상태표의 자기자본으로 대체된다. 즉, 당기순이익만큼 자기자본이 매년 늘어나는 셈이므로 ROE는 자기자본(주주가치)의 연간 성장률을 의미하는 것이기도 하다. 그러므로 최소한 자기자본순이익률이 **자기자본비용**(주주가 회사에 대해 요구하는 기대수익률을 뜻함)보다 높아야 주주만족을 유도할 수 있고, 이를 통해 기업가치(주가)를 제고시킬 수 있다.

ROE가 낮은 이유는 투자된 자기자본에 비해 순이익이 너무 적거나 자기자본 규모가 불필요하게 많기 때문이다. 주주들에게 충분한 배당금을 지급하지 않고 이익잉여금을 계속 회사내부에 유보시켜두면 자기자본의 규모가 너무 비대해지고 이 때문에 ROE가 떨어질 수 있다.

따라서 적정한 배당을 통해 회사의 이익을 그때그때 주주에게 분배하는 것은 장기적으로 기업가치를 유지하고 제고시키기 위한 필수요건이다. 일반적으로 주주의 기대수익률은 두자리 숫자이므로 ROE는 최소한 10% 이상 돼야 하며 20%를 넘으면 우량기업으로 본다.

기업가치 제고를 위해 ROE를 높이는 방법은 결국 분자의 순이익을 늘리거나 분모의 자기자본을 줄이면 된다. 하지만 매년 순이익을 늘리는 것이 결코 쉽지 않다. 그러나 적어도 자기자본증가율만큼은 순이익을 늘려야 ROE가 그대로 유지된다. 앞서 예를 든 기업의 경우 전년도 순이익에 의해 올해 자기자본이 110억 원으로 10%가 증가했으므로 내년도에는 순이익도 10%가 증가한 11억 원이 되어야 ROE가 지금과 같은 10%로 유지된다.

자기자본순이익률(ROE) 개선을 위해 자기자본을 줄이는 방법도 쉽지 않다. 회사의 여유자금이 충분하다면 자사주 소각이나 현금배당으로 자기자본을 줄이는 것이 가장 좋은 주주가치 제고 방법이다. 그러나 자기자본이 줄어든 대신 부채가 늘어난다면 이에 따른 이자비용 때문에 분자의 주주순이익이 훼손되는 문제가 생긴다.

(주)한경전자의 자기자본순이익률은 11.3%로 계산된다.

자기자본순이익률(ROE)과 총자본순이익률(ROA)

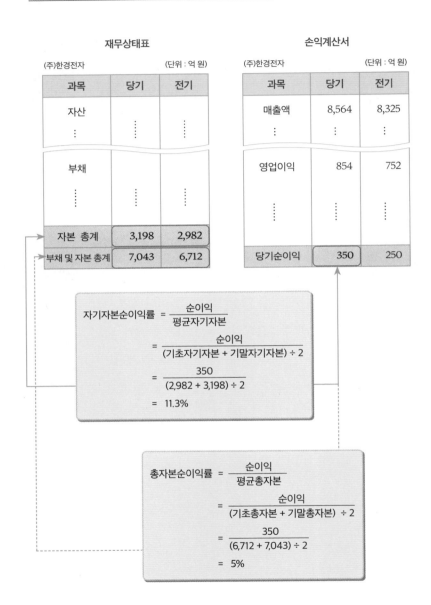

재무상태표

(주)한경전자   (단위 : 억 원)

과목	당기	전기
자산 ⋮	⋮	⋮
부채 ⋮	⋮	⋮
자본 총계	3,198	2,982
부채 및 자본 총계	7,043	6,712

손익계산서

(주)한경전자   (단위 : 억 원)

과목	당기	전기
매출액 ⋮	8,564	8,325
영업이익 ⋮	854	752
당기순이익	350	250

$$자기자본순이익률 = \frac{순이익}{평균자기자본}$$

$$= \frac{순이익}{(기초자기자본 + 기말자기자본) \div 2}$$

$$= \frac{350}{(2,982 + 3,198) \div 2}$$

$$= 11.3\%$$

$$총자본순이익률 = \frac{순이익}{평균총자본}$$

$$= \frac{순이익}{(기초총자본 + 기말총자본) \div 2}$$

$$= \frac{350}{(6,712 + 7,043) \div 2}$$

$$= 5\%$$

기업을 한눈에 꿰뚫어 볼 수 있는 재무제표 분석

34

ROA를 결정하는
두 가지 변수를 파악하라

정 팀장은 기업에 투자된 총자본(총자산)에 대해 최대한 많은 이익을 달성하는 것이 수익성을 결정짓는 중요한 요소라는 점을 간파했다. 그런데 어떻게 하면 총자산순이익률을 높일 수 있을까? 단순하게 생각하면 총자산을 줄이거나 순이익을 높게 달성하면 총자산순이익률이 상승하겠지만, 회사의 자산과 자본이 줄어들면 그만큼 순이익도 줄어들지 않을까?

총자산(총자본)순이익률(ROA)은 당기순이익을 기초와 기말의 평균 총자산으로 나눠 계산되는데 2개의 지표, 즉 활동성지표인 **총자산회전율**과 수익성지표인 **매출액순이익률**로 분해할 수 있다. 총자산회전율은 총자산에 대한 매출액의 비율로서 회사가 보유하고 있는 총자산대비 몇 배의 매출을 달성했는지를 봄으로써 회사 자산이 영업활동에 얼마나 효율적으로 운용되고 있는지를 따져보는 활동성지표에 해당한다.

총자산회전율을 높이기 위해서는 무엇보다 매출을 늘리는 것이 관건이다. 예를 들어 회사의 총자산이 2,000억 원인데 매출이

2,000억 원도 안된다면 총자산회전율은 1회에도 못 미치는 수준으로, 이 정도로는 투자된 총자본 대비 높은 순이익을 절대 기대할 수 없다. 왜냐하면 매출이 충분히 달성돼야 궁극적으로 순이익창출도 가능하기 때문이다. 즉, 총자산회전율을 높게 유지하는 것이 총자산순이익률을 높이는 첫 번째 조건인 셈이다.

그러나 이것만으로 회사의 수익성이 보장되는 것은 아니다. 이익이란 매출액에서 모든 비용을 차감한 후의 것이기 때문이다. 따라서 회사가 많은 매출을 달성하되 비용을 제외한 순이익을 많이 남기는 것이 총자산순이익률을 높이기 위한 두 번째 조건이다.

즉, 매출액 대비 순이익의 비율인 매출액순이익률을 높이지 않고서는 총자산순이익률을 극대화할 수 없다. 결국 총자산순이익률은 총자본회전율(활동성지표)과 매출액순이익률(수익성지표)에 의해 좌우된다. 이는 곧 자본수익성을 높이기 위해서는 투자된 자본의 효율성을 높이는 노력, 즉 매출을 증대시키기 위한 노력과 함께 비용관리를 통해 매출수익성을 높이려고 하는 노력이 동시에 이루어져야 함을 의미한다.

또한 어떤 사업이든 "많이 팔고 많이 남겨야 한다"는 사업의 기본원리와도 같다. 사업의 기본원리는 의외로 단순하다. 최대한 많이 팔고, 많이 남기는 것이다. 많이 팔기 위해서는 열심히 매출해야 하고, 많이 남기기 위해서는 비용을 줄여야 하는데, 전자를 **영업**, 후자를 **관리**라고 한다. 사업은 이 두 개의 수레바퀴가 동시에 굴러가면서 앞으로 나아가는 것이다.

영업을 잘해서 매출이 늘어도 비용이 많이 나가면 소용없고, 그렇

총자산순이익률(ROA)의 결정요인

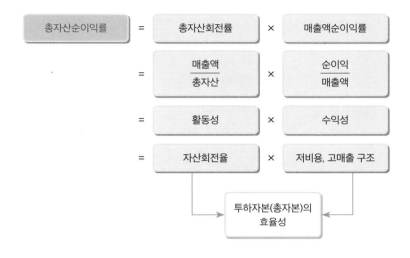

총자산순이익률(ROA)과 재무상태표 및 손익계산서의 관계

다고 비용은 줄었는데 매출이 더 많이 줄면 소용없기는 마찬가지다.

1년 동안 얼마나 많이 팔았으며 얼마나 비용을 쓰고 얼마나 남았는지는 손익계산서에 그대로 드러난다. 그런데 얼마나 팔아야 충분한지는 해당 기업에 투자된 돈의 크기, 즉 총자본에 달려있다. 총자본이 많을수록 더 많이 매출해야 하는데, 이를 확인할 수 있는 지표가 **총자본회전율**(= 매출 ÷ 총자본)이다.

총자본회전율이 높다는 것은 사업에 투자된 돈(자본)이 열심히 일을 해서 그만큼 매출성과를 잘 내고 있다는 뜻이며, 반대로 낮을 경우에는 투입된 자본에 비해 매출이 적거나, 매출성과에 비해 자본이 너무 과다투입된 결과다.

그러나 총자본 대비 매출이 충분하다고 해도 매출보다는 이익성과가 더 중요하므로 **매출액순이익률**(= 순이익 ÷ 매출)도 높아야 한다. 만약 이게 낮다면 비용관리에 문제가 있음을 의미한다. 한마디로 많이 팔기는 했는데 최종적으로 남는 게 없다는 뜻이다.

이 두 개의 지표를 뜯어보면 투자된 돈의 성과가 부진한 이유가 매출부진 때문인지, 과다한 비용 때문인지 찾아낼 수 있다. 많이 팔기 위해서는 영업을 통해 매출을 극대화해야 하며, 많이 남기기 위해서는 관리를 통해 비용을 최대한 줄여야 한다.

다시 말해 매출 증가에 의해 총자본회전율이 개선되었다고 하더라도 비용증가율이 매출증가율보다 높아 매출액순이익률이 떨어진다면 아무 소용이 없다는 뜻이다.

기업을 한눈에 꿰뚫어 볼 수 있는 재무제표 분석

항 목	올해	작년
① 순이익	120억 원	100억 원
② 매출액	1,500억 원	1,000억 원
③ 총자본	1,000억 원	2,000억 원
④ 총자본회전율(= ② ÷ ③)	1.5회	0.5회
⑤ 매출액순이익률(= ① ÷ ②)	8%	10%
⑥ 총자본순이익률(= ① ÷ ③) 또는 (④ × ⑤)	12%	5%

자본수익성을 결정하는 두 가지 요소

▶ 총자본의 성과를 영업이익으로 분석(총자본영업이익률)할때는 순이익을 영업이익으로 바꿔서 분석하면 된다.

도표에 나타난 기업의 경우 올해 매출수익성은 악화됐지만 자본수익성은 오히려 좋아졌다. 그 이유는 자본이 줄었기 때문인데, 작년의 총자본회전율은 0.5회이고 매출액순이익률은 10%로서 총자본순이익률이 5%에 불과했다.

그러나 올해는 각각 1.5회와 8%로서 총자본순이익률이 12%로 높아졌다. 비록 매출수익성은 떨어졌지만 자본수익성은 더 좋아진 셈인데, 이는 기업자본의 효율적인 사용이 매우 중요함을 일깨워준다. 일반적인 기업부실은 자본사용의 부실로 인해 발생한다.

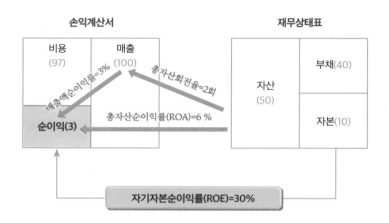

결국 우량기업과 부실기업을 구별하는 기준은 매출수익성이 아니라 자본수익성, 즉 "투자된 돈이 제대로 성과를 내는가?"이다. 매출수익성이 낮더라도 총자본회전율이 올라가면 자본수익성이 개선되기 때문이다.

따라서 매출수익성이 떨어진다면 자본회전율을 높여야 하고, 반대로 자본회전율이 떨어진다면 매출수익성이 개선되어 서로 보완해 줘야 한다. 즉, 마진이 적으면 그 대신 많이 팔아야 하고, 많이 못 팔면 마진을 많이 남겨야 한다는 뜻이다. 따라서 매출수익성과 자본회전율 모두 지속적으로 상승세를 보이는 기업이라면 투자할 가치가 있는 기업일 것이다. 이와 반대로 매출수익성과 자본회전율이 모두 하락하는 추세의 기업은 경계해야 한다.

(주)한경전자의 총자산순이익률은 5%이며 이는 총자산회전율

기업을 한눈에 꿰뚫어 볼 수 있는 재무제표 분석

(1.24회)과 매출액순이익률(4.1%)을 곱한 것과 같다. 이를 전년도 또는 업계 평균과 비교하면 자본수익성이 높거나 낮은 이유가 회전율 때문인지, 마진율 때문인지를 파악할 수 있다. 그리고 이를 토대로 미래 수익성도 예측해 볼 수 있다.

35 자기자본순이익률(ROE)의 결정변수를 알면 투자할 기업이 보인다

✦✦✦

총자본순이익률(ROA)이 2개의 구성요소(팩터)로 나뉜다는 점을 알게 된 정 팀장, 그렇다면 자기자본순이익률(ROE)도 분명 결정변수가 있을텐데, 자기자본순이익률은 무엇으로 결정될까?

　자기자본순이익률(ROE)은 총자본(총자산) 중 부채를 제외한 자기자본으로 얼마나 많은 순이익성과를 냈는지를 보여주는 지표로서 자기자본의 제공자인 주주가 투자한 돈의 성과를 따져보는 지표이다.

　자기자본순이익률의 결정변수는 총자본순이익률과 동일하다. 즉, 기본적으로는 총자본회전율과 매출액순이익률에 좌우된다. 그런데 자기자본순이익률을 계산하려면 분모의 총자본을 자기자본으로 치환해야 한다. 즉, 총자본순이익률에 <총자본/자기자본>을 곱하면 되는데, 이를 **재무레버리지**라고 한다.

　재무레버리지란 회사의 총자본 중에서 부채가 차지하는 비중을

기업을 한눈에 꿰뚫어 볼 수 있는 재무제표 분석

뜻하는데, 총자본을 자기자본으로 나눠 계산한다. 예를 들어 총자본이 100인 A회사의 자기자본이 50이고 부채가 50이라면 재무레버리지는 2(100 ÷ 50)가 된다. 그러나 부채가 80이고 자기자본이 20인 B회사의 재무레버리지는 5(100 ÷ 20)로 높아진다.

  한편 **부채비율**을 가지고도 재무레버리지를 계산할 수도 있다. 총자본은 자기자본에 부채를 더한 것과 같으므로 이를 자기자본으로 나눈 것은 <1 + 부채비율>과 같다. A회사의 경우 부채비율은 100%(50 ÷ 50)이고, B회사의 경우는 400%(80 ÷ 20)이므로 재무레버리지는 각각 2와 5임을 알 수 있다.

  이와 같이 부채의 비중이 높아지면 그만큼 재무레버리지도 높아진다. 부채의 비중이 높을수록 자기자본의 비중은 낮아지므로 그만큼 자기자본순이익률이 높아지는 원리다. A회사의 경우 부채와 자기자본이 각각 반반이므로 총자본순이익률에 비해 자기자본순이익률은 정확히 2배가 나오는 것이며, 현실적으로는 불가능하지만 만약 부채가 전혀 없다면 총자본순이익률과 자기자본순이익률은 일치하게 된다.

부채비율

갚아야 할 부채가 자기자본의 몇 배인지를 나타내는 비율로서, 부채를 자기자본으로 나누어 계산한다. 부채비율이 100%라면 부채와 자기자본이 같다는 뜻으로 자기자본비율은 50%이다.

또한 재무레버리지는 자기자본비율(자기자본 ÷ 총자본)의 역수이기도 하다. A회사처럼 자기자본비율이 50%(50 ÷ 100)인 경우 재무레버리지는 2(1 ÷ 0.5)로 계산된다.

결국 자기자본순이익률은 "**총자산회전율 × 매출액순이익률 × 재무레버리지**"로 계산된다. 이는 다른 변수가 일정하다면 자기자본을 줄이고 부채의 비중을 늘림으로써 자기자본순이익률을 높일 수 있다는 뜻으로 해석할 수 있다.

그러나 부채의 사용에는 일반적으로 이자비용 등 자본비용이 발생하고 이로 인해 매출액순이익률이 떨어질 수 있음을 감안해야 한다. 이자비용 때문에 매출액순이익률이 낮아진다면 재무레버리지가 상승하더라도 자기자본순이익률이 오히려 더 낮아질 수 있다. 따라서 차입금의 조달비용보다 차입금운용에 따른 영업이익성과가 더 높아야 재무레버리지를 통해 자기자본순이익률이 개선될 수 있다.

(주)한경전자의 총자산순이익률은 5%이지만 자기자본순이익률은 11%인데 이는 부채비율이 120%로서 2.2가 승수로 작용했기 때문이다.

기업을 한눈에 꿰뚫어 볼 수 있는 재무제표 분석

자기자본순이익률(ROE)의 결정요인

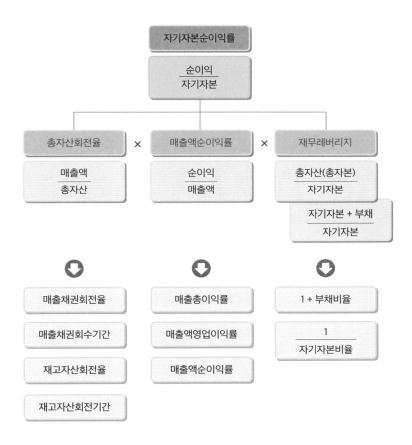

36 매출수익성이 좋은데도 자본수익성이 낮은 이유는?

(주)한경전자의 총자산순이익률을 체크하던 정 팀장은 총자산순이익률이 작년보다 낮아진 것을 알고는 못내 아쉬웠다. 그런데 매출액순이익률이 작년보다 좋아졌는데도 왜 총자산순이익률이 떨어졌는지 이해할 수 없었다. 매출액순이익률이 좋아졌는데도 총자산순이익률이 떨어지는 이유는 무엇일까?

효율적인 경영의 요체는 가급적 적은 자본으로 최대한 많은 이익을 창출하는 것이다. 이를 달성하기 위해서는 첫째, 영업적으로 많은 성과를 내야 하고(총자산회전율 제고, 영업적 측면) 둘째, 매출액 대비 가급적 많은 이익을 남겨야 한다(매출액순이익률 제고, 관리·재무적 측면). 일정한 매출 수준에서 많은 이익을 달성하려면 비용을 최대한 줄이는 방법밖에 없기 때문이다.

결국 회전율과 이익률이 결합해서 총자산순이익률이 달성되는 것이며, 영업적 측면과 관리·재무적 측면이 서로 결합되지 않으면 총자산순이익률의 개선이 불가능하다고 볼 수 있다.

기업을 한눈에 꿰뚫어 볼 수 있는 재무제표 분석

(주)한경전자의 전년도 총자산순이익률은 5.4%로서 이는 총자산회전율 1.8회와 매출액순이익률 3%의 결합으로 달성된 수치이다. 그런데 올해는 매출액순이익률이 4.1%로 올라갔지만 총자산순이익률은 오히려 5%로 낮아졌다.

그 이유는 총자산회전율이 1.24회로 낮아졌기 때문인데, 총자산회전율이 낮아졌다는 것은 매출증가율이 자산증가율에 미치지 못했다는 의미이다. 재고자산·매출채권 등 운전자금의 증가 또는 시설투자 등으로 총자산이 증가했거나, 그렇지 않다면 매출증가율이 저조했다는 의미로 해석할 수 있다.

이러한 관계는 경영목표수립에도 활용될 수 있다. 만약 내년도 총자산순이익률 목표치를 7%로 정한다면 현재의 비용구조에서 얼마의 매출을 달성해야 할지 또는 예상매출액 하에서는 얼마나 비용을 통제해 이익을 남겨야 할지 그 해답을 얻을 수 있다.

결국 총자산순이익률을 제고하기 위해서는 고회전율·고마진전략이 최선이며 이렇게 늘어난 이익은 현금흐름의 개선과도 직결된다. 이익이 없는 현금흐름은 있을 수 없기 때문에 영업현금흐름을 개선하기 위해서는 일단 회계상의 이익을 최대한 끌어 올려야 한다.

(주)한경전자

항목	당기	전기
① 총자산회전율	1.24회[1]	1.8회[2]
② 매출액순이익률	4.1%	3%
③ 총자산순이익률(① × ②)	5.0%	5.4%
④ 재무레버리지	2.2[3]	2.25[4]
⑤ 자기자본순이익률(③ × ④)	11.0%	12.15%

1) $\dfrac{8{,}564억\ 원}{(6{,}712억\ 원 + 7{,}043억\ 원) \div 2}$

2) $\dfrac{8{,}325억\ 원}{(2{,}538억\ 원 + 6{,}712억\ 원) \div 2}$

3) $\dfrac{7{,}043억\ 원}{3{,}198억\ 원}$

4) $\dfrac{6{,}712억\ 원}{2{,}982억\ 원}$

내년도 총자산순이익률 7%를 달성하고자 한다면 얼마나 매출을 올려야 하는가?

(새로운 자금조달은 없다고 가정하고 1년 뒤 총자산은 7,150억 원, 매출액순이익률은 5%로 예상)

총자산순이익률 = 총자산회전율×매출액순이익률

7% = 1.4회 × 5%

$\dfrac{\chi\,(매출액)}{(7{,}043억\ 원 + 7{,}150억\ 원) \div 2}$

$\chi\,(매출액)$ = 1.4회 × 7,096.5억 원

= 9,935억 원

따라서 9,935억 원의 매출을 올려야 한다.

37 당기순이익보다 주당이익(EPS)이 더 중요하다

손익계산서를 들여다보던 정 팀장은 (주)한경전자의 순이익이 경쟁사인 (주)K전자부품의 순이익 240억 원보다 많은 350억 원임을 확인하고는 자사의 수익력이 더 좋다고 결론지었다. 과연 손익계산서의 당기순이익이 많으면 수익력이 더 좋은 것일까?

손익계산서의 순이익은 주주의 몫으로 주주에게 배당가능한 이익을 의미한다. 대부분 기업에서 자본금과 발행주식은 변동이 없으므로 작년도 순이익이 200억 원인데 올해 400억 원으로 늘었다면 그회사의 수익력은 2배로 늘어났으며 이로 인해 주주의 배당가능이익도 2배로 증가한 셈이다.

그러나 증자 등으로 자본금의 변동이 있었거나 **자본금**이 서로 다른 회사의 수익력을 비교할 때는 절대금액으로서의 당기순이익은 그 의미를 잃게 된다.

예를 들어 (주)한경전자의 자본금은 500억 원(액면가 5,000원)인 반면에 (주)K전자부품의 자본금(액면가 5,000원)은 150억 원이라면 투자된 납입자본금에 비해 (주)한경전자는 70%, (주)K전자부품은 160%의 이익을 얻은 셈이다. 따라서 (주)K전자부품의 수익력이 더 좋다는 결론이 나온다.

이 경우 회사의 당기순이익을 투자된 자본금과 비교해 평가하기 위해 사용되는 개념이 **주당이익**(EPS : Earning Per Share)이다.

(주)한경전자의 당기순이익은 350억 원이지만 이를 발행주식수 1,000만 주로 나누면 주당이익은 3,500원으로 계산된다. 반면 (주)K전자부품은 당기순이익이 240억 원으로서 (주)한경전자보다 적지만, 발행주식수가 300만 주이기 때문에 주당이익은 8,000원으로 더 높게 나온다.

납입자본금에 대한 이익률도 자본금이 적은 (주)K전자부품이 더 높게 나오는 것은 당연하다. 회사의 순이익이 많을수록, 발행주식수 (또는 자본금)가 적을수록 주당이익은 커진다. 반면에 순이익이 줄어들거나 증자 등으로 발행주식수가 많아지면 주당이익은 감소한다.

단, 주당이익으로 여러 회사의 수익력을 상대적으로 비교할 때는 비교대상인 회사의 주당 액면가액이 같아야 한다. 왜냐하면 주식의 액면가가 5,000원인 회사에 비해 액면가가 500원인 회사는 자본금이 같더라도 발행주식수는 10배 많아지고, 주당이익은 1/10로 줄어들 수밖에 없기 때문이다. 물론 이에 따라 해당 기업의 주가도 1/10로 낮을 수밖에 없다. 그래서 주당이익(EPS)과 주가(P)를 비교해서 해

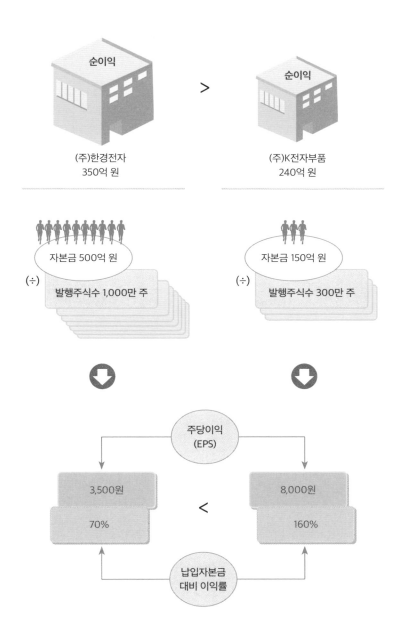

당 기업주식의 고평가여부를 판단하는데 이를 **주가이익비율**(PER)이
라고 한다.

주가이익비율(PER)

회사의 주가를 주당이익(EPS)으로 나눈 비율로서 1주당 수익성을 나타내는
주당이익에 비해 주가가 얼마나 고평가 또는 저평가되었는지를 따지는데
사용된다. 이 비율이 낮으면 수익력에 비해 주가가 저평가된 것으로, 높으면
수익력에 비해 주가가 고평가된 것으로 본다.

(주)한경전자의 수익성지표 분석

항목	(주)한경전자의 재무비율	표준비율	업종평균비율*	
			전자부품 제조업	제조업 전체
매출액순이익률	4%	5%	5.6%	4.9%
매출액영업이익률	10%	20%	5.5%	5.9%
매출총이익률	27.7%	30%	19.9%	17.7%
자기자본순이익률	11.3%	20%	9.8%	11.1%
총자산순이익률	5%	10%	6.0%	5.6%

* 한국은행 <기업경영분석>에서 인용

업종평균에 비해 매출총이익률과 영업이익률은 양호하지만 매출액
순이익률이 저조한 편이다. 판매비와관리비 및 영업외비용에 대한 관
리가 필요하며 총자산순이익률의 개선대책도 요구된다.

기업을 한눈에 꿰뚫어 볼 수 있는 재무제표 분석

Chapter

7

성장성 및 생산성 진단법
앞으로도 쑥쑥 커나갈 회사이며
부가가치는 충분히 나오는가?

38 매출이 우상향해야만 하는 이유가 있다

아침 일찍 출근한 정 팀장은 회사 정문에 "매출목표 1조 원 달성!"이라고 쓰인 플래카드를 보자 스트레스가 확 밀려온다. 회사에서 그토록 매출을 늘리려고 하는 데는 이유가 있을 텐데... 매출증대의 구호에 숨겨진 진짜 이유는 무엇일까?

　　기업의 가치는 현재 보유하고 있는 자기자본금액, 즉 자산가치로도 평가되지만 미래의 추정이익을 현재가치로 할인한 수익가치로도 평가된다. 그러므로 현재의 수익성 못지않게 장래의 수익전망, 즉 성장성 또한 중요한 가치평가지표다.

　　다만 미래를 예측하는 것은 매우 주관적이고 자의적일 수 있으므로 회사의 규모(총자산, 자기자본, 유형자산)나 경영성과(매출액, 영업이익, 순이익)가 전년도에 비해 어느 정도 증가했는지를 근거로 미래의 성장성을 예측하는 것이 일반적이다.

재무상태표

(주)한경전자   (단위 : 억 원)

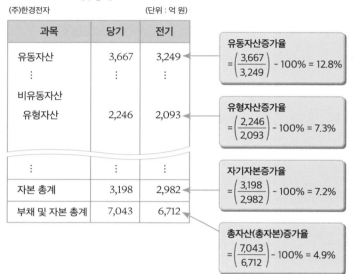

과목	당기	전기
유동자산	3,667	3,249
⋮	⋮	⋮
비유동자산		
유형자산	2,246	2,093
⋮	⋮	⋮
자본 총계	3,198	2,982
부채 및 자본 총계	7,043	6,712

유동자산증가율
$$= \left(\frac{3{,}667}{3{,}249} \right) - 100\% = 12.8\%$$

유형자산증가율
$$= \left(\frac{2{,}246}{2{,}093} \right) - 100\% = 7.3\%$$

자기자본증가율
$$= \left(\frac{3{,}198}{2{,}982} \right) - 100\% = 7.2\%$$

총자산(총자본)증가율
$$= \left(\frac{7{,}043}{6{,}712} \right) - 100\% = 4.9\%$$

손익계산서

(주)한경전자   (단위 : 억 원)

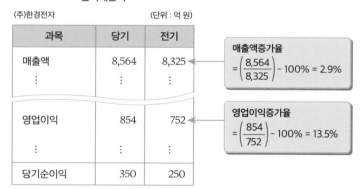

과목	당기	전기
매출액	8,564	8,325
⋮	⋮	⋮
영업이익	854	752
⋮	⋮	⋮
당기순이익	350	250

매출액증가율
$$= \left(\frac{8{,}564}{8{,}325} \right) - 100\% = 2.9\%$$

영업이익증가율
$$= \left(\frac{854}{752} \right) - 100\% = 13.5\%$$

(주)한경전자의 경우 당기의 총자산증가율은 4.9%이고 자기자본 증가율은 7.2%이다. 그리고 손익계산서의 매출액증가율은 2.9%이며 영업이익증가율은 13.5%이다. 이런 성장률지표가 과거에 비해 또는 동종업계 평균에 비해 어느 정도 수준인지를 비교해보면 현재와 미래의 성장 가능성을 예측해 볼 수 있다.

매출과 영업이익이 지속적으로 증가하는 회사는 꾸준히 성장하고 있다는 증거이며, 반대로 매출과 영업이익이 제자리인 회사는 정체 상태에 있다는 뜻이다. 매출 증가는 영업이익의 전제조건이므로 매우 중요한데 회사의 총자본(총자산)이 증가하는데도 매출이 늘지 않으면 자본회전율이 떨어지고, 이로 인해 매출액영업이익률이 유지되더라도 총자본영업이익률은 하락할 수밖에 없다.

회사의 비용에는 매출 증가에 따라 같이 증가하는 변동비와 매출 증가와는 전혀 상관없이 일정액으로 발생하는 고정비가 있다. 그런데 고정비는 매출이 증가하더라도 더 이상 늘지 않기 때문에 매출이 증가하면 매출이익률이 더 높아진다. 따라서 비용구조에 변화가 없다면 매출이 증가하면서 매출이익률도 따라서 상승하는 것이 일반적이므로 수익성 개선을 위해서도 매출은 무조건 증가해야 한다.

매출 증가가 중요한 또 다른 이유는 매출이 늘어남에 따라 **손익분기점률**이 낮아지고 이에 따라 **안전한계율**이 높아지는 등 비용구조와 관련한 안정성지표가 좋아지기 때문이다. 다시 말해 회사의 매출이 손익분기점 수준을 훨씬 상회할수록 향후 매출감소 등 불황기가 닥치더라도 견뎌낼 수 있는 여력이 많아진다. 결국 매출 증가를 통해 성장성은 물론 수익성과 안정성이 모두 개선되므로 투자자의 입장에서 매출 증가 여부는 매우 중요한 체크포인트이다.

손익분기점률

손익분기점이란 매출과 영업비용이 일치해서 영업이익이 영(0)인 매출을 의미한다. 즉, 영업이익도 영업손실도 아닌 상태인데, 손익분기점을 초과해야 비로소 영업이익이 발생하는 것이므로 가급적 낮은 것이 좋다. 손익분기점률이란 손익분기점을 현재의 매출로 나눈 것으로 현재 매출과 비교해서 손익분기점이 어느 정도 수준인지를 보여주는 지표이다.

현재의 매출이 손익분기점 상태라면 손익분기점률은 100%이고 매출이 증가할수록 100% 미만으로 줄어들게 되므로 손익분기점률은 낮을수록 안전하다. 보통 70% 이하면 안전하다고 본다. 손익분기점률이 70%란 현재 매출의 70%가 손익분기점이라는 뜻이다.

안전한계율

회사의 현재 매출액에서 손익분기점매출액을 뺀 것을 현재의 매출로 나눈 것으로 현재 매출과 손익분기점의 괴리를 보여주는 지표이다. 현재의 매출이 손익분기점 상태라면 안전한계율은 0%이고 매출이 증가할수록 손익분기점과의 괴리가 벌어지게 되므로 안전한계율이 높아진다. 따라서 안전한계율은 높을수록 좋은데 보통 30% 이상이면 안전하다고 본다. 안전한계율이 30%란 현재의 매출액에서 30%가 감소하면 손익분기점에 도달해서 위험해진다는 의미이다.

(주)한경전자의 매출액에 대한 변동비의 비율이 60%이고 연간 고정비가 2,500억 원, 손익분기점매출액은 6,250억 원이라고 가정함.

추정손익계산서

(단위 : 억 원)

항목	금액		
① 매출액	8,500	10,000	12,000
② 변동비(60%)	5,100	6,000	7,200
③ 공헌이익(40%)	3,400	4,000	4,800
④ 고정비	2,500	2,500	2,500
⑤ 영업이익	900	1,500	2,300
매출액영업이익률 (⑤÷①)	10.5%	15%	19%
공헌이익률 (③÷①)	40%	40%	40%
안전한계율 $\left(1-\dfrac{손익분기점매출액}{매출액}\right)$	26.4%*	37.5%	48%

수익성 → 매출액영업이익률 ← 증가

→ 공헌이익률 ← 일정

안정성 → 안전한계율 ← 증가

$$^{*}\left(1-\frac{6,250억\ 원}{8,500억\ 원}\right)$$

$$손익분기점매출액 = \frac{고정비④}{공헌이익률③} = \frac{2,500억\ 원}{40\%} = 6,250억\ 원$$

39

총자본(총자산)증가율보다
매출증가율이 더 낮으면
생기는 일

✦✦✦

나 사장의 내년도 사업계획은 지점을 개설해 사업 규모를 늘리고 총자산을 현재의 10억 원에서 15억 원으로 50% 늘리는 것이다. 그런데 총자산과 총자본이 늘어나는 만큼 매출 또한 더 늘어나야 할텐데, 매출이 그만큼 늘어나지 못할까 봐 걱정이 앞선다. 총자산증가율보다 매출증가율이 더 낮으면 어떤 결과가 발생할까?

회사의 총자산은 매년 증가하는 것이 일반적이다. 사업 활동을 통해 벌어들인 순이익 가운데 배당금 지급을 통해 회사 밖으로 유출된 금액을 제외하고는 모두 회사 내부에 남게 되는데 이를 **유보**라고 하며, 새로이 이익잉여금으로 유보된 순이익만큼 회사의 총자산과 총자본은 늘어나게 된다.

유보된 이익은 금융자산이나 유형자산, 재고자산 등 여러 종류의 자산에 재투자되어 있을 것이다. 그 외에 유상증자나 차입을 통해 신규 투자를 했다면 회사의 총자산과 총자본은 그만큼 증가하게 된다.

어쨌든 총자산이 증가하는 것은 회사의 덩치를 키우는 것으로서 외적인 성장이라는 관점에서 보면 바람직한 일이지만 총자산이 증

기업을 한눈에 꿰뚫어 볼 수 있는 재무제표 분석

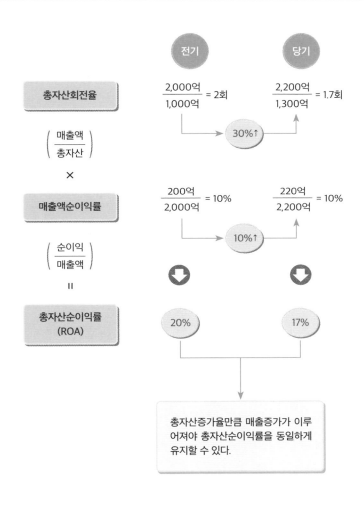

가한 만큼 반드시 매출이 증가해야 한다.

회사의 총자산이 늘어난다는 것은 사용되는 자본총액이 그만큼 많아지는 것이므로 그에 비례해서 매출도 늘어나야 총자본(총자산)회전율이 그대로 유지될 수 있다. 즉, 덩치를 키운만큼 덩치값을 더 해야 한다는 뜻이다. 만약 총자산증가율은 20%인데 매출증가율이 5%에 불과하다면 총자산회전율이 떨어지므로 매출수익성이 개선되지 않는 한, 총자산순이익률이 하락한다.

예를 들어 작년에 총자산 1,000억 원에 매출 2,000억 원, 당기순이익 200억 원을 달성한 회사가 올해는 총자산이 1,300억 원으로 증가했고, 매출은 2,200억 원, 순이익은 220억 원을 달성했다고 하자.

작년도의 총자산순이익률 20%(200억 원 ÷ 1,000억 원)는 총자산회전율 2회(2,000억 원 ÷ 1,000억 원)에 매출액순이익률 10%(200억 원 ÷ 2,000억 원)를 곱한 것과 같다.

그러나 올해는 총자산순이익률이 17%(220억 원 ÷ 1,300억 원)로 떨어졌는데, 그 이유는 매출액순이익률은 작년과 마찬가지로 10%(220억 원 ÷ 2,200억 원)이지만 총자산회전율이 1.7회(2,200억 원 ÷ 1,300억 원)로 떨어졌기 때문이다.

즉, 총자산은 30% 증가했으나 매출 증가는 고작 10%에 불과해 전체적인 자본 사용의 효율성이 떨어지게 된 것이다. 만약 올해 매출이 총자산증가율(30%) 만큼 늘어난 2,600억 원이 되어 총자산회전율이 2회로 유지됐거나, 비용절감 등으로 매출액순이익률을 12%로 개선했다면 총자산순이익률은 20%로 유지됐을 것이다.

결국 기업의 자본 사용은 공짜가 아니므로 외부에서 빌린 자금이 든 스스로 창출한 내부자금이든 자본이 증가하면 그에 비례해서 더 많은 매출과 이익성과가 나와야 한다.

(주)한경전자의 총자산순이익률(ROA)에 대한 분석

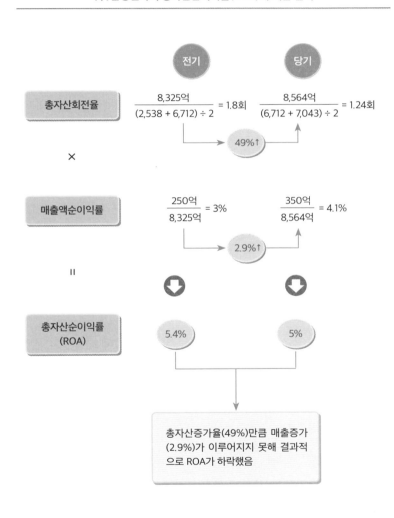

40 생산성이 높은 회사와 낮은 회사의 차이

(주)한경전자 노조는 회사측과 내년도 임금협상을 진행하면서 "15% 인상"을 요구했다. 그러나 회사측은 근로자의 생산성이 그다지 높지 않다는 점과 1인당 부가가치증가율이 5%에 불과하다는 점을 이유로 두 자릿수의 임금인상은 곤란하다는 입장이다. 부가가치는 무엇을 의미하며 생산성은 어떻게 따지는 것일까?

"최근들어 생산성이 떨어졌다" 또는 "경쟁사보다 생산성이 낮다"는 표현을 자주 한다. 기업은 **노동**과 **자본**의 결합체로서 두 가지 투입요소에 의해 운영되므로 투입요소에 대해 성과로써 보상해야 한다. 노동에 대해서는 인건비를 지급하고 자본 사용에 대해서는 이자나 주주순이익 등으로 보상해야 한다. 뿐만 아니라 정부에 세금(세금과공과와 법인세)도 내야 한다. 사업을 유지하기 위해서 매년 재투자(감가상각비)도 해야 한다.

이렇게 기업 활동에 사용된 투입요소에 대해 나눠준 금액을 **부가가치**라고 한다. 앞서 수익성지표에서 확인한 영업이익은 오직 자본

사용의 대가로 투자자에게 분배할 은행 이자와 주주순이익으로 구성된 것이다.

　그러나 부가가치는 자본 외에도 노동을 기업 활동에 투입된 요소로 보고 근로자에게 지급한 인건비와 감가상각비 및 세금과공과를 모두 포함한 것이다. 여기서 감가상각비는 기업이 자신에게 재투자한 금액이며 세금은 정부 몫으로 나눠준 금액으로 일종의 자릿세라고 생각하면 된다. 매출액의 거의 대부분은 비용지출을 통해 다시 외부로 빠져나가는데, 이런 외부비용을 제외하고 우리끼리(여기서 우리에는 노동을 제공한 근로자와 자본을 제공한 투자자 및 정부가 포함된다) 나눠먹은 금액이 부가가치인 셈이다.

　따라서 부가가치는 임직원에 대한 **인건비**(급여, 퇴직급여, 복리후생비를 모두 포함한 것), 차입금에 대한 **이자비용**, **감가상각비**, **세금과공과**, **법인세**, **주주순이익**을 모두 합산한 것인데, 이를 부가가치 구성요소라고 한다. 이때 주의할 것은 제조업의 경우 인건비와 감가상각비, 세금과공과 등은 판매비와관리비 외에 제조원가에 포함된 금액도 있으므로 반드시 이를 합산한 총액으로 계산해야 한다는 점이다.

　부가가치는 기업에 노동·자본을 투입한 주체들이 나눠먹은 총파이(Total Pie)를 의미하며 부가가치가 많다는 것은 그만큼 생산성이 높다는 뜻이다.

손익계산서

(주)한경전자   (단위 : 억 원)

항목	금액		
매출액			8,564
상품매입원가 및 원재료비			(4,203)
기타경비	제조원가	판매비와관리비	(2,076)
소모품비	45	104	149
통신비	12	9	21
기업업무추진비	13	9	22
차량유지비	32	10	42
수선비	72	41	113
여비교통비	17	21	38
보험료	15	14	29
기타(재고조정분 포함)	952	710	1,662
부가가치			2,285

수혜자

임직원	은행	공장, 기계 등	지방자치단체	주주·국가
인건비	이자비용	감가상각비	세금과공과	영업잉여*

부가가치 총액

* 영업잉여 = 영업이익 - 이자비용 + 대손상각비

즉, 부가가치가 많다는 것은 자원투입자들이 배불리 많이 먹었다는 뜻으로 그만큼 근로자에 대한 인건비, 이자비용, 세금의 부담 능력이 높다는 뜻이며 주주이익도 그만큼 많이 제공한다는 뜻이다. 이와 반대로 부가가치가 적으면 분배할 파이가 적어서 인건비 수준이나 이자의 지급 능력이 떨어지고 세금도 많이 못내는데다, 주주순이익도 적을 수밖에 없다.

이 경우 법인세를 포함한 주주몫의 이익을 **영업잉여**라고 표현하는데 이는 영업이익에서 이자비용을 차감(영업이익에는 이자비용이 포함된 것이므로 은행 몫의 이자비용을 따로 구분하기 위해 뺀 것이다)하고 대손상각비를 더한 것을 말한다.

한편 손익계산서의 영업이익은 인건비·감가상각비·세금과공과를 이미 차감한 것이다. 그런데 부가가치란 인건비·감가상각비·세금과공과·대손상각비를 차감하기 전의 영업이익과 같으므로 영업이익에 이들을 다시 더해주면 보다 쉽게 부가가치를 계산할 수 있다.

회사가 부가가치를 높이는 방법은 부가가치 구성요소를 제외한 나머지 비용, 예를 들면 원재료비나 일반경비 등 외부매입비용을 최대한 줄이는 것이다. 또한 부가가치의 가장 큰 구성요소가 영업이익이므로 영업이익이 적으면 부가가치가 많이 나올 수 없으므로 충분한 영업이익이 달성돼야 한다.

결국 원가절감을 통해 더 많은 부가가치를 창출해야 인건비와 주주몫의 이익, 시설투자에 따른 감가상각비와 세금 및 차입금에 대한 이자비용의 지급 능력이 커지게 된다. 즉, 원가와 비용절감을 통해 근로자·주주·은행·정부 등 이해관계자가 보다 더 많은 금액을 분배받을 수 있으며 원가절감이 곧 생산성과 직결되는 셈이다. 단순논리로 보면 남에게 주는 비용을 줄여야 우리끼리 더 나눠 먹을 수 있다는 뜻이다.

부가가치율은 총매출액에서 부가가치가 차지하는 비율로서 부가가치금액을 총매출액으로 나눠 계산한다. 부가가치율은 30% 이상일 때 양호한 것으로 본다. 따라서 부가가치 구성요소를 제외한 외부비용이 매출액의 70%를 넘으면 생산성이 낮다고 보는 셈이다. 하지만 부가가치율은 업종마다 차이(제조업 등 매입비용이 많은 업종은 낮은 반면, 서비스업 등 매입비용 대신 인건비 비중이 높은 업종은 높은 편이다)가 매우 크므로 동일업종의 평균과 비교하는 것이 바람직하다.

근로자는 부가가치가 늘어난 만큼을 인건비 인상을 통해 자신들에게 분배해 줄 것을 회사에 요구할 수 있다. 그러나 부가가치가 줄어들었다면 생산성이 떨어진 것이므로 인건비를 인상하기 어렵다.

이런 관점에서 근로자 1인당 부가가치를 따져보면 회사의 인력이 얼마나 효율적으로 관리되고 있는지를 알 수 있다. 근로자 1인당 부가가치는 **노동생산성**을 나타내는 지표로서 부가가치금액을 근로자 숫자로 나눠 계산한다.

기업을 한눈에 꿰뚫어 볼 수 있는 재무제표 분석

(주)한경전자의 부가가치 계산자료

(단위 : 억 원)

항목	제조원가	판매비와관리비	계
급여	515	393	908
퇴직급여	28	76	104
복리후생비	49	63	112
감가상각비	223	32	255
세금과공과	16	36	52
계	831	600	1,431

* 대손상각비는 47백만원으로서 금액이 적어 무시하였음

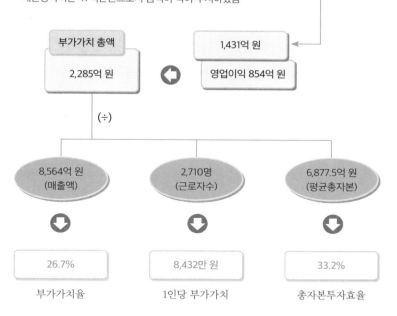

근로자 1인당 부가가치가 증가했다는 것은 그만큼 노동생산성이 향상됐다는 증거이며, 근로자 1인당 부가가치증가율은 노동조합이나 근로자의 입장에서도 임금인상률을 협의할 때 중요한 기초자료가 된다. 또한 근로자 1인당 부가가치가 동종업계 평균보다 낮을 경우에는 부가가치총액이 적거나 부가가치에 비해 근로자 숫자가 과다함을 시사하는 것이므로 명예퇴직 등 고용조정의 빌미가 되기도 한다.

한편, 총자본투자효율은 회사의 총자본에서 부가가치가 차지하는 비율로서 **자본생산성**을 나타내는 지표이다. 따라서 부가가치를 평균총자본으로 나눠 계산하면 되는데, 회사에 투자된 총자본을 이용해서 얼마나 많은 부가가치를 달성했는지를 보여 준다. 총자본투자효율이 낮을 경우에는 총자본의 과잉여부를 점검해야 한다.

(주)한경전자의 경우 부가가치율은 26.7%(2,285억 원 ÷ 8,564억 원)이고 근로자 1인당 부가가치는 8,432만 원(2,285억 원 ÷ 2,710명)인데, 전년도에는 근로자 1인당 부가가치가 8,030만 원이었으므로 당기에 5%가 증가한 셈이다. 다시 말해 근로자 1인당 생산성이 5% 증가한 것이다.

한편 총 자본투자효율은 33.2%(2,285억 원 ÷ 6,877.5억 원)이다.

항목		(주)한경전자의 재무비율	표준비율	업종평균비율*	
				전자부품 제조업	제조업 전체
성장성	매출액증가율	2.9%	20%	4.4%	9.3%
	자기자본증가율	7.2%	20%	13.2%	14.1%
	총자산증가율	4.9%	20%	10.4%	13.5%
	유동자산증가율	12.8%	20%	12.0%	14.3%
	유형자산증가율	7.3%	20%	2.1%	4.9%
생산성	부가가치율	26.7%	30%	26.1%	22.8%
	근로자 1인당 부가가치	8,432만 원	-	9,167만 원	8,846만 원
	총자본투자효율	33.2%	30%	24.9%	23.1%

* 한국은행 <기업경영분석>에서 인용

매출증가율과 총자산증가율 등 제반 성장성지표들과 노동생산성(근로자 1인 당 부가가치)은 동종업계의 평균 수준보다 낮다. 그러나 부가가치율은 업계 평균수준이며 자본생산성을 나타내는 총자본투자효율은 업계평균 수준보다 높은 편이다.

제 3 부

현금흐름분석과 기업가치 평가법

현금흐름 분석법

회사가 돈을 어떻게 조달해서
어디에 쓰는가?

41 당기순이익과 현금흐름이 서로 맞지 않는 이유는?

★ ★ ★

(주)한경전자의 재무상태표를 살피던 정 팀장은 이상한 점을 발견했다. 손익계산서에는 분명히 영업이익 854억 원에 당기순이익 350억 원이 표시되어 있었는데, 재무상태표의 현금성자산은 작년보다 오히려 46억 원이나 줄어든 것이다. 이익성과가 나면 그만큼 현금성자산이 늘어나야 할텐데, 왜 이런 일이 생기는 것일까?

손익계산서의 이익은 수익에서 비용을 차감해 계산하는데, 수익과 비용은 발생주의에 따라 기록(또는 전산입력)된다. **발생주의**란 현금이 들어오거나 지출된 시점에서 수익·비용을 기록하는 **현금주의**와 달리 수익과 비용이 각각 발생된 시점에 이를 인식하고 기록하는 손익계산기준을 말한다. 대부분의 수익과 비용은 그에 따라 현금이 들어오거나 나간다. 그러나 현금의 유·출입이 없어도 수익·비용에 포함되는 것이 있다.

예를 들면 제품을 외상으로 판매했다면 비록 현금수입은 없었지만 매출채권이라는 청구권자산이 발생한 것이므로 이미 수익이 발생한 것이다. 따라서 회계적으로는 판매시점에 매출을 인식한다. 또한 주식의 평가이익이나 **외화환산이익**, **지분법이익** 같은 것도 실제 회사에 현금유입을 가져다주지는 않았지만, 자산가치 증가가 이미 발생한 것이므로 전부 수익으로 인식된다.

비용도 마찬가지이다. 돈을 쓰는 것이 비용이기 때문에 대부분의 비용은 현금이 유출되지만 **감가상각비**는 이미 과거 취득 당시에 지출된 유형자산의 취득원가금액을 사용하는 기간(내용년수)에 걸쳐서 매년 비용으로 배분한 것이다. 감가상각비를 계상하는 시점에서는 현금이 전혀 유출되지 않았지만 사용한 만큼 비용이 발생된 것이므로 이를 인식하는 것이다.

감가상각비 외에 대손상각비나 퇴직급여 등도 모두 실제로 현금이 유출되지 않은 것이지만 당기의 수익을 위해 발생한 비용이며, 주식평가손실도 아직 처분하지 않았지만 당기에 자산가치가 하락한 만큼 손실로 인식해야 한다. 이렇게 모든 수익과 비용을 발생주의로 인식하기 때문에 손익계산서의 순이익과 현금증가액은 전혀 일치하지 않는다.

게다가 손익계산서의 순이익은 **영업활동**의 결과인데, 현금의 유·출입은 영업활동 외에 **투자활동**과 **재무활동**에 의해서도 발생한다.

기업을 한눈에 꿰뚫어 볼 수 있는 재무제표 분석

손익계산서

(주)한경전자

과목

Ⅰ. 매출액
(1) 상품매출
(2) 제품매출
Ⅱ. 매출원가
(1) 상품매출원가
   1. 기초 상품재고액
   2. 당기상품매입액
   3. 기말 상품재고액
(2) 제품매출원가
   1. 기초 제품재고액
   2. 당기제품제조원가
   3. 기말 제품재고액

Ⅲ. 매출총이익
Ⅳ. 판매비와관리비
  1. 급여
  2. 퇴직급여 ←
  3. 복리후생비
  4. 임차료
  5. 기업업무추진비
  6. 감가상각비 ←
  7. 무형자산상각비 ←
  8. 세금과공과
  9. 광고선전비
  10. 대손상각비 ←
  11. 차량유지비
  12. 판매수수료
  13. 수선비

23. 도서인쇄비

Ⅴ. 영업이익
Ⅵ. 영업외수익
  1. 이자수익
  2. 배당금수익
  3. 유형자산처분이익
  4. 외환차익
  5. 외화환산이익
  6. 금융자산평가이익
Ⅶ. 영업외비용
  1. 이자비용
  2. 외환차손
  3. 외화환산손실 ←
  4. 기부금
  5. 유형자산처분손실
  6. 기타 영업외비용

Ⅷ. 법인세비용차감전순이익 Ⅸ. 법인세비용
Ⅹ. 당기순이익

현금이 나가지 않는 비용

현금이 들어 오지 않는 수익

투자활동이란 각종 자산을 사거나 파는 것을 말하며, 재무활동은 차입금을 빌리거나 갚는 것을 말하는데, 그 과정에서 현금의 유·출입이 발생하지만 이는 자산·부채거래로서 비용을 지출하거나 수익을 얻은 손익활동이 아니므로 손익계산서에 반영되지 않는다.

예를 들어 새로운 기계나 차량을 취득하거나 매각하면 이로 인해 현금이 나가거나 들어오지만, 이는 투자활동으로서 자산이 증가하거나 감소하는 거래이므로 손익계산서에는 반영되지 않는다. 또한 차입금을 빌리거나 상환하면 현금이 들어오고 나가지만 이는 재무활동으로서 부채가 증가하고 감소하는 것이므로 손익계산서에는 표시되지 않는다.

따라서 손익계산서의 순이익과 회사의 당기 현금증가액은 절대 일치할 수가 없다. 이 경우 영업활동으로 인한 현금흐름은 발생주의에 따른 회계상의 당기순이익보다 많을 수도 있고 적을 수도 있다. 나아가 영업현금흐름이 충분히 확보되었더라도 신규투자나 차입금 상환 등 투자 및 재무활동으로 현금이 다시 유출됐다면 최종적인 현금은 오히려 감소할 수도 있다.

이와 반대로 영업현금흐름이 음수(마이너스)일지라도 자산매각 또는 신규차입과 같은 투자활동이나 재무활동을 통해 최종적인 현금증가액을 양호하게 만들 수도 있다.

따라서 재무상태표에 표시된 현금및현금성자산은 단지 현금잔고일 뿐, 그 발생원천을 알 수 없다는 한계가 있다. 즉, 현금사정이 좋지 않을 경우 잠시 차입금을 빌리거나 자산매각을 통해 얼마든지 현금잔고를 늘릴 수가 있기 때문에 현금성자산의 증감액만으로 회사의 영업현금흐름 창출력을 평가해서는 안된다.

(주)한경전자의 경우 당기순이익은 350억 원이지만 영업활동으로 유입된 현금은 256억 원이며, 그 중 투자활동으로 127억 원, 재무활동으로 175억 원의 현금이 유출돼 최종적인 현금은 작년보다 46억 원이 감소했다. 따라서 당기에 현금이 감소한 것은 영업부진 때문이 아니라 당기에 영업으로 번 돈보다 더 많은 금액을 투자하고 차입금을 상환하는데 사용했기 때문이다.

기업의 3대 활동과 현금흐름 유형

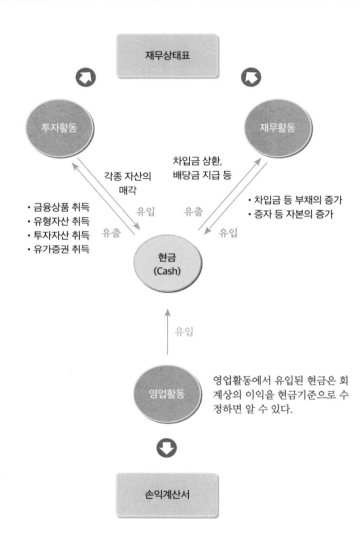

영업활동에서 유입된 현금은 회계상의 이익을 현금기준으로 수정하면 알 수 있다.

기업을 한눈에 꿰뚫어 볼 수 있는 재무제표 분석

42

흑자기업이 부도나고
파산하는 이유

★ ★ ★

S건설이 부도가 났다는 소식을 들은 정 팀장은 급히 전자공시시스템에 접속해 S건설의 재무제표를 살펴봤다. 그런데 S건설의 손익계산서를 보던 정 팀장은 도무지 이해가 안되었다. 손익계산서에는 버젓이 영업이익과 당기순이익이 나타나 있었기 때문이다. 그렇다면 영업이익이나 당기순이익으로 기업을 평가하는데도 한계가 있다는 말인데, 이처럼 흑자기업이 도산하는 이유는 무엇 때문일까?

회사가 부도에 직면하는 가장 주된 요인은 유동성, 즉 자금부족 때문이다. 자금회전이 원활하지 못해 현금및현금성자산이 부족하면 만기가 돌아온 채무를 결제하지 못해 부도를 맞게 된다. 그러므로 항상 적정한 수준의 **현금및현금성자산**을 보유하는 것이 중요한데, 문제는 회계상의 이익과 현금흐름이 다를 수 있다는 점이다.

현금성자산

수시로 필요할 때 현금으로 전환하기 쉬운 자산으로서 만기가 없는 입·출금식예금 및 만기가 3개월 이내인 채권, 양도성예금증서(CD), 종합자산관리계좌(CMA), 머니마켓펀드(MMF) 등이 이에 해당한다.

왜냐하면 회계상 이익은 영업활동의 성과인데, 경우에 따라서는 영업활동으로 인한 현금유입액이 당기순이익과 전혀 다르게 나타난다. 매출수익과 영업외수익에 실제 현금유입을 수반하지 않는 것이 포함됐다면 현금증가액이 당기순이익보다 현저하게 적어진다. 예를 들어 매출액의 상당부분이 외상매출이거나 영업외수익의 대부분이 자산평가에 따른 이익이라면 이런 것은 발생주의 손익계산에서는 당기수익에 포함됐지만 아직 현금이 유입된 것이 아니다.

재무를 잘 모르는 중소기업 대표들이 가끔 이런 질문을 한다. "손익계산서에는 영업이익이 30억 원으로 잘 나오는데, 왜 우리 회사는 항상 자금이 부족합니까?" 이 질문처럼 영업이익이 양호한데도 돈이 없는 것은 번 돈이 잠자고 있기 때문이다. 즉, 재무상태표의 매출채권과 재고자산 등 영업자산에 숨어서 잠자고 있는 것이다.

매출채권은 거래처에서 아직 못 받은 돈이고 재고자산은 팔지 못한 물건인데, 이 두 가지 모두 이익성과에는 포함됐지만(재고자산은 못 받아서가 아니라 취득원가가 지출됐지만 아직 비용(매출원가) 처리가 안돼 그만큼 이익성과가 커진 것이다), 현금이 유입된 것은 아니다.

재무상태표상으로도 매출채권과 재고자산에 자리하고 있으니 아직 현금화가 안 된 것은 분명하다. 빨리 현금화해서 재무상태표의 윗자리인 현금성자산으로 바뀌어야한다. 즉, 이익성과에는 잡혔지만 아직 회수하지 못한 현금이 매출채권은 거래처에, 재고자산은 매장(창고)에 각각 깔려있는 셈이다.

회계상 이익에 비해 영업현금흐름이 부진한 가장 큰 이유는 매출채권·재고자산 등과 같은 영업자산에 물려 있는 돈이 잠자고 있기 때문이다. 매출채권·재고자산이 작년에 비해 증가한 경우라면 그만큼 현금회수가 안됐다는 의미이므로 발생주의 이익에 비해 현금유입액이 적어진다. 이와 달리 매입채무·선수금 등 영업부채가 증가하면 반대로 현금유입액이 많아진다.

현금흐름표

당기 20**년 01월 01일부터 20**년 12월 31일까지
전기 20**년 01월 01일부터 20**년 12월 31일까지

(단위 : 백만원)

과 목	당 기	전 기
Ⅰ. 영업활동으로 인한 현금흐름	**106,273**	**404,280**
1. 당기순이익	102,307	122,995
2. 현금의유출이없는비용등의가산	239,000	281,824
3. 현금의유입이없는수익등의차감	(45,587)	(64,625)
4. 영업활동으로인한자산부채의변동	**(189,447)**	**64,086**
가.매출채권의 감소(증가)	**(28,621)**	23,272
마.재고자산의 감소(증가)	27,281	(29,668)
사.매입채무의 증가(감소)	**(40,604)**	**36,096**

▶ 전기의 영업현금흐름이 좋았던 이유는 전기에 매입채무지급을 보류해서 매입채무가 증가했기 때문이며, 당기순이익이 작년과 비슷한데도 당기의 영업현금흐름이 나빠진 것은 매입채무감소(지급)와 매출채권증가 때문이다.

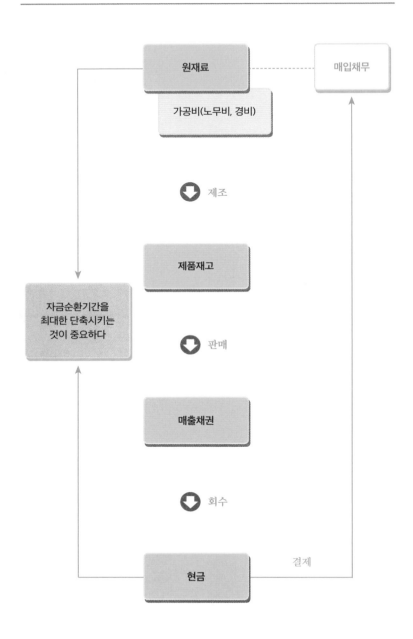

기업을 한눈에 꿰뚫어 볼 수 있는 재무제표 분석

S건설이 회계상으로는 이익이 발생했지만 신축아파트(분양하는 것이 목적이므로 재고자산이다)의 미분양이 쌓이거나 분양된 아파트의 중도금(매출채권)이 제때에 들어오지 않았다면 이는 모두 영업현금흐름이 나빠지는 이유가 된다.

또한 영업활동과는 무관하게 현금이 과도하게 유출된 것일 수도 있다. 예를 들어 영업활동을 통해 확보한 돈을 새로운 장기투자용 자산에 모두 투입한다면 돈이 부족할 수 있다. 또 이런 투자활동 외에 재무활동에 의해 차입금을 갚거나 배당금을 지급하는 데 사용했다면 돈이 없어지는 것은 마찬가지다.

즉, 영업활동을 통해 회사에 유입된 돈이 투자나 재무활동으로 다시 유출될 수도 있으므로 그에 따라 현금및현금성자산의 증감여부는 얼마든지 달라진다.

특히 가공의 매출을 계상했거나 비용을 숨기는 방법으로 분식을 했다면 회계상으로는 이익이 많이 나왔더라도 실제 들어오는 현금은 없게 된다. 또한 매출액이 실제 발생한 것이라도 매출채권의 대손으로 회수가 불가능해지면 회계상의 이익성과는 영업현금흐름으로 이어지지 못한다. 이런 상황이 수년간 반복되다보면 현금이 고갈되는데, 회계적으로는 이익성과가 나는 것처럼 보이던 멀쩡한 회사가 갑자기 부도가 나거나 부채상환을 앞두고 지급불능이라는 상황에 내몰리게 된다.

그러므로 회사의 성과지표인 영업이익 또는 당기순이익을 보는 것도 중요하지만 그 이익의 질적인 면을 같이 평가해야 한다. 이 경우 질적으로 좋은 이익이란 현금유입을 동시에 가져다주는 이익을 말하며, 질적으로 나쁜 이익이란 이익이 실제적인 현금흐름으로 유입되지 않는 이익을 의미한다. 따라서 이익의 질적인 면을 체크하려면 재무상태표에서 재고자산·매출채권·매입채무 등과 같은 **영업자산·부채의 변화**를 살펴보고, 손익계산서에서는 현금유입이 수반되지 않는 수익이 얼마나 포함되어 있는지 살펴봐야 한다. 물론 현금흐름표에는 이런 내용이 모두 표시된다.

영업자산·부채의 변화

재고자산과 매출채권 및 매입채무, 선급금 및 선수금 등은 영업과 관련된 자산 및 부채항목이다. 재고자산·매출채권·선급금의 증가액은 이익성과에 비해 그만큼 영업현금흐름이 적음을 의미하고 매입채무·선수금의 증가는 이익성과에 비해 영업현금흐름이 많음을 의미한다.

한편, 도산이란 기업이 재정파탄으로 망하는 것을 말하는데 기업이 도산하는 가장 큰 이유는 지속적인 손실로 자기자본을 다 까먹어서이다. 그런데 S건설의 경우처럼 이익성과가 플러스(+), 즉 흑자인 기업이 망하는 것을 **흑자도산**이라고 한다.

회계적으로는 영업이익과 순이익이 나는 흑자기업인데도 불구하고 부도 등으로 도산하는 것은 현금유동성이 없기 때문인데, 회사의 현금사정은 재무상태표와 손익계산서로는 확인이 불가능하다.

따라서 흑자도산은 재무상태표와 손익계산서만으로 기업부실을

기업을 한눈에 꿰뚫어 볼 수 있는 재무제표 분석

예측하는데 한계가 있음을 시사하며, 손익계산서의 이익성과도 중요하지만 현금흐름은 더 중요하다는 사실을 일깨워준다. 왜냐하면 부도나 파산 등으로 기업이 쓰러지는 이유는 이익성과가 없어서라기보다는 현금이 없기 때문이다.

　대체로 발생주의에 따른 이익은 현금흐름에 앞서서 인식된다. 제품 인도나 용역제공시점에서 발생한 매출을 먼저 인식하면, 그 이후에 매출대금이 들어오면서 현금성자산이 늘어나게 되는데, 이 경우 현금유입에 문제(아예 없는 가공매출이었거나, 매출채권의 대손 등)가 생기면 영업현금흐름에 적신호가 켜지게 된다.

　따라서 발생주의에 따른 이익성과와는 별개로 반드시 현금흐름을 살펴야만 하는데, 1년 동안 회사의 현금이 어디에서 얼마나 들어오고, 어디에 얼마나 사용됐는지를 한 눈에 보여주는 것이 현금흐름표다.

S건설의 현금흐름표

20XX.1.1. ~ 20XX.12.31.

(단위 : 억 원)

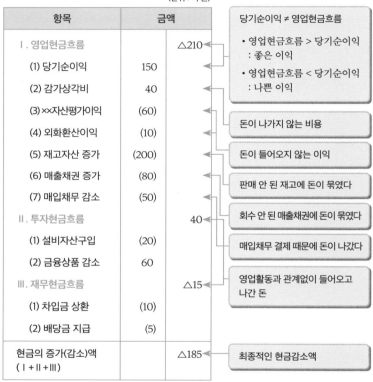

항목	금액	
Ⅰ. 영업현금흐름		△210 ←
(1) 당기순이익	150	←
(2) 감가상각비	40	←
(3) ××자산평가이익	(60)	←
(4) 외화환산이익	(10)	←
(5) 재고자산 증가	(200)	←
(6) 매출채권 증가	(80)	←
(7) 매입채무 감소	(50)	←
Ⅱ. 투자현금흐름		40 ←
(1) 설비자산구입	(20)	
(2) 금융상품 감소	60	
Ⅲ. 재무현금흐름		△15 ←
(1) 차입금 상환	(10)	
(2) 배당금 지급	(5)	
현금의 증가(감소)액 (Ⅰ+Ⅱ+Ⅲ)		△185 ←

당기순이익 ≠ 영업현금흐름

- 영업현금흐름 > 당기순이익
  : 좋은 이익
- 영업현금흐름 < 당기순이익
  : 나쁜 이익

돈이 나가지 않는 비용

돈이 들어오지 않는 이익

판매 안 된 재고에 돈이 묶였다

회수 안 된 매출채권에 돈이 묶였다

매입채무 결제 때문에 돈이 나갔다

영업활동과 관계없이 들어오고 나간 돈

최종적인 현금감소액

당기순이익이 150억 원인데도 영업현금흐름은 210억 원을 까먹었으며
최종적인 현금잔액은 작년 말보다 185억 원이나 줄어들었다.

43 영업활동을 통한 현금흐름창출이 제일 중요하다

정 팀장이 (주)한경전자의 현금흐름표를 보니 영업현금흐름은 256억 원이지만 투자활동에 따른 현금흐름이 127억 원 마이너스되고, 재무활동에 따른 현금흐름도 175억 원 마이너스되어 최종적인 현금은 작년보다 46억 원 감소한 사실을 알 수 있었다. 그러나 경쟁사인 (주)K전자부품의 현금흐름표를 보니 영업현금흐름은 25억 원이지만, 투자활동에 따른 현금흐름이 53억 원 플러스되고 재무활동에 따른 현금흐름도 72억 원 플러스되어 총현금흐름은 150억 원 증가한 것으로 되어 있었다. 어느 회사의 현금흐름이 더 좋은 것일까?

현금흐름표상 현금흐름은 크게 영업활동·투자활동·재무활동으로 인한 현금흐름으로 구분된다. 이 가운데 영업현금흐름은 회사의 영업활동 결과인 영업이익이 그 원천이며, 투자활동에 의한 현금유입은 회사가 보유하는 각종 자산의 매각에서 얻어진다.

재무활동에 의한 현금유입은 차입금이나 회사채 발행, 유상증자 등을 통해 얻어진다. 반대로 회사가 새로운 자산을 취득하거나 차입금상환 또는 배당금을 지급하는 경우에는 각각 투자와 재무활동에 의해 현금이 유출된다.

현금흐름을 평가할 때는 총현금흐름액의 증감액보다 각 활동별

현금흐름이 더 중요한데, 가장 중요한 것은 영업현금흐름의 규모와 지속성(추세)을 살피는 것이다.

영업·투자·재무활동 3가지 현금흐름 중 손익계산서 이익을 질적으로 평가해주는 것은 영업현금흐름이다. **영업현금흐름**은 회사의 영업성과를 발생기준이 아니라 현금기준으로 다시 계산한 것으로서 1년 동안 사업을 통해 회사가 실제로 번 돈을 의미한다.

영업현금흐름이 중요한 이유는 영업현금흐름을 가지고 투자자에 대한 보상을 할 수 있기 때문이다. 채권자에 대한 원리금상환과 주주배당금지급에 필요한 돈이 여기서 만들어진다. 즉, 영업현금흐름이 아무리 적더라도 매년 지급할 이자비용과 주주배당금, 만기도래하는 차입원금을 모두 합친 금액보다는 많아야 한다.

나아가 사업유지에 필요한 최소한의 투자지출금액을 영업현금흐름으로 확보해야 한다. 따라서 영업현금흐름의 규모를 통해 회사가 이자와 배당금지급 및 차입금의 상환능력, 투자능력을 가지고 있는지 평가할 수 있다.

만약 영업현금흐름(스스로 만들어 낸 내부자금이다)이 마이너스(-)이거나 너무 적은 경우에는 모자라는 부분을 재무활동에 의한 현금흐름(외부자금)으로 보충할 수도 있다. 그러나 재무활동으로 현금을 조달하는데는 한계가 있다. 더구나 추가로 늘어난 차입금에 대해서는 향후 이자비용이, 유상증자자금에 대해서는 배당금이 늘어나기 때문에 오히려 장래 영업현금흐름을 더욱 위축시키는 결과를 초래할 수도 있다.

　원리금상환과 배당금지급에 사용하고 남은 영업현금흐름은 회사가 현재의 사업규모를 유지하거나 장기적으로 성장하기 위한 투자에 사용할 수 있다. 따라서 영업현금흐름은 기업의 장기적이고 지속적인 현금흐름창출능력과 기업의 존속가능성을 보여주는 핵심지표다.

　일반적으로는 당기순이익에 비해 영업현금흐름이 더 많은 것이 정상이다. 감가상각비와 충당금비용 등 회계상 비용의 상당금액이 실제 현금유출을 수반하지 않는 비용이다보니 영업현금흐름 계산과정에서 이를 모두 당기순이익에 다시 가산하기 때문이다.

　하지만 당기순이익보다 영업현금흐름이 더 적은 경우는 대부분 매출채권이나 재고자산 등에 돈이 잠겨있기 때문이다. 즉, **운전자금**의 회전이 원활하지 못한 것이 이유인데, 이런 경우에는 앞으로 해당자산에 묶인 자금이 언제, 얼마나 회수되느냐에 따라 내년 이후 영업현금흐름이 달라진다.

운전자금(Working Capital)

사업자산은 영업활동을 통해서 현금으로 전환돼야 하는데, 아직 현금으로 전환되지 않은 채 여전히 일하고 있는 돈을 의미한다. 매출채권과 재고자산에 물려있는 돈은 각각 회수되거나 판매됨으로써 현금전환이 가능한데, 아직은 마무리되지 않은 상태. 운전자금이 많거나 증가한다는 것은 그만큼 돈이 많이 물려있다는 뜻이고, 이에 따라 차입금 등 외부자금수요가 증가하므로 바람직하지 않다.

이런 이유 때문에 한 해의 현금흐름만 보고 어떤 결론을 내리는 것은 매우 성급한 일이다. 매출채권과 재고자산의 일시적인 증가에 따라 영업현금흐름이 줄었다면 다음 해에는 반대로 매출채권과 재고자산의 감소에 따라 영업현금흐름이 다시 좋아질 수 있기 때문이다.

즉, 이익성과가 현금흐름으로 유입되기까지 시간이 걸리므로 당기의 영업현금흐름이 당기의 이익성과가 아니라 지난 회계연도의 이익성과에 따라 유입될 수 있으며, 당기의 불량한 영업현금흐름도 당기 이후에는 양호한 영업현금흐름으로 바뀔 수 있다.

예를 들어 금년도(9기) 하반기에 매출이 급성장하여 순이익은 많이 늘었지만 매출채권의 상당부분이 다음 연도(10기)에 회수됐다면 금년도의 영업현금흐름은 매출채권 증가에 따라 순이익보다 적을 수 있다. 그렇지만 다음 연도에는 매출채권이 회수됨에 따라 현금흐름이 다시 좋아지게 되는데 이런 경우 10기의 영업현금흐름은 9기의 영업성과에 따른 결과라고 봐야 한다.

그러므로 적어도 3~5년간의 현금흐름표를 보고 중장기적인 영업현금흐름의 추세를 파악하는 것이 중요하며 특정연도의 수치에 매몰되지 않기 위해서는 최근 5년간의 평균적인 영업현금흐름을 보는 것이 바람직하다.

영업현금흐름은 가장 중요한 현금흐름의 원천이다. 자산매각을 통한 투자활동 현금흐름과 신규차입 및 증자 등을 통한 재무활동 현금흐름은 한계가 있으므로 지속적으로 창출하기 어렵다.

그러나 영업현금흐름은 사업을 유지하는 한, 매년 지속적으로 창

기업을 한눈에 꿰뚫어 볼 수 있는 재무제표 분석

출 가능한 현금흐름이므로 기업의 지속가능성을 평가하는 중요한 잣대가 된다. 따라서 영업현금흐름이 많을수록 기업가치가 더 높게 평가된다. 상가나 빌딩자산의 가치가 매월 받을 수 있는 임대료의 크기에 따라 매겨지는 것과 마찬가지 원리다. 또한 미래 성장을 위한 신규투자를 뒷받침하기 위해서도 충분한 영업현금흐름이 확보돼야 한다.

기업에서 가장 중요한 일은 투자받은 돈을 사업 활동에 사용해서 돈을 버는 것이다. 성과의 첫 단계는 **매출**이다. 사업 자본의 규모에 걸맞는 충분한 매출을 달성하는 것이 사업 유지와 성장에 필요한 1차적인 조건이다.

그러나 아무리 매출이 많아도 남는 게 없다면 아무 소용이 없으므로 2차적으로는 달성한 매출에 대해 충분한 **이익성과**가 나와야 한다. 매출이 많아도 남는 이익이 없다면 이는 비용이 과다하다는 증거다. 즉, 수익의 대부분이 비용으로 샌다는 뜻이다.

그런데 이익성과보다 더 중요한 것이 영업활동으로 현금흐름을 만들어내는 것이다. 이익성과가 아무리 양호하더라도 **현금흐름**으로 이어지지 않는다면 기업은 이자와 배당금 등 투자받은 돈에 대한 보상은 물론, 투자금을 돌려주기도 어렵기 때문이다.

중요한 사실은 이익성과가 영업현금흐름의 기반이라는 점이다. 즉, 이익성과가 없이는 좋은 영업현금흐름을 절대 기대할 수 없다. 그래서 영업이익이 마이너스(-)인 기업은 거의 대부분 영업현금흐름도 마이너스(-)이거나 현저히 적다. 만약 영업이익이 양호한데도 영업현금흐름이 부진하다면 매출채권이나 재고자산 등 영업자산에 돈이 물려 있기 때문이다. 사업핵심자산인 매출채권과 재고자산의 회전율이 중요한 이유가 여기에 있다.

따라서 투자자는 재무제표를 통해 해당 기업의 매출, 이익성과 및 영업현금흐름의 차이가 크다면 그 원인이 무엇인지 확인하고 이 3가지 지표가 매년 어떻게 변화하는지에 주목해야 한다.

항 목	A기업	B기업	C기업
① 매출액	100억 원	50억 원	200억 원
② 영업이익	5억 원	5억 원	40억 원
③ 영업현금흐름	13억 원	(10억 원)	20억 원
④ 영업이익률(=②÷①)	5%	10%	20%
⑤ 영업현금흐름 대 매출액비율 (③÷①)	13%	-	10%

▶ 영업이익률 기준으로는 C기업의 수익성이 가장 우수하지만, 영업현금흐름 기준으로는 A기업이 가장 우수하다. 이 경우 B기업의 영업현금흐름이 마이너스(-)인 이유와 C기업의 영업현금흐름이 영업이익에 비해 현저하게 적은 이유를 확인해야 한다.

(주)한경전자는 영업활동을 통해 유입된 현금액의 일부를 신규투자를 위해 다른 자산을 취득하는 데 사용하고, 기존의 차입금을 상환하면서 현금성자산의 잔액이 전기말보다 감소한 것으로 나타났다. 하지만 신규투자나 다른 자산을 취득하기 위해 사용된 현금은 외부로 유출되었더라도 다른 형태의 자산으로 바뀐 것에 불과하므로 큰 문제는 없다. 예를 들어 영업활동으로 확보된 현금을 금융자산의 취득이나 시설투자에 사용했다면 회사의 자산 총액에는 아무

(주)한경전자의 현금흐름

현금흐름표

(단위 : 억 원)

항목	금액	항목	금액
I. 영업활동으로 인한 현금흐름	256		
1. 당기순이익	350		
2. 현금의 유출이 없는 비용(가산)	318		
3. 현금의 유입이 없는 수익(차감)	(129)		
4. 영업활동으로 인한 자산, 부채의 변동	(283)		
II. 투자활동으로 인한 현금유입액	1,456	III. 투자활동으로 인한 현금유출액	1,583
1. 유동자산의 감소		1. 유동자산의 증가	
2. 투자자산의 감소		2. 투자자산의 증가	
3. 유형자산의 감소		3. 유형자산의 증가	
4. 무형자산의 감소		4. 무형자산의 증가	
IV. 재무활동으로 인한 현금유입액	87	V. 재무활동으로 인한 현금유출액	262
1. 유동부채의 증가		1. 유동부채의 감소	
2. 비유동부채의 증가		2. 비유동부채의 감소	
3. 자본의 증가		3. 자본의 감소	
		4. 배당금의 지급	
		VI. 현금의 증가(감소) I+II+IV-(III+V)	(46)
		VII. 기초의 현금	124
		VIII. 기말의 현금 (VI+VII)	78

현금유출이 없는 비용

- 감가상각비
- 무형자산상각비
- 대손상각비
- 금융자산평가손실, 외환차손, 외화환산손실
- 지분법손실
- 유형자산처분손실
- 퇴직급여(충당부채전입액)

현금유입이 없는 수익

- 금융자산평가이익, 외환차익, 외화환산이익
- 지분법이익
- 유형자산처분이익
- 사채상환이익

런 변화가 없다.

오히려 이와 같은 투자활동에 따른 현금유출액으로 인해 미래의 영업현금흐름이 좋아질 수도 있다. 금융자산에서 발생하는 이자수익과 시설투자효과로 인한 매출증가는 향후 영업현금흐름을 증가시킬 수 있다. 더불어 유형자산에서 발생하는 감가상각비는 매년 당기순이익에 가산되어 영업현금흐름을 늘려주는 효과가 생긴다. 또한 차입금의 상환에 사용한 현금 때문에 당기에는 현금이 감소했지만 다음 회계년도부터는 이자비용의 감소를 통해 영업현금흐름이 좋아지는 결과를 가져다준다.

이에 반해 (주)K전자부품은 영업활동을 통해 충분한 현금흐름을 확보하지 못했기 때문에 일부 금융자산과 비유동자산을 처분하고 새로운 차입금을 조달해 총현금흐름을 증가시켰음을 알 수 있다. 금융자산의 처분과 비유동자산 매각은 향후 금융수익의 감소와 감가상각비의 감소, 기업 활동의 위축으로 이어져 미래의 영업현금흐름을 훼손할 뿐만 아니라, 신규차입에 따른 이자비용도 미래의 영업현금흐름을 잠식하게 된다는 점에서 바람직하지 않다.

결론적으로 회사는 영업활동에 의하지 않고서도 투자 및 재무활동거래를 통해 얼마든지 현금을 늘릴 수 있다. 따라서 회사의 현금흐름을 평가할 때는 총현금흐름의 증감액이 아니라 영업현금흐름의 크기와 지속성을 살피는 것이 중요하다.

기업을 한눈에 꿰뚫어 볼 수 있는 재무제표 분석

(주)K전자부품

영업활동
25억 원

투자활동
53억 원

재무활동
72억 원

현금증가
150억 원

신규차입과 자산매각으로 125억 원의 현금이 증가했으나, 신규차입에 따른 이자비용은 가뜩이나 좋지 않은 영업현금흐름을 미래에 더욱 악화시킬 수 있는 요인이 된다.

(주)한경전자

영업활동
256억 원

투자활동
△127억 원

재무활동
△175억 원

현금감소
△46억 원

영업활동에 의한 현금유입액으로 차입금을 상환하고 신규투자에 사용했다. 차입금상환에 따른 이자비용 감소와 신규투자에 따른 감가상각비는 향후 영업현금흐름을 더욱 개선시켜 준다.

44 영업현금흐름으로 회사의
수익성과 안정성을 따져보자

★★★

발생주의에 따른 손익계산서의 문제점을 알고 난 정 팀장은 더 이상 손익계산서를 신뢰하기가 어려울 것 같았다. 그래서 아예 손익계산서보다 더 투명한 현금흐름표로 회사의 수익성과 안정성을 따져보고 싶다. 현금흐름으로 회사의 수익성과 재무안정성을 체크하는 방법은 없을까?

회사의 수익성은 손익계산서의 이익을 가지고 따지는 것이 일반적이다. 그러나 손익계산서의 이익과 영업현금흐름이 서로 일치하지 않기 때문에 영업현금흐름을 기준으로 수익성을 재점검할 필요가 있다. 특히 당기순이익에 비해 영업현금흐름이 현저하게 적다면 반드시 현금흐름을 기준으로 수익성과 안정성을 따져봐야 한다.

현금흐름기준의 수익성 지표로는 **영업현금흐름 대 매출액 비율**이 있다. 이는 매출액의 어느 정도가 현금흐름으로 유입되었는지를 보여주는 것으로서 영업현금흐름을 매출액으로 나눠 계산한다.

이 비율이 낮을수록 회사의 외상매출 비중이 지나치게 높으며 매

기업을 한눈에 꿰뚫어 볼 수 있는 재무제표 분석

출채권규모가 과다하다는 것을 의미한다. 이런 상황이 장기간 지속되면 매출채권의 회수지연으로 자금사정이 악화될 가능성이 높다.

　영업현금흐름으로 안정성(지급능력)을 점검하려면 회사가 총부채 또는 차입금을 갚기에 충분한 영업현금흐름을 벌고 있는지를 따져보면 된다. 특히 차입금을 포함한 부채를 상환하기 위해서는 반드시 영업현금흐름이 확보돼야 하므로 발생주의에 의한 영업이익보다 영업현금흐름으로 상환능력을 평가하는 것이 더 의미가 있다.

　영업현금흐름 대 차입금비율이 20%라면 한 해에 영업활동으로 번 돈이 갚아야 할 총차입금의 20%(1/5)에 해당한다는 뜻이므로 모든 차입금을 갚는데 최소 5년이 걸린다는 의미이다. 만약 이 비율이 5%(1/20)라면 20년이 걸린다는 뜻이므로 이 비율이 지나치게 낮거나 추세적으로 낮아지고 있다면 영업현금흐름 창출능력에 비해 차입금이 과다하다고 판단할 수 있다.

> · 영업현금흐름 대 총부채비율 = 영업현금흐름 ÷ 총부채
> · 영업현금흐름 대 차입금비율 = 영업현금흐름 ÷ 차입금

　또한 이자보상비율을 영업현금흐름 기준으로 측정하는 지표로서 **현금흐름이자보상비율**이 있다. 일반적으로 이자보상비율은 영업이익을 기준으로 측정하는데, 이 경우 영업이익은 발생주의에 따른 이익수치이므로 실제 현금흐름이 수반되지 않을 경우에는 지급능력이 과대평가될 수 있다.

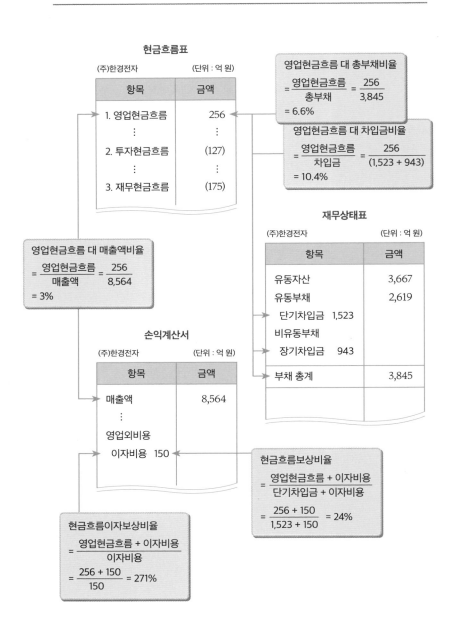

현금흐름표

(주)한경전자 (단위 : 억 원)

항목	금액
1. 영업현금흐름	256
⋮	⋮
2. 투자현금흐름	(127)
⋮	⋮
3. 재무현금흐름	(175)

영업현금흐름 대 총부채비율

$$= \frac{영업현금흐름}{총부채} = \frac{256}{3,845}$$
$$= 6.6\%$$

영업현금흐름 대 차입금비율

$$= \frac{영업현금흐름}{차입금} = \frac{256}{(1,523 + 943)}$$
$$= 10.4\%$$

영업현금흐름 대 매출액비율

$$= \frac{영업현금흐름}{매출액} = \frac{256}{8,564}$$
$$= 3\%$$

재무상태표

(주)한경전자 (단위 : 억 원)

항목	금액
유동자산	3,667
유동부채	2,619
단기차입금 1,523	
비유동부채	
장기차입금 943	
부채 총계	3,845

손익계산서

(주)한경전자 (단위 : 억 원)

항목	금액
매출액	8,564
⋮	
영업외비용	
이자비용 150	

현금흐름보상비율

$$= \frac{영업현금흐름 + 이자비용}{단기차입금 + 이자비용}$$
$$= \frac{256 + 150}{1,523 + 150} = 24\%$$

현금흐름이자보상비율

$$= \frac{영업현금흐름 + 이자비용}{이자비용}$$
$$= \frac{256 + 150}{150} = 271\%$$

따라서 현금흐름이자보상비율은 영업현금흐름과 이자비용을 비교함으로써 회사의 실질적인 이자지급능력을 체크하는 것이다. 다만, 이자지급능력을 체크하려면 이자비용을 지급하기 전에 얼마를 벌었는지 따져야 하는데, 영업현금흐름에는 지급된 이자비용이 이미 차감되어 있으므로 이를 다시 더해야 한다.

이 경우 일반기업회계기준을 적용하는 비상장기업은 이자비용을 영업현금흐름에서 차감하므로 항상 이를 더해야 하지만, 상장기업은 국제회계기준(K-IFRS)에 따라 이자비용을 영업활동 또는 재무활동에서 선택적으로 차감표시하므로 만약 재무활동에서 차감표시한 경우에는 영업현금흐름이 이자비용 차감전 금액이므로 이를 그대로 사용해야 한다.

· 현금흐름이자보상비율 = (영업현금흐름+이자비용) ÷ 이자비용

한편, 현금흐름보상비율은 앞으로 1년 이내에 갚아야 할 원리금의 상환능력을 체크하기 위해서 분모에 이자비용 외에 단기차입금을 더해서 계산한다.

그러나 은행의 신용분석실무에서는 단기차입금의 대부분이 만기에 연장된다는 점을 감안하여 분모의 단기차입금 대신 유동성장기부채상환액을 넣어 원리금상환능력을 평가한다.

· 현금흐름보상비율 = (영업현금흐름+이자비용) ÷ (이자비용+ 단기차입금)

(주)한경전자의 경우 영업현금흐름 대 매출액비율은 3%, 영업현금흐름 대 총부채비율은 6.6%, 영업현금흐름 대 차입금비율은 10.4%이다. 그리고 현금흐름이자보상비율은 271%, 현금흐름보상비율은 24%로 계산된다.

(주)한경전자의 현금흐름비율 분석

항목	(주)한경전자의 재무비율	업종평균비율*	
		전자부품 제조업	제조업 전체
영업현금흐름 대 매출액비율	3%	14.4%	9.1%
영업현금흐름 대 총부채비율	6.6%	40.6%	19.8%
영업현금흐름 대 차입금비율	10.4%	108.9%	47.1%
현금흐름이자보상비율	271%	1,842.8%	894.1%
현금흐름보상비율	24%	287.2%	88.7%

* 한국은행 <기업경영분석>에서 인용

현금흐름을 기준으로 한 수익성과 안정성은 전체적으로 좋지 않은 편이다. 매출의 대부분이 외상매출인 데다 매출채권회수기간이 길어 영업현금흐름 대 매출액비율과 현금흐름이자보상비율 등이 매우 낮다. 차입금 등 부채의 비중이 높기 때문에 영업현금흐름 대 총부채(또는 차입금)비율도 업종평균에 비해 매우 낮은 수준이다. 영업현금흐름의 개선대책이 필요하다.

기업을 한눈에 꿰뚫어 볼 수 있는 재무제표 분석

45

투자활동과
재무활동 현금흐름의
체크포인트

★ ★ ★

(주)한경전자가 작년에 영업활동으로 번 돈을 모두 투자활동과 재무활동에 사용한 것을 알게된 정 팀장은 투자활동과 재무활동으로 사용한 현금이 제대로 사용된 것인지 궁금하다. 투자도 그 종류가 여러가지일텐데, 투자활동과 재무활동에서 무엇을 체크해야 할까?

영업활동을 통해 들어온 돈은 이자와 배당금 등 자본비용을 지급하는 데 사용하고 남은 자금은 미래를 위해 투자하거나 차입금을 갚는데 사용한다. 비상장기업은 일반기업회계기준에 따라 이자비용·이자수익·배당금수익을 모두 영업활동 현금흐름에 포함시키고 배당금지급액만 재무활동 현금흐름에 포함시킨다.

하지만 상장기업은 국제회계기준(K-IFRS)에 따라 이자지급액과 배당지급액을 영업활동에 표시할 수도 있고 재무활동에 표시할 수도 있다. 또한 이자수취액과 배당수취액도 영업활동 또는 투자활동에 표시할 수 있기 때문에 기업마다 현금흐름표의 모습은 조금씩 차이가 있다. 따라서 영업활동현금흐름에 이자와 배당금이 포함된 것인지, 제외된 것인지를 따져서 봐야 한다.

투자활동으로 인한 현금흐름은 주로 투자자산(금융자산, 종속기업주식, 관계기업주식, 투자부동산 등)및 유·무형자산의 취득에 따른 현금유출과 처분에 따른 현금유입으로 구분된다. 손익계산서에서는 자산처분시 처분에 따른 손익만을 성과로 나타내지만, 현금흐름표에서는 취득금액은 현금유출로, 처분금액은 현금유입으로 각각 표시한다는 점이 다르다.

정상적인 기업이라면 투자활동으로 인한 현금유출액이 현금유입액보다 더 많아서 순유출, 즉 마이너스(-)가 나와야 한다. 이는 기본적으로는 영업활동으로 번 돈을 사용해서 투자했지만, 일부 모자라는 현금은 기존 자산을 처분해서 마련했다는 뜻인데, 결과적으로는 순투자가 있었음을 의미한다. 기업의 자산투자는 곧 미래 성장을 의미하는 것이며 지금 투자로 나간 돈은 미래에 더 많은 수익으로 돌아올 수 있기 때문에 순유출이 바람직하다.

그러나 반대로 투자활동으로 인한 현금유입액이 현금유출액보다 더 많다면, 사실상 순투자가 없었음을 의미한다. 이런 경우는 영업활동으로 돈을 충분히 벌지 못해 투자에 필요한 자금을 모두 기존자산의 매각과 처분을 통해 마련했으며, 남은 금액을 부족한 영업현금흐름을 보충하는데 사용했음을 의미한다.

심지어 영업현금흐름이 마이너스(-)인 경우에는 투자를 거의 못한 채, 자산매각을 통해 유입된 현금으로 영업현금흐름을 충당하는 경

기업을 한눈에 꿰뚫어 볼 수 있는 재무제표 분석

우도 있다. 이는 매우 바람직하지 않은 경우로서 장기적으로는 기업활동의 위축을 의미하는 것이고, 앞으로 영업활동으로 인한 현금흐름이 더 악화될 수도 있음을 의미한다. 단, 성과가 나지 않는 사업부를 정리한다든지 유휴설비를 매각한 경우라면 별 문제가 없으며 오히려 구조조정의 결과 향후 영업현금흐름이 더 좋아질 수도 있다.

그러므로 투자활동으로 인한 현금흐름에서는 투자대상과 투자목적 등 투자에 따른 현금유입·유출의 성격을 파악하는 것이 중요하다. 투자활동의 가장 큰 부분을 차지하는 시설투자의 경우 투자로 인한 유입과 유출항목을 비교해서 단순히 기존 시설의 유지를 위한 교체(대체)투자인지, 아니면 새로운 시설투자나 지분투자인지 파악해야 한다. 연간 감가상각비 수준의 투자이거나 재무상태표상 유형자산의 장부가액이 얼마 남지 않은 상태에서 이루어진 투자라면 현상태를 유지하기 위한 수준의 투자라고 볼 수 있다.

하지만 거액의 시설투자가 이루어진 경우에는 그 투자의 적정성과 장기적인 효과를 예측해야 한다. 투자에 따른 실제성과는 수년 후 영업현금흐름이 증가했는지의 여부를 통해 사후적으로 확인할 수 있다.

재무활동으로 인한 현금흐름은 투자자로부터 조달한 돈으로서 신규차입 및 유상증자로 인한 유입과 차입금상환 및 배당금지급으로 인한 유출로 구성된다. 재무활동으로 인한 현금흐름은 그 성격상 영업현금흐름과 투자현금흐름을 보완해주는 것이다. 다시 말해, 재무활동에 따른 현금흐름의 방향성과 크기는 영업활동과 투자활동에 따른 현금흐름의 방향성과 크기에 따라 결정된다.

영업현금흐름이 투자활동에 필요한 현금을 사용하고도 남을 만큼 충분하다면 재무활동현금흐름은 유출(-)이 된다. 즉, 영업으로 번 돈의 일부를 투자하는데 쓰고도 남았다면 더 이상 외부자금을 조달할 필요가 없으므로 기존의 차입금을 상환하게 된다. 이것이 가장 이상적인 현금흐름패턴이다.

그러나 영업으로 번 돈이 없거나 적어서 투자하는데 쓸 돈을 전액 충당할 수 없다면 새로 외부자금을 조달할 수밖에 없으므로 재무활동현금흐름은 유입(+)이 된다.

재무활동으로 인한 현금흐름도 투자활동 현금흐름과 마찬가지로 유입·유출이 동시에 발생하는데, 가끔 기존의 차입금이 만기가 됨에 따라 이를 상환하기 위해 새로 차입하는 경우도 있다. 이런 경우에는 신규차입에 따라 현금이 유입됐다가 바로 차입금의 상환을 위해 다시 유출된다. 신규차입금액과 상환금액이 거의 비슷하다면 이런 현금흐름은 큰 의미가 없다.

하지만 당기에 거액의 신규차입이 발생했다면 그 자금의 용도가 무엇인지, 자금조달의 필요성은 있었던 것인지 따져봐야 한다. 일반적으로는 영업현금흐름이 부진하거나 투자지출을 위해 차입금이 조달되는 경우가 많다. 가장 바람직하지 않은 것은 마이너스(-)인 영업현금흐름을 메꾸기 위한 차입과 특수관계인에게 빌려주기 위한 용도로 차입하는 것이다.

기업을 한눈에 꿰뚫어 볼 수 있는 재무제표 분석

시설투자, 신규사업, 자회사에 대한 투자나 대여 목적으로 조달한 것이라면 미래의 투자성과를 예측해봐야 한다. 외부자금을 빌려 투자할 경우 차입금의 자본비용과 투자수익률 중 어느 것이 높은지가 중요한데, 만약 후자가 더 높다면 장기적으로 기업가치를 높이는 요인으로 작용하겠지만 반대의 경우라면 기업가치가 떨어질 것이다.

재무활동으로 인한 현금흐름은 전액 투자자로부터 조달된 외부자금으로서 영업활동이나 투자활동에 의해 조달된 내부자금과는 달리 반드시 자본비용이 발생한다는 특징이 있다. 따라서 내부자금(영업현금흐름)과 외부자금(재무활동현금흐름)의 균형을 유지하는 것이 무엇보다 중요하다. 외부자금의 비중이 지나치게 높을 경우 안정성을 해칠 수 있기 때문이다.

(주)한경전자의 투자활동 현금흐름의 순유출액은 127억 원인데, 대부분 토지와 기계장치 등 시설투자로서 그 재원이 영업현금흐름이므로 큰 문제는 없다. 재무활동 현금흐름의 순유출액은 175억 원으로 대부분 주주배당금으로 지급된 것이다.

46 현금흐름을 보면 기업의 현재 포지션을 알 수 있다

기업마다 영업·투자·재무활동별로 현금흐름이 다양할 것으로 생각한 정 팀장은 현금흐름패턴으로 우량기업과 부실기업을 가려낼 수 있을 것 같다는 생각이 들었다. 현금흐름표의 활동별 현금흐름패턴을 보고 기업을 판별하는 방법은 없을까?

기업도 인생처럼 생로병사 과정을 겪는다. 스타트업(start-up) 단계를 거쳐 성장기를 지나고 성숙기에 진입해서는 전성기를 누리지만, 새로운 기술과 시장 환경에 대응하지 못하면 더 이상 지속하기 힘들다. 그리고 쇠퇴기를 맞게 되는데 각 단계별로 현금흐름패턴이 다르게 나타난다. 현금흐름을 혈관건강에 비유했듯이 기업도 각 생애주기별로 현금흐름의 건강성이 다르게 나타난다. 따라서 기업의 현금흐름패턴을 보면 해당 기업이 생애주기에서 현재 어느 단계에 있는지 알 수 있다.

사업의 초기단계에서는 영업이익은 물론 영업현금흐름도 나오기 어렵다. 그럼에도 불구하고 사업초기단계에서는 투자활동에 많

기업을 한눈에 꿰뚫어 볼 수 있는 재무제표 분석

은 돈이 들어간다. 결국 모든 돈은 외부투자자로부터 조달될 수밖에 없어서 유일하게 재무활동으로만 돈이 들어오는 구조다. 즉, 영업(-), 투자(-), 재무(+)인 현금흐름패턴을 보인다.

사업이 진행되고 자리를 잡으면서 영업이익과 함께 영업현금흐름도 유입된다. 그러나 성장단계이므로 번 돈을 주주에게 배당하는 대신 미래 성장을 위한 투자에 써야 하는데, 아직은 영업현금흐름이 투자지출액에 미달하므로 여전히 재무활동을 통해 자금을 조달해야 한다. 즉, 영업(+), 투자(-), 재무(+)인 현금흐름패턴을 보인다.

세월이 지나 어느 정도 시장지배력을 갖게 되면서 본격적으로 많은 영업이익과 영업현금흐름이 유입되는 성숙기에 진입하게 되는데, 이때부터는 투자지출액을 충당하고도 돈이 남는다. 따라서 지금까지 차입한 외부자금을 상환할 수 있으며 만족스러운 주주배당도 실시하게 된다. 즉, 영업(+), 투자(-), 재무(-)인 현금흐름패턴을 보이는데, 기업으로서는 생애주기에서 가장 훌륭한 현금흐름패턴을 보이게 된다.

이런 성숙기의 좋은 시절을 얼마나 오래 지속하느냐가 관건인데, 만약 경쟁사의 신기술·신제품으로 시장지배력을 상실하게 되면 매출과 영업이익은 물론 영업현금흐름도 감소하거나 마이너스(-)로 전환하게 된다. 이런 경우 대부분 기업은 성숙기에 투자했던 비사업자산을 매각하여 영업현금흐름 부족액을 충당하거나 차입금을 상환하는데 사용한다. 이른바 구조조정을 실시하는 경우로서 현금흐름패턴은 영업(-), 투자(+), 재무(-)다.

그러나 자산매각을 통한 현금흐름유입은 지속성에 한계가 있으므로 장기간 계속되기 어렵다. 그래서 마지막 단계에서 흔히 보이는 현금흐름패턴이 영업(-), 투자(-), 재무(+)다. 이는 기존사업의 부진을 만회하기 위해 신규투자에 나서는데, 계속된 영업현금흐름 부진과 기존 현금성자산의 고갈로 인해 투자금의 대부분을 외부자금에만 의존하는 일종의 "빚투"로서 매우 위험한 형태다. 이런 기업에는 영업현금흐름 유입액은 없이 계속적인 신규차입이나 회사채 발행, 유상증자 등으로 외부자금만 유입될 뿐이다. 이 경우 투자한 사업이나 자산에서 성과가 나오지 않은 채, 수년간 이런 패턴이 지속되면 외부자금조달이 엄청나게 증가하면서 부실이 진행된다. 파산이나 회생기업 또는 자본잠식을 이유로 상장폐지된 대부분의 기업에서 나타나는 현금흐름패턴이므로 이런 패턴이 3년 이상 지속된다면 매우 조심해야 한다.

현금흐름패턴별 기업유형

현금흐름원천	신생기업	성장기업	성숙우량기업	구조조정기업	쇠퇴기업
영업활동	-	+	+	+ 또는 -	-
투자활동	-	-	-	+	-
재무활동	+	+	-	-	+

기업을 한눈에 꿰뚫어 볼 수 있는 재무제표 분석

47

배당받는 주주에게는
잉여현금흐름(Free Cash Flow)
이 중요하다

✦ ✦ ✦

자금팀으로 부서를 옮긴 정 팀장은 요즘 자금관련 용어를 익히는데 여념이 없다. 그런데 보고서에 적혀있는 "FCF(Free Cash Flow)"라는 말의 뜻을 도무지 모르겠다. 직역하자면 "자유로운 현금흐름"이라는 뜻인데 정확한 의미는 무엇일까?

회사가 영업활동으로 현금을 확보했다고 하더라도 상당한 금액을 사업 활동을 위해 재투자해야 한다. 특히 시설투자가 많은 제조업의 경우에는 매년 번 돈의 일부를 유형자산에 대한 투자지출로 사용한다.

FCF(Free Cash Flow, 자유현금흐름 또는 잉여현금흐름)는 영업활동현금흐름(이자비용을 차감하기 전의 것으로, 법인세를 납부한 후의 영업현금흐름을 뜻함)에서 사업을 지속하기 위한 기본적인 설비투자 지출액(Capex : Capital Expenditure - 필수자본적지출로 표현한다)을 빼고 남은 현금흐름으로서 회사가 자유롭게 사용할 수 있는 현금을 의미한다.

사업의 유지를 위한 기본적인 설비투자지출은 원리금상환이나 배당지급보다 우선한다. 따라서 기업은 매년 충분한 FCF를 창출해야 이자비용 지급은 물론 차입금 상환과 주주에 대한 배당금을 지급할 수 있다. 나아가 미래를 위한 신규투자도 가능하다. 반대로 FCF를 창출하지 못하는 기업은 원리금상환과 배당지급이 불가능하고 성장을 위한 신규투자가 어렵기 때문에 기업가치를 제고시킬 수 없다.

특히 주주에 대한 배당금 지급은 회사가 벌어들인 영업현금흐름에서 시설투자소요액 등을 차감하고도 남는 여유자금이 있어야 가능하므로 충분한 FCF를 창출하지 못한 기업은 원리금상환 및 배당금 지급이 불가능하다. 이 경우 배당은 반드시 지급해야 하는 것이 아니지만 원리금상환은 법적인 채무이행이며, 시설투자도 기업의 미래를 결정하는 필수적 지출이기 때문에 배당지급은 FCF에서 원리금상환액을 차감한 금액으로만 가능하다.

이런 이유 때문에 주주입장에서는 주주에게 배당금지급이 가능한 잉여현금흐름(FCF)의 크기가 중요하다. 따라서 현금흐름으로 기업가치를 평가할 때는 영업현금흐름보다 잉여현금흐름을 사용한다. 단, 기업에 귀속될 잉여현금흐름은 이자를 지급하기 전의 금액이지만, 주주에게 귀속될 FCF는 이자지급후 금액으로 평가해야 한다.

(주)한경전자는 영업활동을 통해 총 406억 원(영업현금흐름 256억 원 + 이자비용 150억 원)의 현금을 벌었으며 그 중 153억 원을 유형자산의 취득에 사용했다. 따라서 253억 원의 잉여현금흐름이 발생했는데 이를 가지고 당기 중 이자 지급에 150억 원, 차입금 상환에 42

억 원, 배당금 지급에 61억 원을 사용했다.

Free Cash Flow - 영업현금흐름기준

현금흐름표

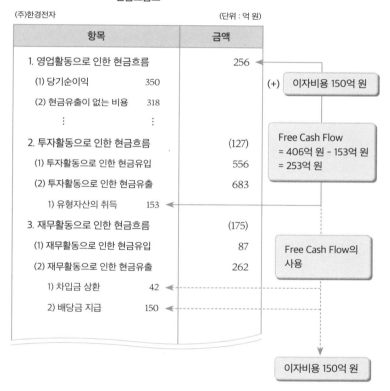

(주)한경전자   (단위 : 억 원)

항목	금액
1. 영업활동으로 인한 현금흐름	256
(1) 당기순이익 350	
(2) 현금유출이 없는 비용 318	
⋮ ⋮	
2. 투자활동으로 인한 현금흐름	(127)
(1) 투자활동으로 인한 현금유입 556	
(2) 투자활동으로 인한 현금유출 683	
1) 유형자산의 취득 153	
3. 재무활동으로 인한 현금흐름	(175)
(1) 재무활동으로 인한 현금유입 87	
(2) 재무활동으로 인한 현금유출 262	
1) 차입금 상환 42	
2) 배당금 지급 150	

(+) 이자비용 150억 원

Free Cash Flow
= 406억 원 - 153억 원
= 253억 원

Free Cash Flow의 사용

이자비용 150억 원

(주)한경전자의 FCF

영업현금흐름 + 이자비용 - 필수자본적지출액
= 256억 원 + 150억 원 - 153억 원
= 253억 원

Chapter

9

기업가치 평가법

얼마짜리 회사이며 가성비는 좋은가?

48 EV/EBITDA 비율이 낮을수록 저평가된 기업이다

손익계산서를 유심히 살펴보던 정 팀장은 당기순이익에 영업활동에 의한 성과는 물론 영업외적인 성과가 포함된 것을 알고는 재무팀장에게 다음과 같은 질문을 던졌다. "차입금이 많은 회사는 이자비용 때문에 순이익이 적어지지만 자기자본이 많은 회사는 이자비용 부담이 적어 순이익이 많아지는데, 그렇다면 재무구조가 서로 다른 회사의 수익성을 당기순이익으로 비교하는 것은 문제가 있지 않을까요?" 그러자 재무팀장은 이렇게 대답했다. "그래서 EBIT 또는 EBITDA(에비타)라는 평가지표를 사용하는 거 아니겠나?"

EBIT(Earning Before Interest and Tax : 이자 및 법인세차감전이익)란 이자 및 법인세를 차감하기 전의 이익을 의미하는 것으로 손익계산서의 법인세차감전순이익에 이자비용을 다시 더한 것을 말한다. 그런데 세전이익에는 반복성이 없는 영업외손익이 포함돼 있으므로 기업실무에서는 영업이익을 EBIT로 사용한다. 영업이익은 재무구조가 서로 다른 회사의 수익성을 비교할 때 사용하는 수익성 지표이다.

일반적으로 차입금 비중이 높은 회사일수록 이자비용 부담 때문에 자기자본비중이 높은 회사에 비해 당기순이익이 감소해서 수익성이 떨어지는 특성이 있다. 따라서 재무구조가 달라서 생기는 이익차이를 제거하고, 순수한 영업성과만을 비교하려면 이자비용을 차감하기 전의 영업이익을 사용하는 것이 합리적이다.

EBITDA(Earning Before Interest, Tax, Depreciation and Amortization : 이자와 법인세 및 감가상각비차감전 영업이익인데, 줄여서 상각전영업이익으로 표현한다)는 당기순이익(E)에 이자비용(I)과 법인세(T), 감가상각비(D), 무형자산상각비(A)를 모두 더해 계산한다. 또는 세전순이익에 이자비용·감가상각비·무형자산상각비를 더해도 결과는 마찬가지이다.

그러나 실무에서는 앞서 언급한대로 영업외손익을 제외시키기 위해 영업이익에 감가상각비(무형자산상각비 포함)를 더해 계산한다. 영업이익은 이자와 법인세가 차감되지 않은 것이므로 감가상각비만 더하면 된다.

이는 법인세와 재무활동에 따른 이자비용을 차감하지 않고, 현금유출이 없는 감가상각비를 더한 금액으로 순전히 영업활동을 통해 벌어들인 현금과 비슷하다.

하지만 현금흐름표의 영업현금흐름과는 상당한 차이가 있다. 즉, 현금흐름표의 영업현금흐름은 이자비용과 법인세를 납부한 후의 금액으로서 매출채권·재고자산 등에 묶여서 회수하지 못한 현금을 차감한 것이다. 이에 반해 EBITDA는 이자비용과 법인세를 차감하지 않은 것이며 매출채권·재고자산 등 영업자산에 물려서 회수하지 못한 현금이 모두 포함된 것이다.

실무에서 사용하는 EBITDA는 영업이익에 감가상각비와 무형자산상각비를 더한 것으로서 EBIT(영업이익)를 현금기준으로 수정한

기업을 한눈에 꿰뚫어 볼 수 있는 재무제표 분석

것으로 **상각전영업이익**이라고 해석하면 된다. 한편, 상각전영업이익을 좀 더 정확하게 산출하기 위해 EBITDA에다 대손상각비와 **퇴직급여충당부채전입액**과 같은 현금유출을 수반하지 않는 비용을 추가로 가산한 것을 **EBITDAP**(Earning Before Interest, Tax, Depreciation and Amortization, **Provision**)이라고 한다.

퇴직급여충당부채전입액

임직원이 장래에 퇴직할 때 지급해야 할 퇴직금소요액을 미리 부채로 계상한 것을 말한다. 부채로 계상된 금액은 당해 연도말 현재의 퇴직금소요액이며 매년 늘어나는 금액만큼 추가로 비용(퇴직급여)과 부채(퇴직급여충당부채)로 계상한다. 실제 퇴직금지급시에는 퇴직급여충당부채에서 상계처리되므로 비용으로 인식되지 않는다.

Provision

대손충당금이나 퇴직급여충당부채전입액처럼 실제로 현금이 나가지 않으면서도 비용으로 계상되는 각종 충당금 또는 충당부채를 말한다.

한편, **EV/EBITDA비율**은 기업가치(EV : Enterprise's Value)를 EBITDA로 나눈 것이다. 이는 회사의 현재 가치가 상각전영업이익의 몇 배 정도로 평가되고 있는지 계산함으로써 연간 영업성과에 비해 기업가치가 고평가 또는 저평가되었는지 따져보는 것인데, 주로 기업을 인수·합병(M&A)할 때 의사결정기준으로 사용된다.

여기서 기업가치(EV)란 **부채가치**와 **주주가치**를 더한 것을 말하며, 부채가치는 순부채금액(총차입금에서 현금및현금성자산과 단기금융상품을 차감한 것)으로, 주주가치는 발행주식의 시가총액으로 계산한다. 단, 분모의 EBITDA는 과거 수치가 아닌 기업인수 이후에 벌어들일 미래 추정 EBITDA를 사용해야 한다.

부채가치

평가대상인 기업이 빌린 차입금 총액에서 현금및현금성자산과 단기금융상품을 차감한 순부채금액을 의미한다. 쉽게 표현하면 기업을 갖기 위해 인수해야 할 순차입금을 의미한다.

주주가치

기업을 인수하기 위해 기존주주에게 지급해야 할 금액으로 발행된 주식의 시가총액으로 평가한다.

이 부분을 이해하기 위해서는 다소 생소한 부채가치와 주주가치를 이해해야 하는데, 기업을 인수하는 것이나 부동산을 매입하는 것이나 그 원리가 같기 때문에 부동산으로 예를 들어 설명하고자 한다.

두 개의 건물을 놓고 매입여부를 고민할 때 누구나 가성비가 좋은 물건을 선택하려고 할 것이다. 여기서 가성비란 해당 건물을 갖기 위해 지불해야 하는 가격 대 해당 건물에서 얻게 될 현금유입액의 비율을 의미한다. 그 비율이 낮을수록 성능에 비해 가격이 싸다는 뜻이므로 가성비가 좋은 매력적인 물건이 될 것이다.

A건물은 매매가액 80억 원에 나온 매물인데, 임대보증금 10억 원과 은행차입금이 20억 원 있다. 따라서 인수자금은 50억인 셈이다. 매월 임대료는 2,000만 원으로 연간임대료는 2억4,000만 원이다. B건물은 매매가액이 24억 원인데, 임대보증금 5억 원과 은행차입금이 9억 원이 있다. 인수자금은 10억 원이며 매월 임대료는 1,000만 원으로 연간임대료는 1억2,000만 원이다.

지금부터 두 건물의 가성비를 비교해보자. 인수가격에는 부채도 포함시켜야 한다. 건물을 매입한 이후에는 해당 건물에 담보된 부채가 모두 인수자의 부채가 되기 때문이다. 이 경우 인수한 부채를 부채가치라고 표현한다. A건물의 경우 부채가치는 30억 원이며 자기자본대가인 주주가치는 50억 원으로 합계 80억 원인데, 이를 기업가치라고 표현하자.

결국 건물을 소유하기 위해서 지급하는 본인의 자금은 50억 원이지만 채무금액 30억 원을 인수해야 하므로 모두 80억 원의 자금을 부담해야 하는데, 이 경우 50억 원이 주주가치이고 30억 원이 부채가치 그리고 80억 원이 기업가치에 해당하는 개념이다. 80억 원을 투자한 결과 연간 2억4,000만 원의 현금(EBITDA라고 보면 된다)을 벌게 되니까 가성비는 33.3이라는 숫자가 나오는데, 이것이 EV/EBITDA 비율에 해당한다.

같은 방법으로 계산하면 B건물의 기업가치는 24억 원(부채가치 14억 원+주주가치 10억 원)이고 연간 EBITDA는 1억2,000만 원이므로

EV/EBITDA 비율은 20이다.

EV/EBITDA 비율은 투자대상으로부터 얻게 될 연간 기대현금유입액으로 투자금을 회수하는데 걸리는 기간을 의미하는 것으로 A건물은 33년, B건물은 20년이 회수기간임을 알 수 있다. 따라서 EV/EBITDA 비율이 낮을수록 연간 수익창출력에 비해 자산가치가 저평가된 것이다.

결국 다른 변수가 동일하다면 EV/EBITDA 비율이 더 낮은 B건물이 가성비가 좋다는 결론이 나온다. 또한 EV/EBITDA 비율의 역수는 투자금에 대한 연간 수익률과도 같은데, A건물은 3%(2억4,000만 원 ÷ 80억 원), B건물은 5%(1억2,000만 원 ÷ 24억 원)로 B건물의 투자수익률이 더 높다는 것을 보여준다.

한편, 감가상각비는 투자한 금액이 매년 소멸되는 것으로서 영업활동을 통해 회수해야 할 금액이므로 회계에서는 이를 비용으로 차감하는 것인데, EV/EBITDA에서는 분자가 투자금액이므로 분모의 이익을 감가상각비를 차감하기 전의 금액인 EBITDA를 사용하는 것이다.

(주)한경전자의 경우 당기순이익 350억 원에 이자비용 150억 원과 법인세 144억 원을 더하면 EBIT는 644억 원이며 여기에 감가상각비 255억 원, 무형자산상각비 8억 원을 모두 더하면 EBITDA는 907억 원으로 계산된다.

그런데 영업이익을 기준으로 계산하면 1,117억 원(854억 원 + 255

억 원 + 8억 원)으로 더 많은데, 그 이유는 (주)한경전자의 경우 영업
외비용이 영업외수익보다 많아서 세전이익이 훨씬 적기 때문이다.

그리고 발행주식 1,000만 주에 현재의 주가 46,000원을 곱한 금
액 4,600억 원에 순부채 금액 1,865억 원을 더하면 EV는 6,465억
원으로 계산되므로 EV/EBITDA 비율은 7.1배(6,465억 원 ÷ 907억
원)로 계산된다.

이 회사의 EV/EBITDA 비율이 7.1배라는 것은 회사가 1년 동안
벌어들인 EBITDA의 7.1배에 해당하는 가치를 가진 회사라는 뜻이
다. 또 이런 회사를 현재의 기업가치(EV)인 6,465억 원에 인수하면 7
년 후에는 영업을 통해 기업인수에 사용된 투자원금을 모두 회수할
수 있다는 의미이며 연간 투자수익률이 14%에 이른다는 뜻이다.

한편 (주)한경전자의 EBITDA를 매출액과 비교한 EBITDA 대 매
출액비율은 10.6%(907억 원 ÷ 8,564억 원)로 계산되는데, 이는 전자
부품업종의 평균비율(16.1%)에 비해 매우 낮은 편이다.

EBITDA와 EV/EBITDA 비율

손익계산서

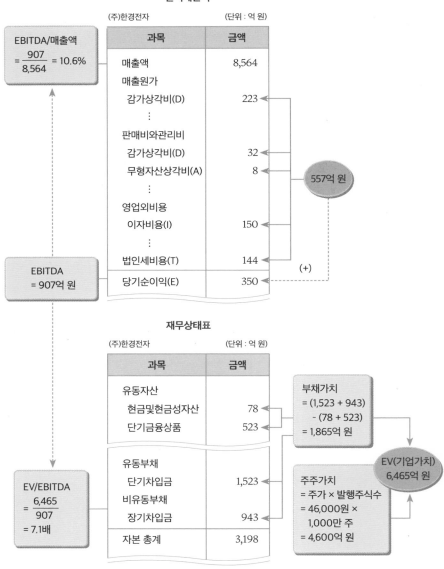

(주)한경전자   (단위 : 억 원)

과목	금액
매출액	8,564
매출원가	
감가상각비(D)	223
⋮	
판매비와관리비	
감가상각비(D)	32
무형자산상각비(A)	8
⋮	
영업외비용	
이자비용(I)	150
⋮	
법인세비용(T)	144
당기순이익(E)	350

557억 원

(+)

EBITDA/매출액
$$= \frac{907}{8,564} = 10.6\%$$

EBITDA
= 907억 원

재무상태표

(주)한경전자   (단위 : 억 원)

과목	금액
유동자산	
현금및현금성자산	78
단기금융상품	523
유동부채	
단기차입금	1,523
비유동부채	
장기차입금	943
자본 총계	3,198

부채가치
= (1,523 + 943)
  - (78 + 523)
= 1,865억 원

주주가치
= 주가 × 발행주식수
= 46,000원 ×
  1,000만 주
= 4,600억 원

EV(기업가치)
6,465억 원

EV/EBITDA
$$= \frac{6,465}{907}$$
= 7.1배

기업을 한눈에 꿰뚫어 볼 수 있는 재무제표 분석

PER이 낮을수록
가성비가 좋은 회사다

어떤 종목을 살까 고민하던 정 팀장에게 투자상담사가 (주)날개통신의 주식을 권하며
다음과 같이 말했다. "(주)날개통신의 PER은 정보통신업의 업종평균 PER보다 현저하
게 낮아 저평가되어 있기 때문에 앞으로 오를 가능성이 그만큼 높아 보입니다"
PER은 무엇을 의미하며 PER 배수를 이용해 앞으로의 주가를 예측할 수 있을까?

회사가 당기에 벌어들인 순이익을 전부 보통주주들에게 나눠준다
고 가정했을 때, 보통주 1주당 얼마나 돌아가는지를 나타낸 것을 **주
당이익**(EPS : Earning Per Share)이라고 한다. 주당이익은 보통주 1주당
귀속 가능한 이익이므로 당기순이익에서 **우선주**에 지급할 배당금을
차감한 금액을 보통주식수로 나누어 계산한다.

우선주

보통주에 비해 우선적인 권리가 부여된 주식을 말하며 우선적인 권리의 내
용에 따라 이익배당우선주, 상환우선주, 잔여재산분배우선주 등이 있다. 우
선주는 우선권이 부여된 대신 의결권이 없다.

따라서 주주의 입장에서는 회사의 당기순이익 총액보다 1주당 귀속 가능한 순이익이 더 의미 있는 수치다. 발행된 주식이 많으면 아무리 순이익이 많아도 1주당 배분될 수 있는 순이익은 상대적으로 줄어들 것이며, 순이익이 적더라도 발행주식수가 적다면 1주당 배분될 수 있는 순이익은 그만큼 많아지기 때문이다.

즉, 주당이익은 회사의 수익성을 회사의 주식발행 규모(자본금)와 관련해 상대적으로 평가한 것으로서 규모가 서로 다른 회사의 수익력을 비교할 때 사용된다. 그러므로 주당이익이 높은 회사의 주가가 더 비싸야 하는 것은 당연하며, 회사의 주당이익은 수익성을 중시하는 주주에게 매우 중요한 정보이므로 손익계산서에는 반드시 주당이익을 표시하게 되어 있다.

주가와 주당이익을 비교해보면 주가가 이익창출능력에 비해 고평가 또는 저평가되었는지 알 수 있는데, 현재 주가와 주당이익의 비율을 **주가이익비율**(PER : Price Earning Ratio)이라고 한다. 주가수익비율로 표현하기도 하지만 엄밀하게는 주가이익비율이 올바른 표현이다. 주가이익비율은 회사의 현재 주가를 주당이익으로 나누어 계산한다. 또는 각각에 발행주식수를 곱한 것이 시가총액과 당기순이익이므로 시가총액을 당기순이익으로 나눠도 된다.

· 주가이익비율(PER) = 주가(Price) ÷ 주당이익(EPS)
· 주가이익비율(PER) = 시가총액 ÷ 당기순이익

기업을 한눈에 꿰뚫어 볼 수 있는 재무제표 분석

PER은 일종의 가성비와 같아서 기업의 가치인 주가가 기업의 주된 성능인 이익창출능력에 비해 어느 정도로 평가됐는지를 보여주는 상대적인 기업가치 평가지표이다.

PER이 낮을 경우 회사의 이익창출능력에 비해 현재 주가가 저평가되어 있거나, 현재의 주가수준에 비해 회사의 이익창출능력이 상대적으로 높음을 의미하므로 가성비가 좋다고 할 수 있다.

반대로 PER이 높다면 회사의 이익창출능력에 비해 주가가 고평가되어 있거나 현재의 주가수준에 비해 회사의 이익창출능력이 낮음을 암시하므로 가성비가 나쁘다고 평가한다.

하지만 현재의 PER만으로 주가의 고평가·저평가여부를 판단해서는 안된다. 주가는 일반적으로 기업의 이익성과를 3~6개월 정도 선반영한다. 즉, PER의 분자는 미래 이익을 선반영한 주가인데 반해, 분모의 주당이익은 이미 알려진 과거의 주당이익이기 때문에 이렇게 **실제 PER**을 가지고 주가의 적정성을 판단하는 것은 문제가 있다. 따라서 PER로 주가의 적정평가여부를 판단할 때 분모의 EPS 또는 당기순이익은 이미 공표된 이익이 아니라 추정 EPS 또는 추정순이익으로 비교해야 의미있는 평가가 가능한데, 이를 **추정PER**이라고 한다.

단, 손익추정시 **비경상적이고 비반복적인 성격의 손익항목**은 제외해야 하며 변동성이 높은 분기별·반기별 순이익보다 연간 추정 EPS를 사용하는 것이 바람직하다.

비경상적이고 비반복적인 손익항목

유형자산처분손익, 자산평가손익, 보험차익, 자산수증이익, 채무면제이익, 재해손실 등과 같이 매년도마다 반복해서 발생하기 어려운 손익항목을 말한다.

PER은 해당 기업의 이익성과가 시장에서 얼마의 가치로 평가받는지를 보여주는 배수로서 순이익에 대한 할인율의 역수와 같다. 예를 들어, 계속기업을 전제로 영원히 매년 100억 원의 일정한 순이익을 달성하는 기업을 가치평가한다면 미래 기대이익을 현재가치로 할인해야 한다. 만약 10%로 할인하면 기업가치는 1,000억 원, 20%라면 500억 원이 된다.

즉 할인율이 높을수록 가치평가액은 낮아지는데, 할인율이 10%(1/10)이면 PER배수가 순이익의 10배지만, 20%(1/5)라면 5배로 낮아진다. 이 경우 할인율을 결정하는 요소는 **인플레이션률**과 미래 이익의 **불확실성**(리스크)**및 성장성**이다. 불확실성이 높은 기업과 업종은 할인율이 높아서 PER배수가 낮지만 성장성이 높은 기업과 업종은 할인율이 낮아서 PER배수가 높다. 결국 기업가치를 결정하는 변수는 이익성과와 그 이익의 불확실성 및 성장성이다. 이익성과와 성장성이 높을수록, 불확실성이 낮을수록 기업가치는 높게 평가된다.

대체로 고성장산업은 PER배수가 높고 저성장산업은 PER배수가 낮은데, PER의 이런 원리를 활용하면 추정이익을 통해 해당 기업의 적정주가도 산정해볼 수 있다. PER이 주가를 주당이익으로 나눈 것이므로 주가는 주당이익에 PER배수를 곱한 것과 같다. 따라서 대상

기업을 한눈에 꿰뚫어 볼 수 있는 재무제표 분석

기업의 추정 EPS에 해당기업이 속한 업종의 평균 PER배수를 곱하면 적정주가를 산정할 수 있다.

예를 들어, 정보통신업종의 시장평균 PER이 15이고 (주)날개통신의 추정 EPS가 3,000원이라면 적정주가는 45,000원으로 평가된다. 만약 현재 주가가 그 미만이라면 추정실적을 감안한 현재 주가는 분명히 저평가상태라고 할 수 있다. 단, 이 방법이 유효하려면 추정 EPS가 정확해야 하는데, 기업의 예상실적을 정확히 추정하기가 쉽지 않다는 것이 문제점이다.

· 적정주가 = 주당이익(EPS) × 업종평균 PER배수

PER은 주가를 주당이익으로 나눈 것이므로 PER의 역수(1/PER), 즉 주당이익/주가는 회사의 시장가치를 기준으로 계산한 투자수익률 또는 자기자본이익률(ROE)과 같다. 예를 들어 PER이 10배라면 ROE는 10%(1/10)이지만 주가가 올라 PER이 20배가 되면 ROE는 5%(1/20)로 하락하게 되어 그만큼 투자메리트가 떨어진다.

(주)한경전자의 경우 추정 EPS가 4,000원이고 현재의 주가를 46,000원으로 가정할 경우 추정 PER은 11.5배로 계산된다. 전자부품 제조업체의 시장평균 PER이 15배라고 가정하면 (주)한경전자의 적정주가는 60,000원(4,000원 × 15배)으로 추정된다. 따라서 현재의 주가 46,000원은 추정 실적에 비해 다소 저평가된 셈이라고 할 수 있다. 하지만 동일업종 내에서도 개별기업의 고유리스크로 인해 PER배수에 차이가 있을 수 있으므로 저평가요인이 무엇인지를 별

도로 확인해야 한다.

PER(주가이익비율)과 EPS(주당순이익)

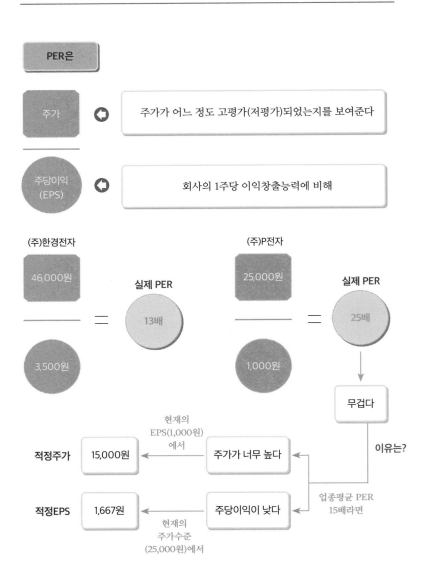

기업을 한눈에 꿰뚫어 볼 수 있는 재무제표 분석

50 PER이 높은데도 주가가 계속 오르는 이유는?

PER배수를 통해 적정주가를 예측할 수 있다는 말을 들은 정 팀장은 자신이 투자대상으로 생각하던 몇 개 회사의 PER을 직접 계산해 봤다. 그런데 PER이 낮은 회사의 주가가 올라야 하는데도 오히려 PER이 높은 회사의 주가가 계속 오르는 이상한 현상을 발견했다. 왜 그럴까?

이론상으로는 PER이 낮은 회사의 주가가 앞으로 상승할 가능성이 높다. 그러나 PER을 계산할 때 적용한 주당이익은 손익계산서상의 이익으로서 이미 지나간 과거 회계년도의 이익수치라는 것이 문제점이다.

주가는 기업의 미래 수익성을 미리 반영해 결정된다. 왜냐하면 기업가치란 미래에 기대되는 이익이나 현금흐름을 현재가치로 할인한 것과 같기 때문이다.

예를 들어 현재 주가가 30만 원인 어떤 회사의 주당이익이 1만 원이라면 현재의 PER은 30배로서 매우 높은 편이다. 그러나 내년도에는 주당이익이 올해보다 3배가 늘어난 3만원으로 전망된다면 추

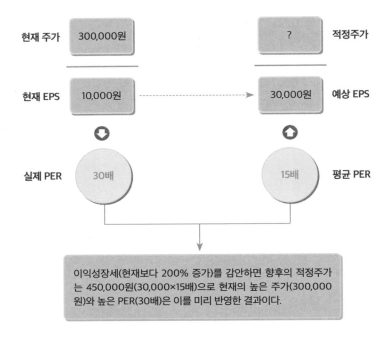

현재 주가	300,000원		?	적정주가
현재 EPS	10,000원	----→	30,000원	예상 EPS
실제 PER	30배		15배	평균 PER

이익성장세(현재보다 200% 증가)를 감안하면 향후의 적정주가
는 450,000원(30,000×15배)으로 현재의 높은 주가(300,000
원)와 높은 PER(30배)은 이를 미리 반영한 결과이다.

정순이익에 따른 추정 PER은 10배로 낮아진다. 즉, 현재의 순이익
을 토대로 한 PER은 높지만 미래의 예상이익을 기준으로 계산한
PER은 오히려 낮은 셈이다.

만약 동일업종의 평균 PER이 15배라면 비록 현재의 PER은 30배
로서 주가가 비싼 편이지만, 추정실적의 증가에 따라 업종평균 PER
에 근접하기 위해서는 주가가 45만 원(3만 원 × 15배)이 돼야 한다.
즉, 주가가 지금보다 50%는 더 올라야 업종평균 주가수준에 이르게
된다. 따라서 PER을 통해 적정주가 여부를 따질 때는 현재의 이익
보다는 미래의 예상이익을 가지고 계산하는 것이 일반적이다.

고PER이 발생하는 또 하나의 요인은 단기적인 수급 때문이다. 특정 종목에 매수세가 몰리면 실제 기업가치와 무관하게 주가가 상승하고 이로 인해 단기적으로 높은 PER상태가 발생한다.

그런데 투자자의 입장에서는 주가의 오버슈팅이 실적개선 전망에 따른 것인지, 집중적인 매수세 때문인지를 구분하기가 쉽지 않다. 분명한 것은 주가상승에도 불구하고 예상했던 실적이 나오지 않을 경우 고평가된 주가는 항상 제자리로 돌아간다는 사실이다.

PER배수를 결정하는 핵심변수는 해당 업종과 기업의 미래 성장성이다. 앞으로 성장이 기대되어 이익증가가 예상되면 비록 현재의 주가가 비싸더라도 향후 주당이익의 성장성을 선반영해 주가가 상승하고 이로 인해 고PER 상태가 된다. 그러나 매출과 이익이 정체상태에 있거나 실적악화가 예상되는 회사라면 높은 PER배수를 인정받지 못하므로 주가가 상승하기 어렵다.

우리나라의 대표적인 통신업체인 KT와 공기업인 한국전력의 실제PER은 각각 10배와 4배 정도로 매우 낮은 편이다. 그런데 포탈검색업체인 (주)네이버나 성장잠재력이 높은 (주)삼성바이오로직스의 실제PER은 각각 20배와 70배 내외로서 매우 높은 편이다. 이를 두고 후자의 두 회사 주가가 무조건 고평가됐다고 단정할 수는 없다. 향후의 이익성장 가능성이 주가에 미리 선반영된 것이기 때문이다.

결국 주가를 결정하는 주요변수는 현재의 수익성이 아니라 **미래의 수익성**과 **성장성** 및 **위험**이므로 PER로 주가의 적정성을 따질 때는 반드시 그 회사의 향후 성장성과 위험을 같이 짚어봐야 한다.

51 PBR이 낮으면 저평가된 것은 분명하지만 그 이유가 있다

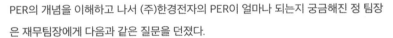

PER의 개념을 이해하고 나서 (주)한경전자의 PER이 얼마나 되는지 궁금해진 정 팀장은 재무팀장에게 다음과 같은 질문을 던졌다.

"추정 EPS가 4,000원이고 현재 주가가 46,000원이니까 우리 회사의 추정PER이 11.5배인데, 전자부품업종 평균 PER인 15배에 비하면 너무 낮은 것 같지 않으십니까?" 그러자 재무팀장은 다음과 같이 반문한다. "PBR도 같이 따져봤어?"

　　회사의 주가는 주당이익(EPS)과 같은 수익가치 이외에 현재 보유하고 있는 순자산가치에 의해서도 결정된다. 회사가 보유하고 있는 장부상 순자산, 즉 자기자본에 비해 주가가 고평가·저평가되었는지 확인하려면 주가를 주당순자산으로 나눠보면 되는데, 이를 **주가순자산비율**(PBR : Price　Book value Ratio)이라고 한다. 여기서 **주당순자산**(BPS : Book value Per Share)은 기업의 순자산인 자기자본금액을 발행주식수로 나누어 계산한다.

　　이때도 분자와 분모에 각각 발행주식수를 곱하면 시가총액과 자기자본이 되므로 시가총액을 자기자본으로 나누어도 된다. 따라서 PBR이 3배라면 현재의 주가가 장부상 순자산가치의 3배 또는 시가총액이 자기자본의 3배에 달한다는 의미이다.

만약, 어떤 회사의 PBR이 0.8배라면 시가가 장부상 순자산의 80% 수준으로, 지금 회사를 청산할 경우 부채를 갚고 난 순자산을 주주들에게 나눠준다고 하더라도 현재의 주식시세보다 더 많은 금액을 분배받을 수 있다는 뜻이므로 주가가 저평가되었다고 볼 수 있다.

그런데 분모의 자기자본은 현재의 장부상 금액이지만 기업가치에는 미래에 벌어들일 이익이 포함되므로 정상적인 기업이라면 PBR이 적어도 1배를 넘어야 한다. 따라서 PBR이 1배 미만이면 재무상태표의 순자산(자기자본)에 비해 주가가 명백하게 저평가된 것으로 본다. 그러나 PBR은 계속기업이 아닌 청산을 가정한 것이며 미래 수익가치를 무시하고 현재의 장부상 순자산만을 기준으로 기업가치를 평가한다는 것이 문제점이다.

일반적으로 미래 높은 성장성과 수익성이 기대되는 기업(업종)은 현재의 자기자본에 프리미엄이 붙어 PBR이 높지만, 매출이 정체되거나 수익성이 나쁠 것으로 예상되는 기업(업종)은 PBR이 낮은 경향이 있다. 현재 우리나라 코스닥기업의 상당수가 PBR이 1배 미만인 상태인데, 이를 단지 저평가로 해석하는 것은 무리가 있으며 그만큼 미래 수익과 성장 전망이 밝지 않다는 증거이다.

즉, PBR이 높은 것은 미래 매출 및 순이익 증가와 이를 통한 순자산가치의 증가가 미리 반영된 결과이다. 마찬가지로 현재 PBR이 낮은 기업은 주가가 저평가된 것이라기보다는 미래의 매출 및 순이익

감소 효과가 미리 반영된 결과로 봐야 한다.

또한 PBR은 PER에 ROE를 곱한 것과 같다. 예를 들어, 어떤 기업의 PER이 10배이고 ROE가 5%라면 PBR은 0.5배가 된다. 따라서 PBR을 높이기 위해서는 순이익을 증가시키고 성장성을 장착해 PER을 높이거나 자기자본을 줄여 ROE를 개선해야 한다.

PBR(시가총액/자기자본)

= PER(시가총액/당기순이익) × ROE(당기순이익/자기자본)

PER이 주가와 기업의 미래 수익가치를 비교한 지표인 반면, PBR은 주가와 현재의 장부상 순자산가치를 비교한 지표라는 점에서 차이가 있다. 이것 말고도 PBR을 계산하고 이용하는 데는 다음과 같은 문제점이 있음을 알고 있어야 한다.

첫째, 순이익과 마찬가지로 자기자본도 회사마다 서로 다른 회계처리방법에 따라 영향을 받는다. 따라서 만약 기업마다 적용하는 회계방법이 다른 경우에는 PBR을 다른 기업과 비교하기는 어렵다. 예를 들어, 토지를 시가로 재평가한 기업은 자기자본이 커져서 원가로 표시한 기업보다 PBR이 낮게 평가된다.

둘째, 만일 회사가 장기간에 걸쳐 적자가 발생해 자본이 잠식됐다면 자기자본의 장부가치는 음수(-)로서 PBR도 마이너스가 되므로 그 의미가 없다.

    셋째, PBR이 1배 미만이면 시가가 장부상 청산가치에도 못미친다는 뜻으로서 저평가된 것으로 볼 수 있다. 하지만 이는 기업청산을 전제로 한 것이므로 해당기업이 청산하지 않고 계속되는 경우에는 별 의미가 없다. 따라서 일반적으로 PBR보다는 PER을 더 유용한 지표로 본다.

    (주)한경전자의 경우 자기자본총액 3,198억 원을 발행주식수 1,000만 주로 나누면 1주당 순자산금액은 31,980원이 된다. 따라서 PBR은 1.4배(46,000원 ÷ 31,980원)로서 업종평균 PBR이 1.2배라고 가정하면 장부상 순자산가치에 비해 주가가 다소 고평가됐다고 할 수 있다.

PER(주가이익비율)와 PBR(주가순자산비율)

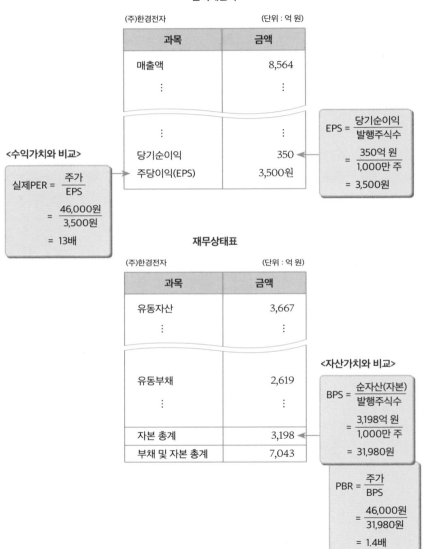

손익계산서

(주)한경전자 (단위 : 억 원)

과목	금액
매출액	8,564
⋮	⋮
⋮	⋮
당기순이익	350
주당이익(EPS)	3,500원

<수익가치와 비교>

$$실제PER = \frac{주가}{EPS}$$

$$= \frac{46,000원}{3,500원}$$

$$= 13배$$

$$EPS = \frac{당기순이익}{발행주식수}$$

$$= \frac{350억\ 원}{1,000만\ 주}$$

$$= 3,500원$$

재무상태표

(주)한경전자 (단위 : 억 원)

과목	금액
유동자산	3,667
⋮	⋮
유동부채	2,619
⋮	⋮
자본 총계	3,198
부채 및 자본 총계	7,043

<자산가치와 비교>

$$BPS = \frac{순자산(자본)}{발행주식수}$$

$$= \frac{3,198억\ 원}{1,000만\ 주}$$

$$= 31,980원$$

$$PBR = \frac{주가}{BPS}$$

$$= \frac{46,000원}{31,980원}$$

$$= 1.4배$$

기업을 한눈에 꿰뚫어 볼 수 있는 재무제표 분석

52

PSR은 어떤 경우에
사용하나요?

★ ★ ★

유망한 벤처기업에 투자하기로 마음먹은 정 팀장은 몇 군데 회사를 선별해 PER을 계산해봤다. 그런데 아직 사업 초기라 순이익이 나지 않아 PER을 계산할 수가 없었다. 이처럼 PER을 계산하기 어려운 경우에는 어떤 지표를 가지고 주가를 평가해야 할까?

    PER이나 PBR 모두 회사의 수익가치 또는 장부상 자산가치와 비교해서 주가의 상대적 수준을 평가하는 데 유용한 지표임에는 틀림없다. 그러나 순이익이나 자기자본이 마이너스인 기업의 경우에는 그 의미가 전혀 없다.

    이런 경우에는 **주가매출액비율**(PSR: Price Sales Ratio)을 이용하면 되는데 PSR은 회사의 주가를 **주당매출액**(SPS: Sales Per Share)으로 나눠 계산한다. 예를 들어 매출액이 300억 원이고 발행주식이 100만 주인 회사의 SPS는 30,000원인데, 만약 주가가 45,000원이라면 PSR은 1.5배인 셈이다. PSR은 주가가 주당매출액의 몇 배인지를 나타내는 수치로서 현재의 수익성보다 미래 성장성이 중요시되는 벤처기업의 평가에 유용하다.

PSR은 그 적용이 매우 간단하기 때문에 사업초기 단계의 벤처기업처럼 이익이 나지 않아 PER을 계산하기가 어렵지만 저평가된 기업을 발굴하기 위한 방법으로 사용된다. 특히 PER이나 PBR은 당기순이익이나 자기자본의 계산과정에서 회사마다 **서로 다른 회계처리 방법**을 사용함에 따라 차이가 발생하는 문제가 있지만, 매출액은 그런 문제가 전혀 생기지 않는다는 장점이 있다.

서로 다른 회계처리 방법

회계기준에서는 재고자산의 평가나 유형자산의 감가상각방법 등에 있어 여러 가지 다양한 방법을 정해놓고 그 중에서 회사가 하나의 방법을 선택해서 매년 동일한 방법을 사용하도록 하고 있다. 따라서 회사마다 적용하는 회계처리 방법이 다를 수 있고, 그에 따라 순이익과 자기자본의 차이가 발생한다.

그러나 기업이 비용을 통제·관리하지 못하는 경우 매출을 기준으로 한 기업평가는 오히려 단점이 될 수도 있다. 왜냐하면 비용을 제대로 관리하지 못하면 순이익과 가치가 급감하는데도 이를 고려하지 않고 매출액만으로 평가하기 때문이다. 따라서 순이익과 자기자본이 마이너스인 기업이나 초기 벤처기업의 가치평가에 PSR을 이용할 수도 있지만, 비용관리 실패로 매출과 이익차이가 심할 경우 가치평가에 심각한 오류를 범할 수도 있다.

(주)한경전자의 경우 SPS는 85,640원(8,564억 원 ÷ 1,000만 주)이고 PSR은 0.54(46,000원 ÷ 85,640원)이다.

기업을 한눈에 꿰뚫어 볼 수 있는 재무제표 분석

SPS(주당매출액)와 PSR(주가매출액비율)

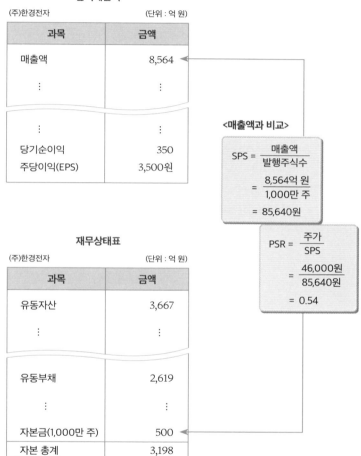

손익계산서

(주)한경전자   (단위 : 억 원)

과목	금액
매출액	8,564
⋮	⋮
⋮	⋮
당기순이익	350
주당이익(EPS)	3,500원

재무상태표

(주)한경전자   (단위 : 억 원)

과목	금액
유동자산	3,667
⋮	⋮
유동부채	2,619
⋮	⋮
자본금(1,000만 주)	500
자본 총계	3,198
부채 및 자본 총계	7,043

<매출액과 비교>

$$SPS = \frac{매출액}{발행주식수}$$
$$= \frac{8,564억\ 원}{1,000만\ 주}$$
$$= 85,640원$$

$$PSR = \frac{주가}{SPS}$$
$$= \frac{46,000원}{85,640원}$$
$$= 0.54$$

53 PCR을 따져보는 이유가 있다

투자하고 싶은 두 회사(공교롭게도 두 회사 모두 순이익이 비슷했다)를 놓고 비교하던 정 팀장은 중요한 차이점을 발견했다. A회사는 감가상각비가 아주 많고, B회사는 감가상각비가 거의 없는 회사였다. 감가상각비는 "돈이 안 나가는 비용"으로 알고 있던 정 팀장이 현금흐름표를 확인해 보니 두 회사의 순이익은 비슷해도 감가상각비 때문에 영업활동에 따른 현금유입액이 A회사가 훨씬 많았다. 이런 경우 영업이익이나 당기순이익을 가지고 두 회사를 평가하는 것이 과연 옳을까?

자동차·중공업·석유화학업종 등과 같이 거액의 시설투자를 필요로 하는 회사는 설비자산에 대해 매년 막대한 감가상각비가 발생하는데, 감가상각비는 매년 회계상 비용으로 들어가 그만큼 영업이익과 당기순이익을 축소시킨다.

감가상각비는 이미 과거에 취득한 유형자산의 원가를 사용하는 기간 동안 매년 나눠 비용으로 인식하는 절차이다. 이미 그 취득원가를 다 지급했는데도 현금지급과는 전혀 상관없이 사용기간(이를 내용년수라고 한다)에 걸쳐서 매년 비용으로 처리해서 취득원가를 소멸시키는 것이다.

기업을 한눈에 꿰뚫어 볼 수 있는 재무제표 분석

당기순이익이 같아도 현금흐름은 다를 수 있다

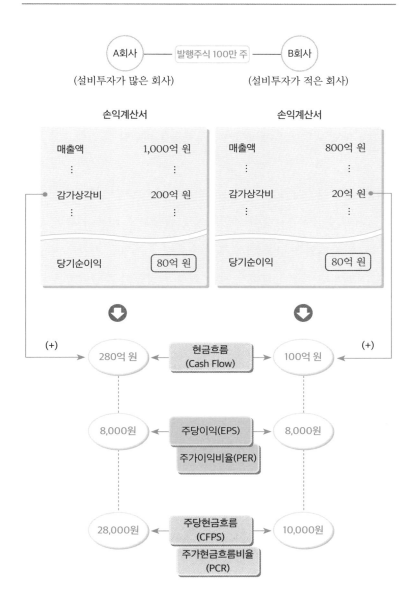

A회사 ——발행주식 100만 주—— B회사
(설비투자가 많은 회사)   (설비투자가 적은 회사)

손익계산서		손익계산서	
매출액	1,000억 원	매출액	800억 원
⋮	⋮	⋮	⋮
감가상각비	200억 원	감가상각비	20억 원
⋮	⋮	⋮	⋮
당기순이익	80억 원	당기순이익	80억 원

(+) 280억 원 ← 현금흐름 (Cash Flow) → 100억 원 (+)

8,000원 ← 주당이익(EPS) / 주가이익비율(PER) → 8,000원

28,000원 ← 주당현금흐름 (CFPS) / 주가현금흐름비율 (PCR) → 10,000원

이렇게 하는 이유는 해당 자산이 영업활동을 위해 사용됨으로써 매년 매출수익이 발생하는 것이므로 결과인 매출수익과 그 원인인 유형자산 사용에 따라 발생된 비용을 같은 회계기간에 매칭(matching)시키기 위해서인데, 회계에서는 이를 수익비용대응의 원칙이라고 한다. 또한 감가상각비만큼은 과거에 투자지출을 통해 현금이 유출된 것이므로 이를 매년 이익에서 제외시켜야 투자금을 회수할 수 있다.

어쨌든 발생주의에 따라 감가상각비가 비용으로 반영되면 실제로는 당기에 현금유출사실이 없었음에도 불구하고 비용이 늘어나 영업이익과 순이익은 감소한다. 그런데 이런 순이익을 가지고 주당이익을 계산하면 감가상각비가 많은 회사는 당연히 주당이익이 적어지고, 반대로 감가상각비가 적은 회사는 주당이익이 많아진다.

이런 이유 때문에 시설투자규모가 서로 다른 기업의 수익성을 비교할 때는 감가상각비를 순이익에 다시 더하거나, 영업이익에 더한 EBITDA로 평가한다. 또는 아예 영업현금흐름을 가지고 비교하기도 한다. 단, 감가상각비를 이익성과 또는 영업현금흐름에 다시 포함시키는 것은 단기적으로 성과를 평가하는 것이다.

장기적으로 유형자산은 노후화되면서 감가상각을 통해 점차 소멸하는 것이므로 미래에는 투자지출을 통해 그만큼의 현금이 다시 유출될 수 밖에 없다.

영업활동으로 인한 현금흐름을 발행주식수로 나누면 주당현금흐름액이 계산된다. 영업활동으로 인한 현금흐름에는 감가상각비처럼 현금유출을 수반하지 않는 비용 등이 모두 포함된다. **주당현금흐름** (CFPS : Cashflow Per Share)은 회사가 영업을 통해 1주당 벌어들인 현금을 의미하는 것으로 CFPS가 높다는 것은 그만큼 1주당 영업현금 창출능력이 높다는 뜻이므로 기업가치도 이에 비례한다.

이 경우 1주당 현금창출능력에 비해 주가가 얼마나 고평가·저평가됐는지를 상대적으로 평가하는 지표가 **주가현금흐름비율**(PCR : Price Cashflow Ratio)이다.

주가현금흐름비율 (PCR)

1주당 현금흐름에 비해 주가가 얼마나 비싼지, 싼지를 평가하기 위해 주가를 1주당 현금흐름으로 나눈 수치를 말한다. 이 경우 현금흐름은 당기순이익에 감가상각비를 더한 수치를 사용하기도 하지만 가장 정확한 것은 영업현금흐름(이자비용차감후)이다. 이 비율이 높으면 주당 현금흐름액에 비해 주가가 비싸다는 뜻이며, 낮으면 주당 현금흐름액에 비해 주가가 싸다는 뜻이다.

PCR은 회사의 주가를 주당현금흐름으로 나눠 계산한다. 이는 발생주의에 의한 순이익을 기준으로 계산되는 PER의 한계점을 보완해준다. 즉 현금흐름은 발생주의에 따른 조작과 왜곡이 불가능하므로 보다 투명하게 기업가치를 평가할 수 있다.

(주)한경전자의 경우 주당현금흐름은 2,560원(256억 원 ÷ 1,000만 주)으로서, 현재의 주가를 46,000원으로 가정하고 이를 주당현금흐름으로 나누면 PCR은 18배로 계산된다.

CFPS(주당현금흐름)와 PCR(주가현금흐름비율)

현금흐름표

(주)한경전자   (단위 : 억 원)

항목		금액
1. 영업활동으로 인한 현금흐름		256
(1) 당기순이익	350	
(2) 현금유출이 없는 비용	318	
⋮	⋮	
2. 투자활동으로 인한 현금흐름		(127)
⋮	⋮	
3. 재무활동으로 인한 현금흐름		(175)
4. 현금의 증가(감소)		(46)
5. 기초의 현금		124
6. 기말의 현금		78

$$CFPS = \frac{영업현금흐름}{발행주식수} = \frac{256억\ 원}{1,000만\ 주} = 2,560원$$

$$PCR = \frac{주가}{주당현금흐름액} = \frac{46,000원}{2,560원} = 18배$$

기업을 한눈에 꿰뚫어 볼 수 있는 재무제표 분석

54

주식배당과 주식분할이 기업가치에 미치는 영향

투자상담사의 권유대로 (주)날개통신의 주식을 산 정 팀장은 얼마 후 (주)날개통신으로부터 10%의 주식을 배당금으로 지급한다는 통지서를 받았다. 그리고 내년부터는 (주)날개통신의 주식 액면가액이 5,000원에서 500원으로 분할된다는 말을 들었다. 주식배당을 받거나 갖고 있는 주식이 액면분할되면 장기적으로 좋을까, 나쁠까?

주주에 대한 배당은 현금으로 지급하는 것이 원칙이다. 그러나 배당금을 현금으로 지급하려면 회사가 충분한 현금을 보유하고 있어야 한다. 따라서 현금이 없거나 부족한 회사는 주식을 새로 발행해 주주들에게 나눠주는 방식으로 배당금을 지급하게 되는데, 이를 **주식배당**이라고 한다.

주식배당의 재원도 미처분이익잉여금이라는 점에서는 현금배당과 마찬가지다. 그러나 현금배당을 하면 현금성자산이 회사 밖으로 유출되지만, 주식배당은 기업자산이 전혀 유출되지 않고도 배당을 할 수 있다는 점에서 유리하다.

주식배당을 하고 나면 미처분이익잉여금이 감소하는 대신 회사의 자본금이 늘어난다. 어찌 보면 회사가 현금으로 배당을 했다가 그 금액만큼 신주를 발행해 주주들에게 강제로 인수시키고 이를 다시 회수하는 것과 마찬가지다. 즉, 배당으로 지급한 돈을 다시 받아 사업자금으로 사용하는 효과가 생긴다. 주식배당을 하면 일종의 자기금융(self financing) 효과가 발생한다고 하는 것은 이 때문이다.

주주로서는 배당으로 받은 주식만큼 재산가치가 늘어났으며 받은 주식을 처분해 현금화하면 현금배당을 받은 것과 다를 바 없다. 그러나 주식배당은 이로 인해 발행주식수와 자본금이 늘어나므로 이후부터 주당이익(EPS)이 감소하게 된다.

예를 들어 현재 주당이익이 10,000원이고 발행주식이 100만 주인 회사가 10%의 주식배당을 실시했다면, 발행주식은 110만 주가 되고 순이익에 변동이 없다면 주당이익은 9,090원(100억 원 ÷ 110만 주)으로 줄어든다. 따라서 주식배당은 주주에게 단기적으로는 좋은 일일지 모르지만, 장기적으로는 주당이익을 **희석화**시키기 때문에 주가에 좋지 않은 영향을 줄 수 있다.

희석화

묽어진다는 뜻으로서 보통주식수가 늘어나거나 장래에 보통주로 전환이 가능한 전환사채 등이 발행되면 그에 따라 주당이익이 줄어드는 현상을 의미한다.

이에 반해 **주식분할**은 흔히 말하는 액면분할로서 주가가 비싸서

기업을 한눈에 꿰뚫어 볼 수 있는 재무제표 분석

거래량이 적을 경우 주식거래를 활성화하기 위해 액면가액을 쪼개는 것을 말한다. 액면을 분할하면 액면가액이 줄어드는 대신 그에 비례해 발행주식수가 증가하므로 전체 자본금에는 아무 변동이 없다.

예를 들어, 순이익이 160억 원이고 자본금이 20억 원인 회사가 주당 액면가액을 5,000원에서 500원으로 분할하면 액면가액이 1/10로 줄어드는 대신 발행주식수는 종전의 40만 주에서 10배인 400만 주로 증가한다. 시가 또한 주당 200만 원에서 20만 원으로 조정되며 주당이익은 4만 원에서 4,000원으로 감소한다.

주식분할을 하는 경우에도 발행주식수가 증가하기 때문에 수치상으로는 주당이익이 감소한다. 그러나 이는 실제 발행주식이 늘어나서가 아니라 주식의 거래단위가 축소되는데 따른 현상으로서 주당 수익성이 악화된 것은 아니며, 주식분할에 따라 주식보유자의 보유물량이 증가하므로 실질적인 변동은 없다.

앞의 사례기업의 주식을 10주 보유한 주주는 액면분할 이후 주식수는 100주로 증가하지만 여전히 시가 기준으로 2,000만 원의 주식을 보유하게 된다. 주당이익도 4만원에서 4,000원으로 감소하지만 PER은 50배로 동일하다.

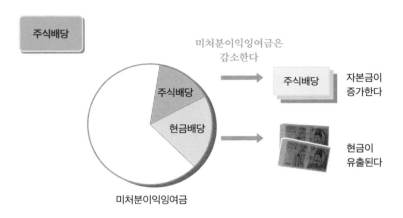

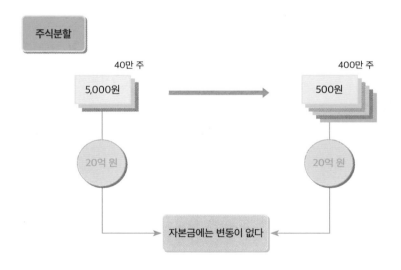

기업을 한눈에 꿰뚫어 볼 수 있는 재무제표 분석

55

자산가치와 수익가치 중 어느 것이 더 중요할까?

○○회사의 주식을 살까 말까 고민하던 정 팀장은 투자상담사에게 ○○회사에 대한 전망을 물어봤다. 그러자 투자상담사는 "○○회사의 자산가치는 좋은데 수익가치가 좋지 않아 별로 권하고 싶지 않다"라는 말을 들었다. 회사의 자산가치와 수익가치는 어떻게 계산하며, 어느 것이 더 중요할까?

기업가치는 주가에 반영되므로 주가가 곧 기업가치이다. 지금까지 살펴본 PER, PBR, PSR, PCR은 모두 기업가치를 해당 기업의 펀더멘탈로 표현되는 본질가치(내재가치)와 비교해서, 해당기업의 가치가 상대적으로 고평가 또는 저평가되었지를 따지는 지표이다. 그리고 기업의 펀더멘탈은 각각 **순이익**, **자기자본**, **매출액**, **영업현금흐름**임을 확인했다.

　4가지 지표 모두 수치가 낮을수록 각각의 펀더멘탈에 비해 주가가 저평가됐음을 의미한다. 하지만 실제 투자에 임해서는 저평가라는 사실보다 그 이유를 확인하는 것이 더 중요하다. 항상 눈에 보이지 않는, 알려지지 않은 위험이 주가에 선반영되기 때문에 이를 모르고 저평가에 매몰돼서 투자하면 낭패를 보게 된다.

지금부터는 기업가치를 금액적으로 평가하는 절대평가방법을 알아보자. 한마디로 얼마짜리 기업인지를 따져보는 것을 말한다. 기업가치는 회사가 현재 보유하고 있는 순자산(자기자본)과 미래 순이익의 현재가치를 합산한 것과 같은데 전자를 자산가치, 후자를 수익가치라고 한다.

자산가치란 그 회사가 현재 보유하고 있는 장부상 순자산금액을 의미하는 것으로, 회사의 자산총액에서 부채를 차감한 자기자본이 곧 자산가치이다. 이에 반해 **수익가치**란 회사가 앞으로 벌어들일 이익을 현재가치로 할인한 금액을 말한다. 이렇게 보면 자산가치는 현재 보유중인 장부상의 순자산을 기준으로 계산되지만 수익가치는 미래의 추정이익을 토대로 계산된다는 점에서 차이가 있다.

수익가치

기업이 미래에 벌어들일 수 있는 이익을 현재시점의 가치로 할인해 평가한 것을 말한다. 회사가 영업을 통해 매년 10억 원을 벌 수 있다고 추정될 경우 할인율을 5%로 하면 기업가치는 200억 원으로 평가된다. 할인율은 일반적으로 기업자금의 조달비용으로 한다. 왜냐하면 투자에 소요되는 자금조달비용만큼은 최소한 벌어야하기 때문이다. 만약 자금조달비용이 10%로 비싸지면 기업가치는 100억 원으로 낮아진다. 이 경우 주주가치를 평가할 때는 순이익을 주주자본비용으로 할인하고, 부채가치를 포함한 기업가치를 평가할 때는 영업이익을 가중평균자본비용으로 할인한다.

기업을 한눈에 꿰뚫어 볼 수 있는 재무제표 분석

현재의 자산가치를 가지고 주가의 높고 낮음을 상대적으로 평가한 것이 PBR(주가순자산비율)이고, 미래의 수익가치를 가지고 주가의 높고 낮음을 상대적으로 평가한 것이 PER(주가이익비율)인데, 실현가능성이 거의 없는 청산을 전제로 한 PBR보다는 미래 수익가치를 토대로 한 PER이 더 유용한 지표다.

따라서 과거의 자산가치보다는 미래 수익가치가 더 중시되며 주식시장에서도 해당기업의 수익가치에 근거해 주가가 결정되는 경향이 강하다. 시장에서 평가하는 기업의 시가총액과 장부상의 자기자본이 다를 수밖에 없는 이유도 여기에 있다. 다만 실무에서는 자산가치와 수익가치를 가중평균하되, 수익가치의 비중을 높여서 평가하는 것이 보편적인 기업가치 평가방법이다.

우리나라 대표기업인 삼성전자(주)의 2023년 말 현재 순자산가치는 363조 원이지만 발행된 보통주식(약 60억 주)의 시가총액은 약 420조 원(2023년 말의 주가 7만 원을 기준으로 계산함)으로 차이가 있는데, 이는 주가를 산정할 때 주당순자산가치 외에 미래의 수익력이 별도로 평가돼 더해졌기 때문이다.

그러나 시가총액보다 장부상 자산가치가 매우 낮아서 PBR이 1배에도 못 미친다면 순자산가치에 비해 주가가 저평가된 것이 분명하므로 이런 경우에는 자산가치도 감안해서 투자해야 한다.

참고로 상속세및증여세법에서는 비상장주식을 평가할 때 자산가치와 수익가치를 2:3, 즉 40%와 60%로 가중평균한다. 예를 들

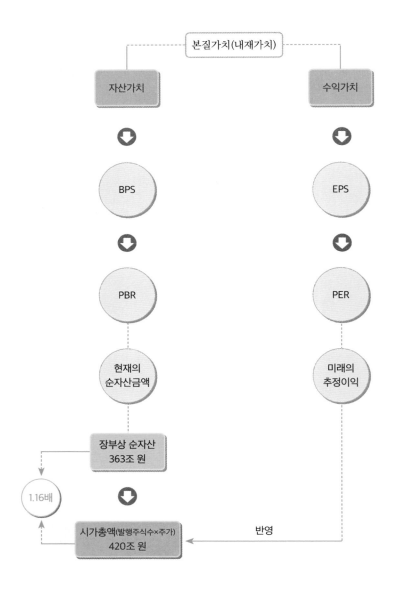

기업을 한눈에 꿰뚫어 볼 수 있는 재무제표 분석

어 어떤 회사의 자산가치가 주당 30,000원이고, 수익가치가 주당 50,000원이라면 주식평가액은 42,000원{(30,000 × 40%) + (50,000 × 60%)}이 된다.

이때 주당수익가치는 과거 3년간의 주당손익을 평균한 후, 정해진 할인율(10%)로 할인해서 계산한다. 세법에서 이렇게 과거의 이익만으로 수익가치를 평가하는 것은 세금과세를 목적으로 하는 평가이므로 객관적이어야 하며, 미래의 예상이익을 근거로 평가할 수 없기 때문이다.

만약 (주)한경전자가 비상장법인이라면 세법상 기업가치는 다음과 같이 평가된다. 먼저 재무상태표의 순자산금액(자기자본)을 발행주식수로 나누면 주당순자산가치가 나온다.

(주)한경전자의 자기자본은 3,198억 원(세법상 순자산의 계산방법은 자산·부채의 평가기준(상속세및증여세법에 따른 시가평가를 원칙으로 함)이 재무회계기준과 다르기 때문에 다소 차이가 있을 수 있다)이므로 이를 1,000만 주로 나누면 주당순자산가치는 31,980원으로 계산된다.

그리고 손익계산서에서 최근 3년간 주당이익(세법상 주당순손익은 법인세 신고서상의 각 사업년도소득을 기초로 산정한 것이므로 손익계산서의 당기순이익을 기초로 계산한 주당이익과는 차이가 있지만, 여기서는 편의상 같다고 가정하고 계산하기로 한다)을 최근 연도부터 3, 2, 1의 가중치로 평균하면 직전 3년간의 평균주당이익이 계산된다.

(주)한경전자의 금년, 작년, 재작년의 주당이익은 각각 3,500원, 2,500원, 2,700원이므로 이를 가중평균하면 3,033원{〈(3,500 × 3) + (2,500 × 2) + (2,700 × 1)〉 ÷ 6}이 나오는데 이를 10%로 할인하면

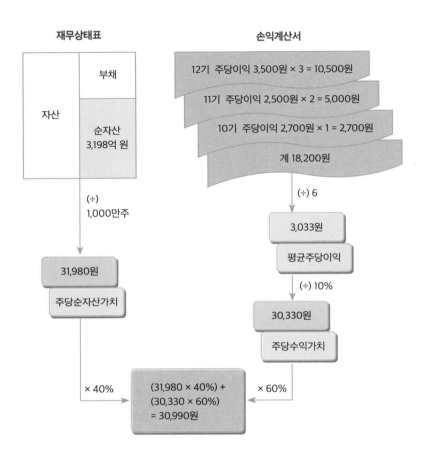

30,330원의 주당수익가치가 산출된다.

마지막으로 주당순자산가치 31,980원과 주당수익가치 30,330원을 2 : 3의 비율로 가중평균하면 주식가치는 30,990원{(31,980 × 40%) + (30,330 × 60%)}으로 평가된다.

기업을 한눈에 꿰뚫어 볼 수 있는 재무제표 분석

56 자본비용의 재무적 의미와 계산법

정 팀장으로부터 자기자본비용에 관해 자세한 설명을 들은 나 사장은 고개를 끄덕이며 말한다. "영업이익에서 차입금이자뿐만 아니라 자기자금에 대한 기회비용도 차감해야 한다는 말인데 그건 맞는 말이야. 비록 빌린 돈이 아니라 이자비용은 없지만 다른데 투자하지 못함으로써 발생한 기회비용과 투자위험에 대한 보상은 감안해야겠지..... 그런데 자기자본비용은 실제적으로 발생하는 비용이 아닌데 어떻게 계산하지?"

기업이 채권자 및 주주의 돈을 사용하면 그 대가를 지불해야 하는데, 이 경우 자금사용에 대해 발생하는 원가를 자본코스트 또는 **자본비용**(Cost of Capital)이라고 한다. 자본비용이 낮다면 그만큼 수익성이 낮은 사업(투자)을 더 많이 수행할 수 있으므로 기업은 자본비용을 최대한 낮추어야 한다.

또한 자본비용은 영업이익, 순이익 및 영업현금흐름 등 미래 예상되는 성과수치를 현재가치로 할인해서 기업가치를 평가할 때 할인율로 사용되므로 동일한 성과라도 자본비용이 낮을수록 기업가치는 높게 평가된다. 즉, 기업가치 극대화라는 경영목표를 달성하기 위해서는 성과를 극대화하는 동시에 자본비용을 최소화해야 한다.

아울러 자본비용은 기업이 자금을 사용하는 데 따르는 최소한의 요구수익률을 의미하므로 개별 투자안의 사업성 등 투자여부를 평가할 때 할인율로 사용된다.

예를 들어, 신규사업에 투자되는 자금의 자본비용이 8%라면 신규사업에서 최소한 8%의 수익률을 얻어야 할 것이므로 신규사업에서 기대되는 미래 현금흐름을 현재가치로 할인할 때는 8%로 할인해야 한다. 이렇게 할인한 현금흐름이 투자지출액보다 많다면 자본비용을 커버하고도 남는다는 뜻이므로 경제성이 있다고 판단한다.

자본비용은 기업이 사용하는 자본이 타인자본, 즉 차입금인가 아니면 자기자본인가에 따라 달라진다. 먼저 차입금에 대한 자본비용은 이자비용으로 측정된다. 단, 이자비용은 법인세법상 회사의 손금으로 인정되므로 이에 대해서는 법인세 감세효과가 발생한다. 따라서 세금효과를 감안한 실질자본비용은 차입금 이자율에 <1 - 법인세율(법인세에 대한 10%의 지방소득세를 포함)>을 곱한 것과 같다. 법인세율이 20%라면 차입금리가 6%일 경우 법인세 감세효과를 감안한 실질금리는 4.68%(6% × (1 - 0.22))인 셈이다.

이와 달리 자기자본비용은 명시적으로 발생하는 비용이 아니므로 계산이 간단하지 않은데, 일반적으로 무위험자산수익률에 위험프리미엄(Risk Premium)을 가산해 계산한다. 기업이 주주 돈인 자기자본(이익잉여금 등 내부자금을 포함)을 사용하는 경우 주주들이 요구하는 최소한의 기대수익률을 위험이 전혀 없는 자산(예를 들면 국채·공채)에 투자했을 때 얻을 수 있는 수익률로 보고, 여기에 적절한 위험보상률

타인자본비용과 자기자본비용의 차이점

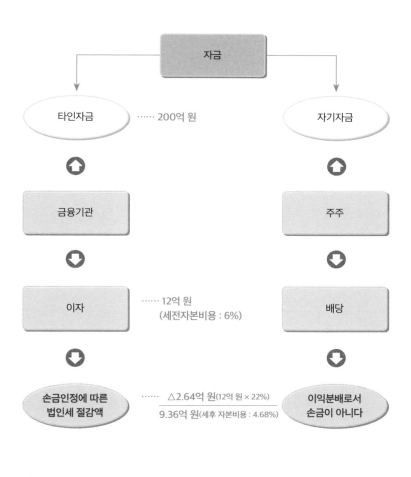

법인세 감세효과를 고려한 타인자본비용

$$= \frac{\text{이자비용} \times (1 - \text{법인세율})}{\text{차입금}} = \frac{12억\,원 \times (1 - 0.22)}{200억\,원} = \frac{9.36억\,원}{200억\,원}$$

$= 4.68\%$

을 가산한 것을 자기자본비용으로 본다.

　대기업의 경우 신규사업에 진출하거나 투자 프로젝트를 진행할 때 자기자본비용을 보통 10~15%로 설정한다. 즉, 사업에 투자된 주주 돈(내부자금)에 대해 최소한 10~15%의 자본비용이 발생한다고 보고, 해당 사업에서 그 이상의 추정영업이익이 달성돼야 경제적 타당성이 있다고 보는 셈이다.

　이렇게 계산된 차입금과 자기자본의 **원천별 자본비용**을 그 구성비율로 곱해서 합산한 것을 **가중평균자본비용**(WACC : Weighted Average Cost of Capital)이라고 한다. 가중평균자본비용은 차입금에 대한 자본비용과 자기자본에 대한 자본비용에 그 구성비율을 곱해서 가중평균한 것이다.

원천별 자본비용

회사가 자본을 사용하는 대가로 각각의 자금조달 원천별로 지급해야 하는 비용을 말한다. 일반적으로 차입금과 같은 타인자본에 대해서는 이자비용을, 자기자본에 대해서는 해당 사업의 불확실성과 위험을 반영해 주주가 기대하는 요구수익률을 자본비용으로 본다.

　예를 들어 차입금에 대한 이자비용이 세후 6%이고 자기자본비용이 15%인 회사의 차입금과 자기자본이 각각 200억 원과 600억 원이라면 가중평균자본비용은 12.75%((6% × 25%) + (15%×75%))가 된다.

　따라서 총자본비용은 102억 원(800억 원 × 12.75%)으로 계산된다.

이 경우 해당사업의 영업성과 또는 영업현금흐름이 102억 원을 초과해야 자본비용을 회수할 수 있어서 경제적으로 타당성이 있다는 뜻이다.

(주)한경전자의 경우 장·단기차입금은 모두 2,466억 원이고 이에 대해 모두 150억 원의 이자비용이 발생했으므로 차입금리는 평균 6%(기초와 기말의 평균차입금이 2,452억 원이므로 이를 기초로 정확히 계산하면 6.1%임)인데, 법인세 유효세율 29%를 감안한 차입금의 실질자본비용은 4.3%(6% × (1 - 0.29))이다.

한편, 자기자본비용을 계산할 때 비상장기업은 장부가액을 기준으로 하지만 상장기업은 자기자본의 시가, 즉 발행주식의 시가총액을 기준으로 한다. (주)한경전자의 자기자본총액은 장부상으로는 3,198억 원이지만 시가총액은 4,600억 원이므로 차입금 2,466억 원과 자기자본 4,600억 원 중 영업에 투하된 자본 3,553억 원을 더한 총투하자본은 6,019억 원(차입금 2,466억 원 + 자기자본 4,600억 원 - 비영업자산 1,047억 원)인데, 그중 차입금이 41%, 자기자본이 59%이다.

따라서 자기자본의 자본비용을 15%로 가정하면 가중평균자본비용이 10.61%((4.3% × 41%) + (15% × 59%))로 계산된다.

(주)한경전자의 가중평균자본비용(WACC)

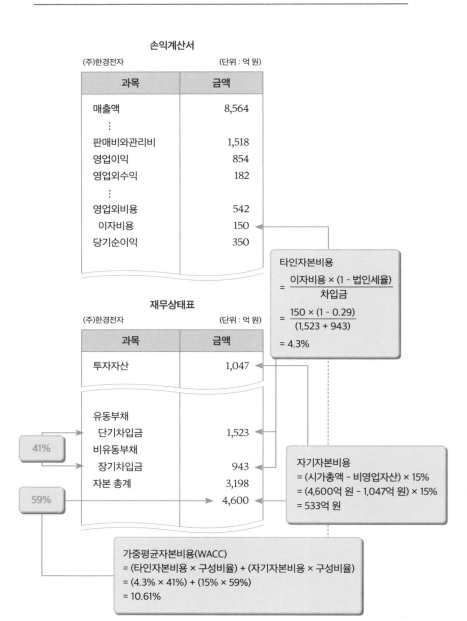

손익계산서

(주)한경전자   (단위 : 억 원)

과목	금액
매출액	8,564
⋮	
판매비와관리비	1,518
영업이익	854
영업외수익	182
⋮	
영업외비용	542
이자비용	150
당기순이익	350

타인자본비용

$$= \frac{\text{이자비용} \times (1 - \text{법인세율})}{\text{차입금}}$$

$$= \frac{150 \times (1 - 0.29)}{(1{,}523 + 943)}$$

$$= 4.3\%$$

재무상태표

(주)한경전자   (단위 : 억 원)

과목	금액
투자자산	1,047
유동부채	
단기차입금	1,523
비유동부채	
장기차입금	943
자본 총계	3,198
	4,600

41%

59%

자기자본비용

= (시가총액 − 비영업자산) × 15%

= (4,600억 원 − 1,047억 원) × 15%

= 533억 원

가중평균자본비용(WACC)

= (타인자본비용 × 구성비율) + (자기자본비용 × 구성비율)

= (4.3% × 41%) + (15% × 59%)

= 10.61%

기업을 한눈에 꿰뚫어 볼 수 있는 재무제표 분석

57 미래의 추정이익과 추정영업현금흐름으로 기업가치를 평가한다

★ ★ ★

기대만 씨는 투자할 상가건물을 알아보던 중 건물의 적정가치를 어떻게 평가하는지 정 팀장에게 물었다. 상가건물의 가격은 30억 원인데, 임대보증금 없이 매월 1,200만 원의 임대료가 나오고 있으며, 자기자금 15억 원(은행에 정기예금하면 3%의 이자수익이 예상됨)과 대출금 15억 원(연 이자율 5%)으로 투자하려고 한다. 정 팀장은 바로 재무팀에 물어봤고 그 결과 다음과 같은 답변을 들었다. "자산가치는 그 자산에서 기대되는 미래 현금흐름을 현재가치로 할인한 것이니까, 매월 1,200만 원이면 1년에 1억 4,400만 원인데, 이를 평균자본비용 4%로 할인하면 약 36억 원으로 평가됩니다." 기업가치도 이렇게 현금흐름을 가지고 평가할 수 있을까?

모든 자산의 가치는 해당자산으로부터 유입될 기대현금흐름을 현재가치로 할인한 것이다. 채권은 미래에 받을 원리금의 현재가치로, 부동산은 임대료수익의 현재가치로 평가된다. 기업의 가치도 마찬가지로 사업활동을 통해 미래에 유입될 현금흐름을 현재가치로 할인해서 평가하는데 이를 **현금흐름할인법**(DCF : Discounted Cash Flow)이라고 한다.

이 경우 할인율은 해당 투자에 들어간 자금의 자본비용(%)으로서 투자자가 투자한 금액으로부터 기대하는 요구수익률을 의미한다. 투자된 돈의 원가가 10%이면 해당 투자로부터 10%의 성과가 나야 하기 때문이다. 차입금의 경우에는 이자비용, 자기자본의 경우에는 예금같은 안전자산의 기대수익률에 위험프리미엄을 가산한 것을 자기자본비용으로 본다. 또한 할인율에는 자본비용 외에 미래 현금흐름의 변동성과 불확실성, 즉 리스크도 포함된다. 리스크가 높다면 그만큼 할인율이 높아져서 가치평가액이 낮아진다.

일반적으로 기업가치를 평가하는 방법에는 자산에서 부채를 차감한 현재의 순자산가치를 기준으로 계산하는 **자산가치평가법**과 수익가치, 즉 앞으로 매년 발생할 미래이익의 현재가치에 의해 계산하는 **수익가치평가법**이 있다. 수익가치평가법의 경우 미래 영업이익을 할인하는 방법과 순이익을 할인하는 방법이 있는데, 전자는 **가중평균자본비용**으로, 후자는 자기자본비용으로 할인해야 한다.

가중평균자본비용

차입금에 대한 자본비용과 자기자본에 대한 자본비용을 그 구성비율을 곱해서 평균한, 회사전체의 평균적인 자본비용을 말한다. 차입금과 자기자본이 각각 20%와 80%이고 각각의 자본비용이 6%(법인세율이 20%일 경우 세금효과를 감안하면 4.8%)와 10%라면 가중평균자본비용은 8.96%((0.2 × 0.048) + (0.8 × 0.1))로 계산된다.

· 기업가치 = 영업이익 ÷ 가중평균자본비용(%)

■ 기업의 전체가치로서 이자비용을 차감하지 않은 영업이익은 채권자와 주주에게 귀속되는 것이므로 채권자와 주주의 요구수익률(가중평균자본비용)로 할인해야 한다.

기업을 한눈에 꿰뚫어 볼 수 있는 재무제표 분석

· 기업가치 = 당기순이익 ÷ 자기자본비용(%)

■ 이 경우 기업가치는 주주가치로서 이자비용이 차감된 당기순이익은 주주 몫이
  므로 주주의 기대수익률(자기자본비용)로 할인해야 한다.

일반적으로 기업의 본질적인 가치는 영업활동을 통해 미래에 유입될 현금흐름으로부터 나오는 것이라는 관점에서 미래에 기대되는 영업현금흐름을 할인해 기업가치를 계산하는데, 이를 **영업현금흐름할인법**이라고 한다. 이때 할인율은 분자의 영업현금흐름이 이자가 차감된 후의 금액이면 자기자본비용으로, 차감되지 않은 금액이면 차입금과 자기자본의 가중평균자본비용을 사용해야 한다.

$$\text{· 기업가치} = \frac{\text{이자비용 차감전 영업현금흐름(영업현금흐름 + 이자비용)}}{\text{가중평균자본비용(\%)}}$$

■ 기업의 전체가치로서 이자비용을 차감하지 않은 영업현금흐름은 채권자와 주주
  에게 분배될 몫이므로 채권자와 주주의 가중평균자본비용으로 할인해야 한다.

$$\text{· 기업가치} = \frac{\text{이자비용차감후 영업현금흐름}}{\text{자기자본비용(\%)}}$$

■ 이 경우 기업가치는 주주가치로서 이자비용을 차감한 영업현금흐름은 주주 몫
  이므로 자기자본비용으로만 할인해야 한다.

예를 들어 평균자본비용이 10%인 어떤 기업이 매년 이자비용 20억 원을 지급한 후 80억 원의 영업현금흐름을 창출하고 있다면 계속기업을 전제로 했을 때 이 기업의 가치는 1,000억 원((80억 원 +

20억 원) ÷ 10%)으로 평가된다.

즉, 1,000억 원을 투자해 기업을 운영하는데, 연간 10%인 100억 원의 자본비용이 소요된다면 매년 영업을 통해 최소한 100억 원의 영업현금흐름을 창출해야 자본비용을 전액 회수할 수 있다. 만약 기대 영업현금흐름(분자)이 80억 원에 미달하거나 자본비용(분모)이 10%를 초과한다면 기업가치는 1,000억 원보다 낮아진다.

이러한 기업가치평가법에 따르면 기대 영업현금흐름이 많을수록, 자본비용이 낮을수록 기업가치가 극대화된다. 따라서 기업가치를 높이기 위해서는 자본비용을 최소화하고 가급적 많은 영업현금흐름을 확보해야 한다,

영업현금흐름을 개선하기 위해서는 영업이익을 극대화하는 것 외에도 매출채권·재고자산·선급금 등 운전자산을 최대한 줄이고 매입채무·선수금 등 이자비용을 수반하지 않는 영업부채를 최대한 늘리는 방향으로 자산·부채를 관리해야 한다.

(주)한경전자의 경우 연간 영업현금흐름이 256억 원인데, 가중평균자본비용을 10%로 가정하면 영업현금흐름할인법에 따른 기업가치는 4,060억 원((256억 원 + 150억 원) ÷ 10%))으로 평가된다.

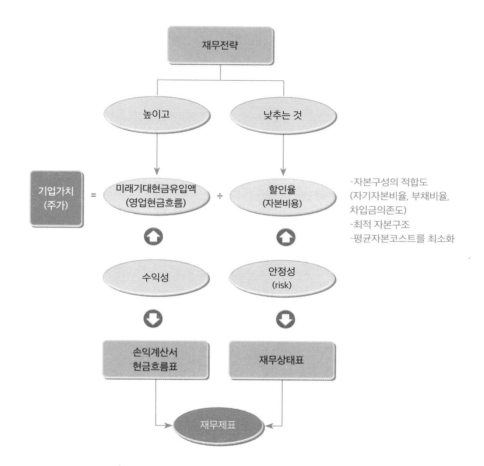

58 경제적 부가가치(EVA)를 창출해야 기업가치가 상승한다

차입금으로 사업 확장을 단행했던 정 팀장의 삼촌인 나 사장이 사업 확장 1주년을 맞이한 기념으로 정 팀장과 점심식사를 했다. "결산을 해보니까 순이익이 1억 원이더라구…. 총자본이 15억 원인데 이 가운데 내가 투자한 돈이 10억 원이니까 자기자본순이익률이 10%가 나오네. 이만하면 나도 우량기업의 사장이라고 할 수 있겠지?"

흐뭇한 표정에 젖어 있는 나 사장을 바라보던 정 팀장은 고개를 갸우뚱하며 말한다. "삼촌! EVA를 계산해 보셨어요? 제가 보기엔 경제적 부가가치가 별로인 것 같은데요."

EVA(Economic Value Added : 경제적 부가가치)란 기업이 영업활동을 통해 한 회계기간 동안 기업가치가 얼마나 많이 증가했는지 따져보는 것으로, 법인세를 차감한 세후영업이익에서 사업활동에 사용된 총자본(차입금은 물론 자기자본도 포함된다)의 원가를 모두 차감한 금액을 말한다. 즉, 사업에 투자된 돈의 원가인 자본비용을 충당하고도 남은 영업이익으로서 일종의 **초과영업이익**이라고 생각하면 된다.

회계상의 이익은 회사의 자기자본사용에 대한 코스트를 전혀 반영하지 않는다는 것이 문제점인데, EVA는 사업활동에 사용된 모든 자본의 원가를 고려한 것이다.

즉, 명시적인 자본비용이 발생하는 차입금은 그 이자를 손익계산

기업을 한눈에 꿰뚫어 볼 수 있는 재무제표 분석

서에서 영업외비용으로 차감하지만, 명시적으로 자본비용이 발생하지 않는 자기자본비용은 회계적으로 비용에 반영하지 않는다. 게다가 주주에 대한 배당금도 계산된 순이익을 분배하는 것이므로 손익계산서에 전혀 비용으로 반영되지 않는다.

그러나 기업이 자기자본을 사용하는데도 주주입장에서는 **기회비용**으로서의 자본비용이 발생하는 것이며, 자기자본사용에 대해서도 자본비용 이상의 성과가 나와야 한다. 만약 자기자본비용을 손익계산에 반영하면 순이익은 훨씬 더 줄어들 것이다. 다시 말해 회계상 순이익은 자기자본비용을 반영하지 않음에 따라 실제보다 과대평가된 면이 있다. 특히 이익성과 개선을 통해 연임되기를 바라는 경영자의 입장에서는 이자비용을 수반하는 차입금보다 유상증자에 의한 자기자본 사용을 선호한다. 이런 경우 순이익성과는 좋게 나오지만 자기자본의 증가에 따른 자기자본순이익률(ROE)의 하락으로 주주가치가 훼손될 수 있다. 따라서 주주의 입장에서 엄격하게 경영자의 성과를 평가하려면 이자비용과 마찬가지로 자기자본비용을 차감하는 것이 합리적이다.

기회비용

한 대안을 선택함으로써 포기한 다른 대안으로부터 놓친 현금유입액을 말한다. 예를 들어 현금유입액이 각각 1억 원(A안)과 2억 원(B안)인 두 가지 투자안중 A안을 선택하는데 따른 기회비용은 2억 원이고, B안을 선택하는데 따른 기회비용은 1억 원이다. 따라서 기회비용이 싼 B안을 선택하게 된다.

예를 들어 자기자본 20억 원이 투자된 기업의 1년 순이익이 1억 원이라면 사업을 계속할 사업주가 있을까? 회계적으로는 자기자본 순이익률(ROE)이 5%로 계산된다. 하지만 자기자본 사용에 대한 비용을 안전자산인 정기예금 이자율에다 위험에 대한 보상(위험프리미엄)을 더해서 10%라고 보면 자기자본비용이 2억 원인 셈이다. 따라서 순이익 1억 원에서 자기자본비용 2억 원을 차감하면 실질적으로는 성과를 내지 못했다는 결론이 나온다.

즉, 기업이 외견상 많은 매출과 이익성과를 달성했다고 하더라도 자기자본사용에 대한 비용(명시적으로 지급하는 비용이 아니라 주주가 원하는 기대수익을 뜻한다)을 회수하지 못했다면 새로운 기업가치(경제적 부가가치)의 창출은 없었다고 봐야 한다.

이처럼 기업은 회계상의 영업이익이 아니라 투자자(채권자와 주주)로부터 받은 모든 자본(차입금 + 자기자본)에 대한 자본비용을 초과하는 영업이익을 달성해야 새로운 기업가치가 창출되는데, 이를 **경제적 부가가치**(EVA)라고 한다.

EVA
= 자본비용을 초과한 영업이익
= 세후영업이익 – 자본비용
= (영업이익 – 법인세상당액) – (타인자본비용 + 자기자본비용)

기업을 한눈에 꿰뚫어 볼 수 있는 재무제표 분석

재무상태표

| 자산
2억 원 | 타인자본
(차입금)*
1억 원 |
| | 자기자본
1억 원 |

* 이자율은 7%임

1년 후

재무상태표

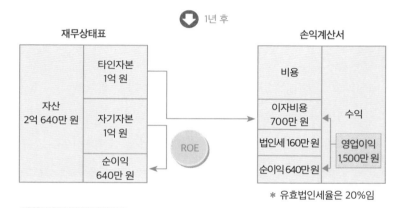

자산 2억 640만 원	타인자본 1억 원
	자기자본 1억 원
	순이익 640만 원

ROE

손익계산서

비용	
이자비용 700만 원	수익
법인세 160만 원	영업이익 1,500만 원
순이익 640만 원	

* 유효법인세율은 20%임

ROE (자기자본순이익률)

$$= \frac{순이익}{평균자기자본} = \frac{640만 원}{1억 320만 원} = 6.2\%$$

▶ 그러나 자기자본 1억 원에 대한 자본비용을 감안하면 결과는 달라진다.

EVA (경제적 부가가치)

= 영업이익 1,500만 원 - 법인세 300만 원 - (타인자본비용 560만 원 + 자기자본비용 1,000만 원)
= △360만 원

▶ 타인자본비용 = 700만 원 × (1 - 법인세율(0.2))
▶ 자기자본비용(10%) = 무위험자산수익률(6%) + 리스크 프리미엄(Risk Premium)

EVA 계산법(별법)

▶ 투하자본 × { 투하자본수익률(ROIC) - 가중평균자본비용(WACC) }

= 2억 원 × (6% - 7.8%)

= △360만 원

* 투하자본수익률 = 1,500억 원 × (1 - 0.2) ÷ 2억 원

= 6%

* 가중평균자본비용 = ((7% × (1 - 0.2)) × 50%) + (10% × 50%)

= 7.8%

　(주)한경전자의 시가총액에 대한 자기자본비용을 15%로 가정하고 영업이익을 기준으로 EVA를 계산해보자. 영업이익 854억 원에서 영업이익에 대한 법인세 248억 원과 법인세 감세효과를 감안한 세후이자비용 106억 원(손익계산서의 이자비용 150억 원 × (1 - 0.29))과 자기자본비용 533억 원(3,553억 원(시가총액 4,600억 원 - 비영업자산 1,047억 원) × 15%)을 모두 차감하면 EVA가 △33억 원으로 계산된다.

　또는 투하자본수익률(ROIC)과 가중평균자본비용(WACC)의 차이를 가지고도 EVA를 산출할 수 있다. 양자의 차이 - 0.54%(10.07% - 10.61%)에 투하자본금액(6,019억 원)을 곱하면 같은 금액의 EVA가 산출된다.

(주)한경전자의 EVA – 자기자본의 시가총액 기준

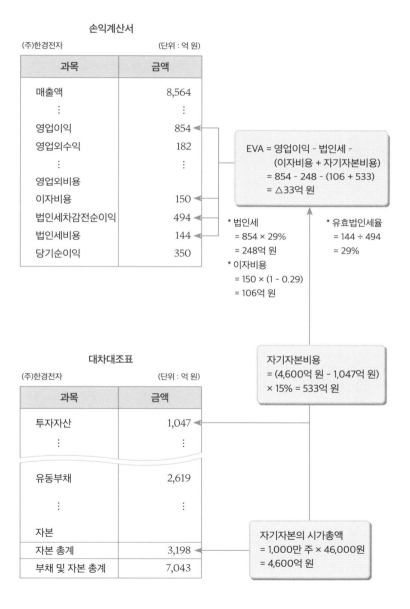

손익계산서

(주)한경전자 (단위 : 억 원)

과목	금액
매출액	8,564
⋮	⋮
영업이익	854
영업외수익	182
⋮	⋮
영업외비용	
이자비용	150
법인세차감전순이익	494
법인세비용	144
당기순이익	350

EVA = 영업이익 – 법인세 –
(이자비용 + 자기자본비용)
= 854 – 248 – (106 + 533)
= △33억 원

* 법인세
= 854 × 29%
= 248억 원
* 이자비용
= 150 × (1 – 0.29)
= 106억 원

* 유효법인세율
= 144 ÷ 494
= 29%

자기자본비용
= (4,600억 원 – 1,047억 원)
× 15% = 533억 원

대차대조표

(주)한경전자 (단위 : 억 원)

과목	금액
투자자산	1,047
⋮	⋮
유동부채	2,619
⋮	⋮
자본	
자본 총계	3,198
부채 및 자본 총계	7,043

자기자본의 시가총액
= 1,000만 주 × 46,000원
= 4,600억 원

(주)한경전자의 EVA(자기자본의 시가총액기준)

(투하자본수익률 - 가중평균자본비용) × 투하자본
= (10.07%* - 10.61%) × 6,019억 원 = △33억 원

* 투하자본수익률
= 세후영업이익 ÷ 투하자본
= 606억 원 ÷ (1,523 + 943 + 4,600 - 1,047)억 원
= 10.07%

이는 영업이익에서 법인세와 영업활동에 사용한 모든 자본비용을 차감하고 나면 당기 중에 33억 원만큼 기업가치가 감소했다는 의미이다.

(주)한경전자의 경우 자기자본에 대한 자본비용을 장부가액(투하자본에서 차입금을 차감한 것) 기준으로 계산하면 자기자본비용이 좀 더 싸지기 때문에 EVA가 177억 원으로 계산된다.

세후영업이익 606억 원에서 법인세 감세효과를 감안한 세후이자비용 106억 원과 차입금을 제외한 투하자본 2,151억 원(4,617억 원 - 2,466억 원)에 대한 자기자본비용 15%(323억 원)를 모두 차감하면 EVA는 177억 원으로 산출된다.

기업을 한눈에 꿰뚫어 볼 수 있는 재무제표 분석

(주)한경전자의 EVA - 자기자본의 장부가(투하자본) 기준

재무상태표

(단위 : 억 원)

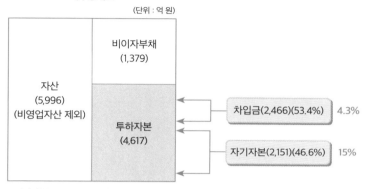

* 자기자본(2,151) = 4,617억 원 - 2,466억 원

EVA = 세후영업이익 - 자본비용

= 606억 원 - (2,466억 원 × 4.3%) - (2,151억 원 × 15%)
= 177억 원

* 타인자본비용(4.3%) = 6%(차입금리) × (1 - 0.29(유효법인세율))

EVA = (투하자본수익률(ROIC) - 가중평균자본비용(WACC)) × 투하자본(IC)

= (13.1% - 9.26%) × 4,617억 원
= 177억 원

(주)한경전자의 EVA(자기자본의 장부가액 기준)

(투하자본수익률 - 가중평균자본비용) × 투하자본

= (13.1% - 9.26%) × 4,617억 원

= 177억 원

* 투하자본수익률

= 세후영업이익 ÷ 투하자본

= 606억 원 ÷ 4,617억 원

= 13.1%

* 가중평균자본비용

= {6% × (1 - 0.29) × 53.4%} + (15% × 46.6%)

= 9.26%

투하자본수익률(ROIC)이 **가중평균자본비용**(WACC)보다 높아야 경제적으로 부가가치가 창출되는 것이므로 EVA를 높이기 위해서는 최대한 투하자본을 적게 유지하거나 세후영업이익을 높여야 한다. 결국 우량기업이 되기 위해서는 "가급적 적은 자본으로 최대한 많은 영업이익을 달성해야 한다"는 원칙이 여기에도 그대로 적용된다.

EVA가 많은 기업은 그만큼 기업가치가 증가한 것이므로 주가 등 기업가치도 상승한다. EVA는 기업가치 평가지표인 동시에 성과지표로도 사용된다. EVA가 마이너스라면 투자할 가치가 없는 사업으로 판단되므로 기존사업 및 신규사업에 대한 사업성 검토와 사업구조조정 등의 의사결정을 할 때도 EVA 평가기법이 사용된다.

기업을 한눈에 꿰뚫어 볼 수 있는 재무제표 분석

이 외에도 사업부별로 성과를 평가해 이를 토대로 인센티브를 지급하는 성성과배분시스템인 **OPI 제도**를 시행할 때도 EVA 성과지표가 사용된다. 달성된 EVA 금액은 채권자와 주주가 원하는 기대수익, 즉 자본비용을 모두 차감하고도 남은 초과영업이익이므로 일정 부분을 임직원에게 추가 상여금으로 지급해도 기업가치가 훼손되지 않는다.

OPI(Overall Performance Incentive)

(주)삼성전자의 초과이익 성과급제도이며 임직원들에게 초과이익 성과의 일부를 분배함으로써 근로의욕을 높이기 위한 제도이다. 사전에 일정수준의 이익목표를 정해놓고 목표를 초과해 달성한 이익금액에 대해서 당초에 정한 비율만큼을 근로자들에 나눠줌으로써 근로자도 주주와 마찬가지로 이익을 분배받도록 하는 제도이다.

	항목	(주)한경전자
주당가치지표	주당이익(EPS)	3,500원
	주당 EBITDA	9,070원
	주당현금흐름(CFPS)	2,560원
	주당순자산(BPS)	31,980원
	주당매출액(SPS)	85,640원
	주당배당금(DPS)	500원
주가관련지표	주가이익비율(PER)	13배
	주가순자산비율(PBR)	1.4배
	주가매출액비율(PSR)	0.54배
	주가현금흐름비율(PCR)	18배
기업가치지표	EV/매출액	10.6%
	EV/EBITDA	7.1배
	EV/EBITDAP	6.4배[주]
	잉여현금흐름(FCF)	253억 원
	세후영업이익	606억 원
	투하자본(IC)	4,617억 원
	투하자본수익률(ROIC)	13.1%
	가중평균자본비용(WACC)	9.26%
	경제적 부가가치(EVA): 시가총액기준	△33억 원
	경제적 부가가치(EVA): 장부가기준	177억 원

주) EBITDAP = EBITDA(907억) + 퇴직급여충당부채전입액(제조원가 28억 + 판매관리비 76억) + 대손상각비(0.5억)
   = 1,011.5억
EV / EBITDAP = 6,465억 ÷ 1,011.5억 = 6.4배

기업을 한눈에 꿰뚫어 볼 수 있는 재무제표 분석

주식투자와 재무제표분석

주식은 기업의 미래를 사는 것이다

59 숲을 보고 나무를 보되, 생태계가 더 중요하다

정 팀장으로부터 기업분석에 대해 공부했다는 말을 들은 재무팀장이 사람을 처음 만날 때도 첫 인상과 첫 느낌이 제일 중요하듯이 재무제표로 기업을 만날 때도 첫 인상이 좋아야 한다고 말하며, 제일 먼저 무얼 보겠느냐고 물어본다. 재무제표로 확인할 것이 한두 가지가 아닌데, 그 중 가장 먼저 봐야 할 항목은 무엇일까?

사람의 얼굴과 안색을 보면 그 사람의 건강정도를 어느 정도 알 수 있듯이, 기업의 얼굴인 재무제표를 자세히 들여다보면 그 기업의 건강 정도를 알 수 있다. 하지만 개인의 경우에도 의사의 기본적인 문진을 거친 후, 보다 정확한 판정을 위해 혈액검사·내시경검사·초음파검사 등 여러 가지 정밀검사가 필요하듯이 기업도 전체적인 건강정도를 개략적으로 파악한 후에 구체적인 재무지표분석을 통해 종합적인 평가를 내려야 한다.

기업의 건강정도를 개략적으로 파악하려면 우선 회사가 갖고 있는 **총자본**을 통해 얼마나 많은 자본이 사용되고 있는지를 봐야 한다. 자본이 많이 투자된 회사일수록 그에 비례해서 더 많은 영업이익을 달성해야 한다. 그런데 영업이익을 내기 위해서는 우선적으로 매출이 충분히 나와야만 한다. 매출 없이는 이익을 기대할 수 없기 때문이다. 이 경우 **매출액**을 총자본으로 나누면 회사의 매출액이 총자산의 몇 배 정도인지, 즉 총자본회전율을 측정할 수 있다.

총자본회전율이 높을수록 회사가 자본을 영업에 잘 활용해서 매출이 잘 나오고 있음을 의미한다. 반면 총자본회전율이 낮다면 투자된 자본을 제대로 활용하지 못해 매출이 충분히 나오지 못함을 뜻한다. 또는 매출수준에 비해 불필요한 자본이 과도하게 투자됐음을 의미하기도 한다.

그러나 기업에게 중요한 것은 매출이 아니라 이익성과다. 매출이 아무리 잘 나와도 비용을 빼고 남는 게 없다면 아무 소용이 없다. 그래서 이번에는 매출액 대비 **영업이익**이 얼마나 잘 나오는지, 즉 매출액영업이익률을 따져봐야 한다. 비록 매출이 많아서 총자본회전률이 높다 하더라도 이익성과가 제대로 나오지 않으면 헛일이다.

이렇게 총자본·매출액·영업이익 등 3가지 항목만 들여다봐도 현재 회사의 상태를 개략적으로 진단해 볼 수 있다. 투자된 총자본이 제대로 일을 해서 충분한 매출성과가 나오는지 그리고 그 매출에 대해 충분한 이익성과가 나오는지를 보면 해당 기업의 재무적 상황을 이해할 수 있다. 이를 과거와 비교해서 최근 추이를 보고, 동종업계 평균과 비교해보면 회사의 강·약점을 알 수 있다. 그리고 보다 정밀한 진단과 평가를 위해서는 수익성·안정성·활동성·현금흐름 등 세부 항목별 분석이 필요하다.

기업을 한눈에 꿰뚫어 볼 수 있는 재무제표 분석

아울러 재무적지표 외에 비재무적지표도 중요한 평가요인이다. 재무제표를 통해 기업을 진단하는 것은 혹시라도 투자한 기업이 장래에 부실화됨으로써 투자금을 회수하지 못할 위험을 미리 따져보기 위한 것이다. 그런데 기업의 부실은 재무적인 요인 외에도 다양한 이유에 의해 발생할 수 있다.

분석대상기업이 속한 업종의 업황과 미래비전 그리고 시장환경 및 사업환경은 물론 해당기업이 취급하는 주력 제품의 라이프사이클, 원천기술보유여부 등 기술력과 경영자의 경영능력 및 자질도 기업성과에 매우 중요한 영향을 미친다. 때로는 경영자와 임직원의 비윤리적이고 비도덕적인 행위로 인해 기업가치가 훼손되는 경우도 있다.

이런 것들은 비재무적인 지표로서 결코 재무제표에는 나타나지 않는다. 게다가 건강했던 사람도 어느날 갑자기 쓰러지고 사망하듯이 잘 나가던 기업도 한순간에 위기가 다가오고 도산하는 경우가 흔하다. 따라서 재무제표분석은 지나온 과거의 이력과 현재 상태를 보는 것일 뿐, 그것만으로 기업의 미래를 단정해서는 안된다.

60

지금 눈에 보이는 기업이
아니라 미래를 사야 한다

✦✦✦

주가는 기업의 미래 실적을 선반영해서 미리 움직인다는 말을 들었던 정 팀장은 "그렇다면 재무제표를 굳이 볼 필요가 있나?"라는 의문이 들었다. 하지만 그렇다고 깜깜이 투자를 할 수는 없을텐데, 그럼에도 불구하고 투자자가 재무제표를 봐야 하는 이유는 무엇일까?

주식투자에서 단기투자는 매일매일 트레이딩을 통해 차익을 얻고자 하는 투자로서 수급상황에 따라 시시각각 변하는 시세를 보고 싸게 사서 조금이라도 오르면 파는 거래방식이다. 그러므로 해당 기업의 가치나 재무제표 등을 살펴볼 필요 없이 단지 50%의 결코 높지 않은 확률로 베팅하는 머니게임이다. 하지만 장기투자는 해당기업의 가치를 보고 투자여부를 결정하는 것이므로 기본적으로 재무제표를 살펴야 한다.

그런데 장기투자자의 입장에서 재무제표를 보고 분석할 때는 추가로 고려해야 할 요인이 있다. 재무제표에 나타난 이익과 재무상태

기업을 한눈에 꿰뚫어 볼 수 있는 재무제표 분석

는 지나간 과거의 숫자로서 현재 주가에 이미 반영된 것이라 별 의미가 없다. 결국 투자자는 투자할 기업의 향후 이익성과와 재무상태를 내다보고 투자해야 한다.

하지만 막연하게 미래의 성과를 예측하는 것은 쉽지 않은데, 미래는 과거의 연속이므로 최근 수년간의 매출과 이익성과추이를 통해 단기적인 미래를 예측할 수밖에 없다. 무엇보다도 재무적으로 안전한 회사여야 한다. 불안정한 기업은 회사에 대한 신뢰도가 낮기 때문에 실적이 악화되고 그에 따라 일시적으로 주가가 급락하면 공포감을 견디지 못해 결국 손절하게 된다.

특히 주가상승에 강한 모멘텀으로 작용하는 것은 미래 **성장성**이다. 이미 한물간 산업보다는 미래 성장이 예상되는 산업에 투자해야 한다. 성숙단계에 진입해서 더 이상 성장가능성이 없는 기업보다는 앞으로 매출과 이익이 성장할 가능성이 있는 기업일수록 주가상승률이 훨씬 높다.

따라서 좋은 기업을 고르기 이전에 좋은 산업(업종)을 선택해야 한다. 개별기업을 배라고 하면 그 배가 운항중인 바다는 산업에 비유할 수 있다. 아무리 배가 잘 운항하더라도 바다 자체가 거친 바람과 파도에 휩싸인 레드오션(Red Ocean)이라면 배가 버텨내기 힘들다.

투자할 상장기업의 사업특성과 시장환경 및 매출구조, 향후 사업전망 등 세부정보는 분기별로 공시하는 **사업보고서**에 나오므로 이를 반드시 확인해야 한다. 또한 사업에는 반드시 리스크(Risk)가 따르기 마련인데, 동일한 이익성과를 내더라도 사업위험이 클수록 주가는 떨어질 가능성이 높으므로 투자할 기업의 사업리스크가 어느 정도인지 확인해야 한다.

주식투자가 어려운 것은 불확실한 미래를 내다보고 추정해야 하기 때문이다. 미래를 맞춘다는 것은 신의 영역일 수도 있다. 그래서 실적추정을 하고 리포트를 써야 하는 펀드매니저들은 수시로 기업을 방문해서 추정치를 업데이트한다.

그런데도 막상 실적을 발표할 때는 예상실적을 벗어나는 경우가 흔하다. 미처 예상하지 못한 변수가 있기 때문인데, 추정매출량의 오차 외에도 판매단가 하락, 원재료 매입단가 인상, 품질보증비용 및 하자보수비 급증, 인건비 급증 등 여러 가지 예기치 않은 비용증가 요인으로 인해 예상실적과 실제실적이 차이나는 경우가 많다.

추정실적은 단지 참고자료일 뿐이므로 이를 지나치게 맹신하면 안된다. 그런데 과거 실적은 물론 단기간의 추정실적도 장기투자자에게는 큰 의미가 없다. 장기투자자에게 가장 필요한 것은 투자한 기업에 대한 믿음과 신뢰다. 그런 믿음이 없이는 장기투자하면 안된다.

아주 멀리, 희미하게 보이는 기업실적에 연연하지 않고 투자한 기업의 장기성장성을 믿고 간다면 불과 3개월 단위의 단기실적 발표에 따라 투자심리가 흔들리는 일은 없을 것이다.

61

기업가치(주가)를 결정하는 3대 변수를 내다볼 수 있어야 한다

★ ★ ★

요즘 주식투자를 하고 있는 정 팀장은 의문점이 많다. 주가는 실적에 따라 움직인다고 들었는데, 실적과 상관없이 오르내리는 경우를 너무 많이 봤다. 주가를 결정하는 핵심 변수가 있을텐데, 주가는 과연 무엇에 따라 변하는 것일까?

주가(기업가치)는 단기적으로는 수급에 의해 오르고 내리지만, 장기적으로는 기업의 미래 순자산가치, 즉 현재 기업이 갖고 있는 순자산(자기자본)에 앞으로 벌어들일 미래 예상이익의 현재가치를 더한 금액으로 결정된다. 한마디로 지금 갖고 있는 순자산에 앞으로 벌 돈을 합친 것이라고 보면 된다.

결국 주식투자를 위해서는 해당 기업의 미래 이익창출력을 예측할 수밖에 없다. 그리고 매년 이익성장률을 고려한 미래 추정이익을 현재가치로 할인(discount)하게 되는데, 그 이유는 미래 이익은 지금 당장의 이익이 아니므로 불확실성(위험 요인)이 있기 때문이다.

이때 적용할 할인율은 두 가지 요인에 따라 결정되는데, 첫째는

화폐가치변동위험(인플레이션 리스크)으로서 금리를 의미한다. 3년 후 발생할 이익 10억 원은 현재가치로 계산하면 10억 원보다 적기 때문에 이를 금리로 할인해야 한다. 그래서 동일한 이익수준인데도 금리가 상승할 때는 기업가치가 하락하고 금리가 하락할 때는 기업가치가 상승한다.

둘째는 미래 이익의 불확실성으로 해당기업이 갖고 있는 여러 가지 위험 요인을 의미한다. 예를 들어, 매출이 특정 거래처에 종속되어 있고 판매가에 대한 가격협상력이 낮으며, 원재료 구매시 구매처에 휘둘리는 시장지위라면 **영업위험**이 매우 높다고 봐야 한다. 또한 차입금이 많아 이자지급액이 많다면 영업이익의 상당부분을 은행에 내주어야 하고 이에 따라 주주이익은 쪼그라들 수밖에 없는데 이를 **재무위험**이라고 한다.

이런 위험 요인 외에도 기업의 미래 성장률이 낮다면 미래이익에 대한 불확실성이 높아지므로 그만큼 할인율이 높아진다.

금리가 높거나 재무위험을 포함한 사업위험이 높을수록 주주는 더 많은 이익을 요구할 수밖에 없는데 주주의 기대수익률이 높아지면 동일한 이익을 내더라도 기업의 주가는 낮아진다. 또한 할인율은 서로 다른 업종과 기업이 저마다 갖고 있는 위험과 성장성의 정도에 따라 다르다.

그러므로 **이익성과**만이 기업가치(주가)를 결정하는 유일한 변수라고 생각해서는 안되며, **이익성장률**과 **위험**(할인율)이 중요한 변수라는 점을 알아야 한다. 게다가 이익도 현재 이익이 아닌 미래 이익이

기업을 한눈에 꿰뚫어 볼 수 있는 재무제표 분석

라는 점에 주의해야 한다. 하물며 이미 공개된 손익계산서에 나오는 누구나 다 아는 이익은 현재도 아닌 과거의 이익으로서 수개월 전에 이미 주가에 선반영된 것이다.

　실적이 좋아지는 기업의 주가가 실적발표 전에 앞서서 이미 올랐다가 막상 서프라이즈 실적이 발표되면 다시 제자리로 돌아간다거나, 실적악화(어닝쇼크) 기업의 주가가 수개월 전부터 하락하다가 막상 실적 발표시에는 하락세를 멈추는 것이 그 이유다. 미래는 항상 변하는 것이므로 그때그때 상황변화에 따라 주가는 쉼 없이 변동한다.

　그러므로 장기투자자에게는 단기간의 등락보다 장기적인 이익성장추세와 위험이 더 중요하다. 재무제표와 사업보고서에는 주가를 결정하는 세 가지 변수 즉, 이익·성장률·위험에 관한 최근 정보가 모두 표시되므로 이들 정보를 주의 깊게 살펴봐야 한다.

주가를 결정하는 3가지 변수		
항　목	A기업	B기업
① 예상순이익	100억 원	100억 원
② 할인율(기대수익률)	5%	20%
③ 기업가치(시가총액)(=①/②)	2,000억 원	500억 원

▶ 두 회사의 이익성과가 같음에도 불구하고 기업가치가 서로 다른 것은 위험(할인율)과 미래성장률이 다르기 때문이다. 사업위험이 높고 미래 성장률이 낮은 B기업은 할인율이 20%에 달해 예상이익의 5배로 기업가치가 매겨지지만, 사업위험이 낮고 미래성장률이 높은 A기업은 할인율이 5%로서 예상이익의 20배로 기업가치를 인정받고 있다. 여기서 5배와 20배를 PER(Price Earning Ratio : 주가이익비율)이라고 한다.

62

한국주식을 외면하고 미국주식에 투자하는 이유가 있다

★ ★ ★

정 팀장은 "서학개미들의 미국주식 보관액이 사상 처음으로 1,013억 6,571만 달러(약 140조 원)를 기록했다"는 기사를 보고 국내주식에만 투자하는 자신이 잘못하고 있는 건지 불안해졌다. 이렇게 큰 규모의 자금이 이동할 때는 그만한 이유가 있을텐데, 왜 투자자들은 국내주식을 팔고 미국주식을 사는 것일까?

우리나라 주식시장이 외면 받는 것은 여러 가지 이유가 있겠지만 기본적으로 투자자인 주주를 주인으로 대접하지 않는다는 점이다. 주주의 돈으로 사업을 해서 성과를 냈으면 그에 대해 배당금으로 충분한 보상을 해야 함에도 불구하고 주주환원에 인색한 기업이 많다.

주식이든 부동산이든 자산가격이 상승하기 위해서는 자금유입을 통한 수요기반이 튼튼해야 한다. 매수세를 받쳐주는 힘의 원천은 돈이기 때문이다. 국내자본만으로 주식시장이 활성화되기는 어렵다. 이론상 주가는 주주가 받을 미래 배당금의 현재가치로 평가되는데, 배당을 하지 않거나 배당에 대해 인색한 회사에 누가 투자할까? 사람들이 투자하고 싶어하는 매력적인 기업은 이익을 많이 내고, 그

기업을 한눈에 꿰뚫어 볼 수 있는 재무제표 분석

이익을 주주에게 충분히 분배하는 기업이다.

따라서 주가를 결정하는 3가지 지표 외에 주주를 대하는 회사의 태도도 못지않게 중요하다. 주주가 된다는 것은 곧 그 기업의 주인이 된다는 의미다. 그러나 기업에 사업자금을 투자한 주주라고 다 같은 주주가 아니다. 상장기업에 투자한 주주의 거의 대부분은 소액주주인데 이들이 투자한 기업으로부터 주인대접을 받기는 쉽지 않다.

주주를 주인으로 섬기는 기업경영이 주주중심경영이고 이런 경영을 실천하는 기업이 주주친화적인 기업인데, 과연 어떤 기업을 의미하는 것일까?

그것은 바로 주주로부터 투자받은 돈을 소중히 생각하는 기업이다. 가치기업이라면 이익성과의 상당 부분을 주주가 원하는 만큼 충분하게 배당을 지급하는 기업일 것이고, 성장기업이라면 매년 뛰어난 이익성장에 따른 주가상승으로 보답하는 기업일 것이다.

그런데 이익성과가 부진해서 배당을 못하는 경우도 있지만, 이익이 많아도 배당하지 않고 유보를 시키는 경우도 많다. 그 결과로 기업가치의 척도인 자기자본순이익률(ROE)이 갈수록 떨어진다. 우리나라의 경우 금융업을 제외한 대부분 기업의 배당수익률이 은행이자율에도 못미친다.

그렇다고 해서 기업의 성장률이 좋은 것도 아니며 해외의존도가 높은 우리나라 수출기업들은 환율이나 국제원자재가격 등 대외변수 변화에 따라 기업실적의 변동성이 매우 커서 주가변동성도 매우 높다. 심지어 10년 전의 주가와 지금 주가가 별 차이가 없는 경우도 있는데, 이는 장기투자가 불가능하다는 뜻이다. 어이없는 사실은 장기투자자인 연기금 등 기관투자자조차도 국내주식보다 해외주식을 더 선호한다는 점이다.

게다가 상장기업이지만 경영은 아직도 과거 비상장기업의 행태를 벗어나지 못한, 마치 개인기업과 같은 상장기업도 많다. 이런 기업으로부터 소액주주의 권리를 인정받기는 어렵다.

주주 돈으로 매년 이익성과를 내고도 배당에 인색한 기업, 무리한 사업 확장으로 성장은 커녕 오히려 주주자본을 훼손시키는 기업, 주주이익은 안중에도 없고 대주주인 임원의 급여와 퇴직금만 거액으로 챙기는 기업, 주주를 호구로 보고 수시로 유상증자공시를 해서 돈을 뜯어내는 기업, 배당은 안하고 계속 자기자본만 불린 후에 지분매각을 통해 먹튀하는 대주주, 횡령 등 임직원의 도덕적해이 문제로 언론에 오르내리는 기업, 분식회계로 시장신뢰를 잃어버린 기업 등 많은 기업이 주주이익을 침해하는 행위를 서슴없이 자행하고 있다.

투자하기 전에 과연 그 기업이 진정으로 주주를, 주주의 돈을 소중히 여기는 기업인지 생각해 볼 필요가 있다.

사정이 이러다보니 너나 할 것 없이 모두 해외기업에만 투자하는 상황에 이르렀다. 특히 망할 가능성이 없으며 장기적인 성장이 확실한 미국의 빅테크기업 주식에 이른바 서학개미들의 돈이 몰린다. 2030세대는 테슬라와 FANG(페이스북·아마존·넷플릭스·구글) 및 AI 인공지능과 관련해 앤비디아 주식 등을 대거 매수했다.

기업을 한눈에 꿰뚫어 볼 수 있는 재무제표 분석

미국의 대표 기업인 애플의 주요 재무지표를 확인해보면 수익성지표인 매출액영업이익률과 자기자본순이익률(ROE)이 매우 높다는 점을 알 수 있다. 애플은 그동안 자사주매입소각을 통해 자기자본을 줄여왔고 그 결과 ROE가 매우 높아졌다. 주주에게 직접 배당하지 않고도 자사주를 매입소각하면 이후에는 주주에게 더 많은 배당금이 지급될 수 있으며, 이런 주주환원정책이 주주를 중시한다는 증거이다.

Apple의 주요 재무지표

(단위 : 억 원)

항목	2022년	2023년	2024년
매출액	5,750,485	5,589,445	5,702,463
매출총이익률	46%	44%	46%
매출액영업이익률	31%	29%	31%
매출액순이익률	26%	25%	26%
PER	27배	37배	33배
PBR	52배	57배	59배
EBITDA	1,963,761	1,834,833	1,963,761
EBIT(영업이익)	1,796,858	1,666,851	1,796,858
당기순이익	1,455,427	1,414,478	1,516,369
부채비율	240%	180%	190%
ROA	29%	27%	29%
ROE	192%	172%	174%

63 주식투자할 때 절대 잊어서는 안될 교훈을 명심하자

정 팀장이 막상 주식투자를 해보니 생각보다 투자가 어렵다는 점을 실감한다. "주식은 오르거나 내리거나 둘 중의 하나로 50% 확률게임인데, 이걸 못 맞추네"라고 푸념한다. 이 말을 들은 재무팀장은 돈을 벌기 위해 주식을 하지만 투자할 때는 사즉생의 각오로 인간의 본성인 탐욕을 버려야 한다고 조언한다. 그리고 이런 것들이 증시격언으로 나와 있으니 투자할 때 항상 명심하라고 하는데, 증시격언에는 어떤 것이 있을까?

주식투자에 관한 훌륭한 격언과 지침이 많이 있다. 투자할 때 이것만 명심해도 손실을 줄이고 수익을 낼 수 있는데, 매매에 집중하고 욕심을 내다보면 대부분 이 원칙을 알고도 잊어버린다. 하지만 성공투자를 위해서는 반드시 되새기고 명심해야 한다.

여유자금으로 투자하라

대출받은 돈이나 신용·미수거래 등으로 주식투자를 해서는 안된다. 이 경우 주가가 하락하면 이를 견디기 어려워서 손절하게 된다. 최악의 경우 반대매매로 엄청난 손해를 보고 팔아야 할 수도 있다. 따라서 투자자금은 혹시 손실이 나더라도 크게 영향받지 않을 여유

기업을 한눈에 꿰뚫어 볼 수 있는 재무제표 분석

자금으로 해야 한다. 또한 주가하락시 매수자금으로 사용하기 위해서는 투자금의 100%를 모두 사용하지 말고 항상 20~30%의 현금을 갖고 있어야 한다.

분할매매하라

주가를 완벽하게 예측할 수 없으므로 매도한 후에는 상승하고, 매수한 후에는 하락하는 것이 다반사다. 그러므로 한꺼번에 매매하지 말고 여러 번에 나눠서 매매하는 것이 좋다.

매입가격은 잊어버려라

많은 투자자들이 자기가 산 금액을 기준으로 매도를 결정하기 때문에 적절한 매도 시점을 놓친다. 손해보고는 못 판다는 심리 때문에 매도를 주저하다보면 나중에 더 큰 손해를 자초할 수 있다. 따라서 매도 의사결정을 할 때는 자기가 산 금액을 생각하지 말고 앞으로 주식이 더 오를 것인지, 내릴 것인지만 예측해서 판단해야 하며 때로는 손절도 필요하다.

팔고 나서 올라도 후회하지 마라

익절은 항상 옳은 것이다. 하지만 팔고 나서 오를까봐 제때에 팔지 못하는 경우가 많다. 주식은 천장에서 파는 소수의 경우를 제외하고는 팔고 나서 오르는 것이 당연하다. 누군가 사줬으니 매도가 된 것이므로 매도이후 주가가 오르는 것은 당연하다. 같은 원리로 사고 나서는 떨어지는 것이 당연하다.

천장은 3일이지만 바닥은 3년이다

주식은 매수보다 매도가 훨씬 어렵다. 살 수 있는 기회는 매우 많은 반면에 팔 수 있는 기회는 드물다. 그래서 매수는 신중하게, 매도는 빠르게 해야 하는데 대부분은 이와 반대로 매수를 빨리 하고 매도를 신중히 하다 보니 실수를 범한다.

밀짚모자는 겨울에 사라

밀짚모자가 많이 필요한 여름에는 많은 사람들이 사려고 하기 때문에 가격이 비쌀 수밖에 없지만 밀짚모자가 필요 없는 겨울에는 훨씬 싼 가격에 살 수 있다. 아무도 좋다고 하지 않을 때 주식을 사야하며 막상 주식으로 돈이 몰릴 때는 팔아야 한다.

주식은 공포에서 바닥을 기다가 회의 속에 싹이 트고, 격정의 벽을 넘어 환희 속에서 절정을 맞이한다. 쉽지 않지만 누구나 하락의 공포감에 팔지 못해 안달일 때 사야하고, 오른다는 확신과 환희가 시장에 넘칠 때는 팔아야 한다.

수급은 모든 재료에 우선한다

단기적인 주식시세는 오직 수급에 의해 결정된다. 업황이나 개별 기업의 실적과 아무 상관없이 그날의 매수세와 매도세의 힘의 크기에 따라 주가의 향방이 결정된다. 매수세가 강하면 주가는 상승하고, 매도세가 더 강하면 하락하는 것이다. 따라서 장기투자자는 기업가치와 미래 이익전망에 따라 투자하지만 단기투자자는 수급상황을 보고 투자해야 한다.

기업을 한눈에 꿰뚫어 볼 수 있는 재무제표 분석

달걀을 한 바구니에 담지 마라

분산투자의 중요성을 강조한 격언으로, 달걀을 한 바구니에 담으면 바구니를 떨어뜨렸을 때 모든 달걀이 깨져버린다. 결국 위험을 분산하려면 달걀을 여러 개의 바구니에 나눠 담아야 한다. 총자산을 운용할 때도 부동산·예금·주식 등으로 분산시키듯이 주식도 한 종목에 몰빵하지 말고 여러 종목으로 분산투자하면 한두 종목에서 손실이 발생해도 전체적으로는 수익이 나올 수 있다. 이런 점을 감안해서 아예 개별기업이 아닌 ETF 등 지수에 투자하기도 한다.

꿈이 있는 주식이 가장 크게 오른다

투자자들이 주식을 사는 것은 미래에 대한 기대, 성장성 때문이다. 따라서 미래에 대한 성장비전이 좋을수록 주가가 크게 오른다. 비록 현재의 재무상태나 수익성은 그리 좋지 않아도 미래에 좋아질 수 있다는 희망으로 주가가 미리 반응하기 때문에 예컨대, 영업적자인 기업이 흑자로 전환이 예상될 때 주가는 크게 오른다.

모두가 좋다는 종목은 피해라

"달이 차면 기운다"는 것처럼 실적 전망이 좋은 우량기업은 주가가 이미 매우 높기 때문에 매수해도 큰 수익을 내기 어렵다. 모든 사람이 좋다고 확신에 차 있을 때 주가는 이미 고점에 도달했을 가능성이 높으며 이런 경우 조그만 악재나 실적부진 전망만 나와도 폭락할 가능성이 높다.

나무는 하늘까지 자라지 않는다

영원히 상승하는 주식은 없다. 어떤 기업도 성장세나 인기가 영원할 수 없고 변곡점이 나와 주춤해질 수밖에 없다. 그리고 더 이상 상승세를 유지하지 못하면 하락의 길로 접어든다. "무릎에서 사서 어깨에서 팔아라"는 격언은 오를 때 팔아야 한다는 것을 강조하는 것이다. 하지만 오를 때는 끝도 없이 오를 것 같은 생각에 매도를 주저하다가 결국 손절하게 된다.

주식과 결혼하지 마라

본인이 투자한 종목에 지나친 애착을 갖고 손실이 나고 있는데도 기다리며 장기간 보유하는 것은 현명하지 못한 방법이다. 수익이 나지 않는 종목은 재빨리 갈아타는 것이 현명하다.

실력을 쌓는 최선의 방법은 실제로 투자를 하는 것이다

"배워서 알기보다 경험으로 익혀라"라는 말도 있듯이, 주식투자도 직접 해보는 것이 가장 좋은 학습법이다. 또한 소액이라도 투자를 하면 해당기업의 재무제표에 관심을 갖게 되고 기업분석도 해볼 수 있는 계기가 생긴다.

하루 종일 시세판을 쳐다보지 마라

주식시장에 중독이 되면 하루에도 수십 번씩 주가변화를 알고 싶어 들여다보지만, 시시각각 랜덤으로 움직이는 주가 변화를 예측하는 것은 거의 불가능하다. 특히 단타매매가 아니라면 하루 중에 시

기업을 한눈에 꿰뚫어 볼 수 있는 재무제표 분석

시각각 변동하는 주식시세를 보는 것은 별 의미가 없다.

손실을 입었다고 후회하지 말고 잠시 맡겨 놓았다고 생각해라

주식 투자에서 실패했다고 상심하여, 후회만 한다고 해서 잃었던 손실이 만회되는 것은 아니다. 지금의 손실은 돈을 시장에 잠시 맡겨두었다고 생각하고, 긍정적인 마음을 가지면 예상치 않게 큰 수익을 낼 수 있는 행운도 찾아온다.

모든 승부는 이기고 있을 때 그만두는 것이 좋다

쉬는 것도 투자다. 끊임없이 투자하려고 하면 안된다. 주식투자에서 운이 좋아서 수익을 내면 대부분 더 많은 수익을 얻으려는 욕심과 계속 높은 수익률을 낼 수 있다는 자만심에 투자액을 늘렸다가 실패하는 경우가 많다. 큰 수익을 냈으면 차익을 실현한 후 시장을 관망하면서 다가올 기회에 대비해야 한다.

제 4 부

기업위험
평가법

손익구조 분석법

손익구조를 알면 미래 영업이익이 보인다

64 변동비보다 고정비가 더 위험하다

결재받을 서류가 있어 담당 임원을 찾아간 정 팀장은 불쑥 이런 질문을 받았다. "자네, 우리 회사의 고정비가 어느 정도인지 아나? 매출이 감소할 때는 변동비를 줄여야 할까, 아니면 고정비를 줄여야 할까?"

횡설수설 답변을 마친 정 팀장, 곧바로 재무팀장에게 변동비와 고정비의 차이점이 무엇이며 회사의 이익에 어떤 영향을 미치는지 물었다.

기업가치를 높이기 위해서는 매출을 늘리는 것만큼 비용관리도 신경써야 한다. 매출이 아무리 많이 늘어도 비용을 제대로 관리하지 못해 수익의 대부분이 비용으로 다시 빠져나간다면 아무 소용이 없기 때문이다.

관리적인 차원에서 회사의 비용을 통제하려면 그 비용의 성격부터 알아야 한다. 제조원가와 판매관리비를 포함한 회사의 모든 영업비용은 매출이 변동함에 따라 같이 변화하는 변동비와 매출변화와 관계없이 일정액으로 발생하는 고정비로 나뉜다. 예를 들어 제품을 생산하기 위해 발생하는 원재료비나 노무비·판매수수료·운송비·외주가공비 등은 대표적인 **변동비**에 해당한다. 그러나 관리직 사원에 대한 인건비·임차료·보험료·감가상각비 등은 매출변화와 전혀 상관없이 일정하게 발생하는 **고정비**에 해당한다.

고정비는 매출과 상관없이 일정하게 발생하는 비용이므로 기업은 매출을 통해 고정비를 회수해야 한다. 그런데 매출에 비례해서 변동비가 같이 증가하므로 매출에 따라 증가하는 이익은 변동비를 뺀 금액인데, 이를 **공헌이익**(Contribution Margin)이라고 한다.

즉, 공헌이익은 매출액에서 변동비를 뺀 것이며 공헌이익에서 고정비를 마저 차감한 것이 영업이익이다. 예를 들어 매출이 100억 원인 회사의 변동비가 60억 원일 경우 공헌이익은 40억 원인데, 여기서 고정비 30억 원을 차감하면 영업이익은 10억 원으로 계산된다. 즉, 공헌이익으로 고정비를 회수하는 것이며 고정비를 회수하고 남은 금액이 영업이익이다.

결국 고정비를 회수하게 해주는 힘의 원천이 공헌이익이므로 최소한 고정비보다 공헌이익이 많아야 영업이익이 발생한다. 만약 변동비가 너무 많아서 공헌이익이 고정비보다 적으면 영업손실이 발생한다.

고정비가 너무 많으면 매출이 아주 많지 않은 이상 영업이익을 달성하기가 매우 어렵다. 즉, **손익분기점**이 매우 높아져서 불리하다. 만약 매출이 부진하거나 줄어들면 공헌이익으로 고정비를 모두 커버하지 못하는 상황, 즉 영업손실이 발생할 가능성이 높다. 반면 변동비가 너무 많으면 공헌이익이 적기 때문에 어지간히 팔아서는 고정비를 충당하기가 어렵다.

기업을 한눈에 꿰뚫어 볼 수 있는 재무제표 분석

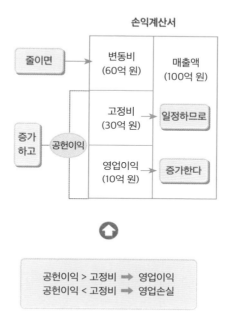

손익계산서

공헌이익 > 고정비 ➡ 영업이익
공헌이익 < 고정비 ➡ 영업손실

손익분기점

회사의 매출액과 영업비용(매출원가 + 판매비와관리비)이 일치해서 영업이익도, 영업손실도 발생하지 않는 매출액을 의미한다.

그런데 변동비보다 고정비가 더 위험하다. 왜냐하면 매출이 감소할 경우 변동비는 매출과 함께 같이 감소하므로 이익에 아무런 영향이 없지만 고정비는 매출이 감소해도 줄어들지 않으므로 이익에 직접적인 악영향을 미친다.

일반적으로 변동비는 매출액의 30% 이하, 고정비는 매출액의 50% 이하를 적정한 수준으로 본다. 만약 회사의 비용구조상 변동비가 30%를 넘거나 고정비가 50%를 넘는다면 원가구조를 변화시키는 노력이 필요하다. 그러나 조선업·자동차·철강제조업·석유화학업과 같이 막대한 시설투자를 필요로 하는 자본집약적인 업종의 경우에는 고정비의 비중이 상대적으로 더 높은 등 업종마다 차이가 있으므로 이러한 점도 감안해야 한다.

(주)한경전자의 경우 총영업비용 중 변동비는 모두 5,333억 원인데 상품매출원가 1,180억 원을 포함하여 제조원가 5,160억 원 중 4,097억 원과 판매비와관리비 1,518억 원 중 56억 원이 변동비이다.

그리고 고정비는 모두 2,525억 원으로 제조원가 중 1,063억 원, 판매비와관리비 중 1,462억 원이 고정비다. 따라서 매출액 8,564억 원에서 변동비가 차지하는 비율은 62.3%이며 고정비가 차지하는 비율은 29.5%이다.

기업을 한눈에 꿰뚫어 볼 수 있는 재무제표 분석

(주)한경전자의 변동비와 고정비

(단위 : 억 원)

항목		원가행태 고정비	원가행태 변동비	금액 고정비	금액 변동비	항목		원가행태 고정비	원가행태 변동비	금액 고정비	금액 변동비
재료비	1. 주요재료비		○		} 3,023	판매비와관리비	1. 판매수당	○			
	2. 보조재료비		○				2. 여비교통비	○			
	3. 부분품비		○				3. 광고선전비	○			
	4. 소모공기구비품비		○				4. 견본비		○		32
노무비	1. 직접임금	○	○		452		5. 기업업무추진비	○			
	2. 간접임금	○		20			6. 판매수수료		○		24
	3. 급여	○		21			7. 임원급여	○			
	4. 잡급	○		3			8. 사무원급여	○			
	5. 상여금	○	○	2	45		9. 소모품비	○			
경비	1. 복리후생비	○		49			10. 통신비	○			
	2. 임차료	○		3			11. 가스수도비	○			
	3. 특허권사용료		○				12. 수선비	○			
	4. 보험료	○		15			13. 복리후생비	○			
	5. 수선비	○	○	72			14. 임차료	○			
	6. 전력비	○	○	4	50		15. 감가상각비	○			
	7. 가스수도비	○	○	2	22		16. 보험료	○			
	8. 운임		○				17. 제세공과금	○			
	9. 포장비		○								
	10. 차량유지비	○		32							
	11. 세금과공과	○		16							
	12. 여비교통비	○									
	13. 통신비	○									
	14. 기업업무추진비	○									
	15. 재고감모비										
	16. 외주가공비		○		505						
	17. 사무용소모품비	○									
	18. 감가상각비	○		224							
	19. 기타	○		600							
계				1,063	4,097	계				1,462*	56

* 판매비와관리비 총액 1,518억 원에서 변동비 56억 원(견본비 32억 원과 판매수수료 24억 원)을 차감한 수치임

(주)한경전자의 원가구성비

항목	(주)한경전자의 구성비	표준비율	업종평균비율	
			전자부품 제조업	제조업 전체
매출액	100%	-	100%	100%
매출원가	72.3%	70% 이하	80%	82.5%
판매비와관리비	17.7%	10% 이하	14.3%	11.9%
영업이익	10%	20% 이상	5.5%	5.9%
변동비 대 매출액	62.3%	30% 이하	58.0%	66.5%
고정비 대 매출액	29.5%	50% 이하	40.9%	31.4%
손익분기점률	89.4%	70% 이하	83.9%	81.0%

* 한국은행 <기업경영분석>에서 인용

(주)한경전자의 매출원가율은 낮은 편이지만 판매비와관리비의 비율이 높은 편이고 이 때문에 영업이익률이 떨어지고 있다. 고정비의 비율은 낮은 반면 변동비의 비율이 높은 편이지만 업종평균치에 비하면 큰 차이는 없다.

기업을 한눈에 꿰뚫어 볼 수 있는 재무제표 분석

65 손익분기점의 의미와 계산법

＋★＋

정 팀장의 동생이 이번에 커피전문점을 창업하려고 한다면서 손익분기점을 알아봐달라고 부탁했다. 구체적인 방법을 모르는 정 팀장이 재무팀장에게 물어보니까 고정비가 얼마인지, 변동비율이 얼마인지 알아야 한다고 말한다. 손익분기점은 어떻게 계산하며 그 의미는 무엇일까?

사업체의 원가구조만 파악하면 이를 통해 **손익분기점**(BEP : Break Even Point)을 쉽게 계산할 수 있다. 손익분기점이란 회사의 매출액과 총영업비용(매출원가 및 판매비와관리비를 모두 포함)이 일치해 영업손실도 영업이익도 발생하지 않는 매출액, 즉 영업이익이 0인 매출수준을 말한다. 즉, 영업손실과 영업이익이 갈리는 분기점으로 매출액이 손익분기점을 넘어야 영업이익이 발생하며, 손익분기점 미만에서는 영업손실이 발생한다.

손익분기점을 알기 위해서는 회사의 고정비총액과 변동비총액을 파악한 다음 변동비율을 계산해야 하는데, 이때 고정비와 변동비에는 제조원가뿐만 아니라 판매비와관리비를 포함한 모든 영업비용이 포함돼야 한다. 영업외손익을 제외하는 이유는 영업외손익은 매출과 상관없으며 일정한 패턴 없이 불규칙하게 발생하기 때문이다. 결국 손익분기점분석은 영업이익을 기준으로 분석하는 것이다.

변동비율이란 매출액에서 변동비가 차지하는 비율을 의미한다. 예를 들어 매출액이 2,000억 원인 회사의 변동비총액이 1,400억 원이라면 변동비율은 70%가 된다. 그런데 매출액에서 변동비를 뺀 것이 공헌이익이므로 변동비율이 70%라는 것은 거꾸로 공헌이익률이 30%라는 의미와 같다.

그리고 공헌이익률이 30%라는 것은 회사가 매출을 1억 원 늘릴 때마다 영업비용도 70%(변동비율)인 7,000만 원이 증가해서 추가로 늘어나는 한계이익은 30%(공헌이익률)인 3,000만 원이라는 뜻이다. 이 경우 변동비가 매출에 정확히 비례적으로 증감하지는 않겠지만, 분석을 위해 비례적으로 증감한다고 가정하는 것이며 그에 따라 변동비율과 공헌이익률은 일정하다고 가정한다.

손익분기점은 영업이익이 0이 되는 매출액으로서 영업이익이 0이라는 것은 매출액에서 변동비를 뺀 공헌이익이 고정비총액과 정확히 일치한다는 뜻이다. 그리고 매출금액의 30%인 공헌이익으로 고정비총액을 전액 회수할 수만 있다면 그 매출이 바로 손익분기점이라고 할 수 있다.

따라서 회사의 고정비를 공헌이익률로 나눠주면 손익분기점이 계산된다. 앞에 예를 든 회사의 경우 고정비총액이 연간 450억 원이라

기업을 한눈에 꿰뚫어 볼 수 있는 재무제표 분석

면 이를 공헌이익률 30%로 나누면 되므로 손익분기점은 1,500억 원으로 계산된다.

회사가 목표로 하는 영업이익을 달성하기 위한 목표매출액을 알고 싶을 때도 이와 같은 방식으로 하면 된다. 이때는 공헌이익으로 고정비를 회수할 뿐만 아니라, 목표하는 영업이익도 함께 얻어야 하므로 고정비에 목표영업이익을 더한 수치를 공헌이익률로 나눠주면 된다.

가령 위의 회사가 원하는 영업이익 수준이 240억 원일 경우 고정비에 목표이익을 더한 690억 원(450억 원 + 240억 원)을 공헌이익률 30%로 나누면 달성해야 할 목표매출액은 2,300억 원이 된다. 매출액이 2,300억 원일 경우 추정손익계산서는 다음과 같다.

추정손익계산서

매출액	2,300억 원
(-)변동비	1,610 억 원(70%)
공헌이익	690 억 원(30%)
(-)고정비	450 억 원
영업이익	240 억 원

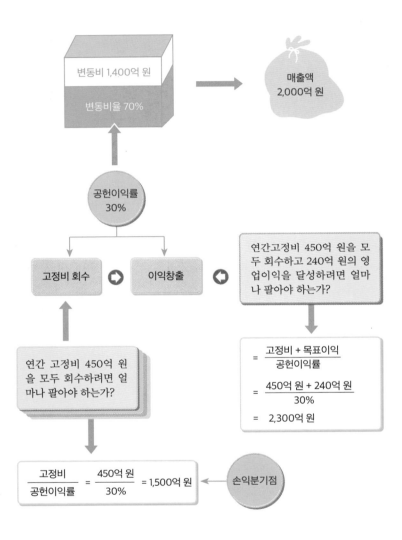

변동비 1,400억 원

변동비율 70%

매출액
2,000억 원

공헌이익률
30%

고정비 회수

이익창출

연간고정비 450억 원을 모두 회수하고 240억 원의 영업이익을 달성하려면 얼마나 팔아야 하는가?

연간 고정비 450억 원을 모두 회수하려면 얼마나 팔아야 하는가?

$$= \frac{고정비 + 목표이익}{공헌이익률}$$

$$= \frac{450억\ 원 + 240억\ 원}{30\%}$$

$$=\ 2,300억\ 원$$

$$\frac{고정비}{공헌이익률} = \frac{450억\ 원}{30\%} = 1,500억\ 원$$

손익분기점

기업을 한눈에 꿰뚫어 볼 수 있는 재무제표 분석

정 팀장의 동생이 창업하려고 하는 커피전문점은 보증금 2,000만 원에 월세 300만 원으로 임대차계약이 돼있다. 추가로 인테리어와 비품구입비 등 창업비용 1억 8,000만 원이 소요된다. 총 2억 원의 창업자금 중 1억 원은 자기자금으로, 1억 원은 대출(이자율 6%)받기로 했다.

매월 고정비는 월세 300만 원 이외에 일용직(알바) 인건비 200만 원, 전기수도요금 100만 원, 인테리어 비용과 비품에 대한 감가상각비 300만 원 등을 포함하여 총 900만 원으로 추정된다. 한편, 변동비로는 매출액의 40%가 원재료비와 프랜차이즈가맹점 수수료로 발생한다.

이렇게 변동비와 고정비가 파악되면 손익분기점은 쉽게 계산된다. 매월 고정비 900만 원을 공헌이익률 60%로 나누면 손익분기점은 매월 1,500만 원이다. 즉, 1,500만 원을 매출해야 40%인 변동비 600만 원을 차감하고 남은 900만 원으로 고정비를 충당할 수 있다. 커피의 종류별 평균 판매가격이 4,000원이고 매월 25일동안 영업한다면 매일 150잔을 판매해야 한다는 결론이 나온다.

그런데 고정비에 자산의 인건비(자영업자의 인건비는 순이익으로 확보된다)와 이자비용을 포함시키지 않았으므로 이를 감안한 실질적인 손익분기점은 더 높아진다. 자신의 인건비(순이익)를 400만 원으로 가정하고 매월 이자비용 50만 원과 함께 포함시키면 총고정비가 1,350만 원(900만 원 + 450만 원)이 된다. 따라서 손익분기점은 2,250만 원으로 상승하며 매일 225잔을 판매해야 한다는 결론이 나온다.

(주)한경전자의 경우 고정비총액은 2,525억 원이고 매출액 8,564억 원에서 변동비총액이 5,333억 원이므로 변동비율은 62.3%이다. 따라서 공헌이익률은 37.7%이므로 손익분기점은 6,697억 원(2,525억 원 ÷ 37.7%)이다. 회사의 현재 매출액(8,564억 원)이 손익분기점(6,697억 원)을 초과했기 때문에 854억 원의 영업이익이 발생하고 있는 셈이다.

한편 한국은행 <기업경영분석>에서는 손익분기점을 영업이익기준이 아니라 법인세차감전순이익을 기준으로 계산한다. 따라서 영업외비용에서 영업외수익을 차감한 순액을 고정비에 추가로 포함시켜 계산한다. 그 이유는 대부분 기업의 경우 차입금이 있어서 이자비용 등 금융고정비가 발생하기 때문에 영업이익이 0인 손익분기점 매출액이라 하더라도 이자비용을 차감하면 사실상 순손실이 발생하기 때문이다.

따라서 이자비용이 비록 영업비용은 아니지만 이를 포함한 영업외손익(순액)을 고정비에 포함시킨다. 이로 인해 고정비가 많아져서 통계상으로는 손익분기점이 다소 높게 나타난다. 이렇게 계산된 손익분기점은 세전순이익이 0이 되는 매출수준을 뜻한다.

(주)한경전자의 경우 영업외비용에서 영업외수익을 차감한 360억 원을 고정비 2,525억 원에 더하면 세전이익기준의 손익분기점은 7,652억 원으로 상승한다.

(주)한경전자의 손익분기점

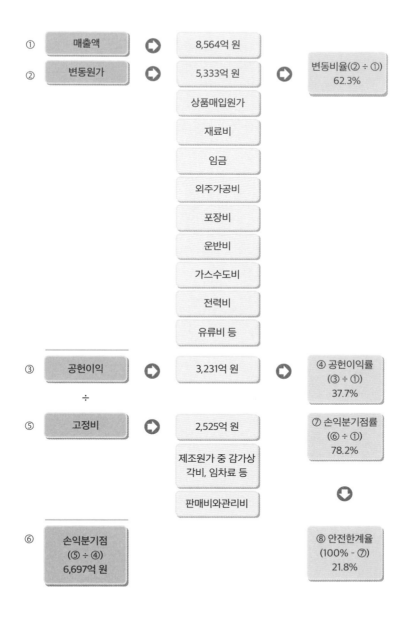

①	매출액	➡	8,564억 원		
②	변동원가	➡	5,333억 원	➡	변동비율(②÷①) 62.3%
			상품매입원가		
			재료비		
			임금		
			외주가공비		
			포장비		
			운반비		
			가스수도비		
			전력비		
			유류비 등		
③	공헌이익	➡	3,231억 원	➡	④ 공헌이익률 (③÷①) 37.7%
	÷				
⑤	고정비	➡	2,525억 원		⑦ 손익분기점률 (⑥÷①) 78.2%
			제조원가 중 감가상각비, 임차료 등		
			판매비와관리비		⬇
⑥	손익분기점 (⑤÷④) 6,697억 원				⑧ 안전한계율 (100%-⑦) 21.8%

고정비와 변동비의 간편분해법

한국은행에서 매년 기업경영분석을 발간할 때는 다음과 같이 간편법으로 비용을 구분하고 있다. 재료비는 전액 변동비로, 경비(외주가공비는 제외)와 판매관리비는 모두 고정비로 분류하고, 노무비는 반반씩 나누어 변동비와 고정비로 분류한다. 이때 당기에 기말재고로 남아있는 금액은 비용처리가 안된 것이므로 고정비(제조원가)에서 제외시켜야 한다. 이 기준으로 비용을 분해할 경우 (주)한경전자의 매출액 대비 고정비율은 33%, 변동비율은 57%이며, 손익분기점은 6,600억 원으로서 실제 분류법에 따른 6,697억 원과 큰 차이가 없다.

〈고정비〉

- 노무비 × 1/2 + (제조경비 - 외주가공비) - 고정비 중 재고조정분* + 판매관리비

= (54,325 × 1/2) + (159,437 - 50,487) - **3,893** + 151,790

= **2,840억 원(33%)**

* 고정비 중 재고조정분

136,112 × 2.86%((516,036(총제조비용) - 501,275(매출원가)) / 516,036(총제조비용)) = **3,893백만 원**

〈변동비〉

- 재료비 : 293,628(302,274 - **8,646***)
- 노무비의 1/2 : 27,163(54,325 × 1/2)
- 외주가공비 : 50,487
- 상품매출원가 : 117,998

  변동비 계 **4,893억 원(57%)**

* 재료비 중 재고조정분 : 302,274 × 2.86% = **8,646백만 원**

* (주)한경전자의 손익분기점

= 고정비 / (1 - 변동비율)

= 2,840억 원 / (1 - 0.57) = 약 6,600억 원

기업을 한눈에 꿰뚫어 볼 수 있는 재무제표 분석

66 손익분기점이 높으면 위험하다

커피전문점의 손익분기점을 확인한 정 팀장은 생각보다 손익분기점이 높은 것을 보고 놀랐다. 손익분기점이 높으면 그만큼 많이 팔아야 본전이 된다는 뜻이니까 낮을수록 좋을텐데, 그렇다면 어느 정도가 돼야 안심할 수 있을까?

손익분기점 수준으로 회사의 재무적인 안전도를 따져볼 수 있다. 손익분기점이 높으면 영업이익을 달성하기가 그만큼 어렵기 때문에 손익분기점은 낮을수록 좋다.

회사의 손익분기점 매출액이 현재의 매출액에서 차지하는 비율을 **손익분기점률**이라고 한다. 따라서 손익분기점률은 손익분기점 매출액을 현재의 매출액으로 나눠 계산한다. 손익분기점률이 80%라는 것은 현재 매출의 80%가 손익분기점 상태라는 의미로서, 이를 뒤집어보면 지금보다 매출이 20% 감소하면 손익분기점에 도달해서 영업이익이 전혀 발생하지 않는다는 뜻이다.

따라서 손익분기점률은 낮을수록 유리하다. 일반적으로 70% 이하를 안전하다고 보며 80%를 넘는 경우에는 위험하다고 본다. 손익분기점률이 70%라는 것은 회사가 영업손실을 보지 않고도 매출감소를 견뎌낼 수 있는 여력이 30%라는 뜻이다.

손익분기점률을 뒤집어 표현한 것이 **안전한계율**(MS : Margin of Safety)이다. 이는 회사의 현재 매출이 손익분기점을 얼마나 초과했는지, 그 괴리를 통해 앞으로 경기불황 등으로 매출이 감소하더라도 적자를 보지 않고 버틸 수 있는 여유매출을 보여주는 지표이다.

예를 들어 손익분기점 매출액이 80억 원인 회사의 현재 매출이 100억 원이라면 손익분기점률은 80%이며 안전한계율은 20%가 된다. 즉, 지금 매출과 손익분기점매출의 격차가 20%이므로 20%(20억 원)의 매출감소는 영업손실을 보지 않고도 버틸 수 있다는 뜻이다.

그러나 손익분기점률이 95%라면 안전한계율이 고작 5%로서 지금보다 매출이 5%만 줄어도 영업손실이 발생한다는 뜻이다. 그러므로 안전한계율은 손익분기점률과는 반대로 높을수록 좋다.

앞서 커피전문점의 손익분기점이 1,500만 원으로 계산됐는데, 만약 사업개시후 월 매출이 2,000만 원이라면 손익분기점률은 75%가 된다. 즉, 25%의 여유매출이 있는 셈이며 그 이상 매출이 감소하면 본인 인건비와 이자비용을 전혀 벌지 못한 채, 영업손실이 발생한다는 의미가 된다.

사업체의 손익분기점이 높다면 이를 낮추기 위한 방안을 찾아야

기업을 한눈에 꿰뚫어 볼 수 있는 재무제표 분석

한다. 일반적으로 고정비를 낮추는 방법이 가장 효과적이며 가격을 올리거나 변동비를 낮춰서 공헌이익률을 높이는 방법도 가능하다.

그러나 가격을 올리면 그만큼 가격경쟁력이 떨어져서 매출량이 감소할 위험이 있다. 분명한 것은 고정비가 많은 경우에는 변동비율이 낮아야 하며, 변동비율이 높을 경우에는 고정비가 적어야 한다는 점이다. 만약 고정비가 많은 상태에서 변동비율마저 높다면 손익분기점이 너무 높아지기 때문이다.

(주)한경전자의 경우 손익분기점은 6,697억 원이고 현재 매출액은 8,564억 원이므로 손익분기점률은 78.2%(6,697억 원 ÷ 8,564억 원), 안전한계율은 21.8%이다.

하지만 한국은행 기준에 따른 세전이익 기준의 손익분기점률은 89.4%(7,652억 원 ÷ 8,564억 원)로서 전자부품업 계의 평균비율(83.9%)보다 높은 수준이므로 변동비의 절감을 통해 이를 지금보다 좀 더 낮출 필요가 있다.

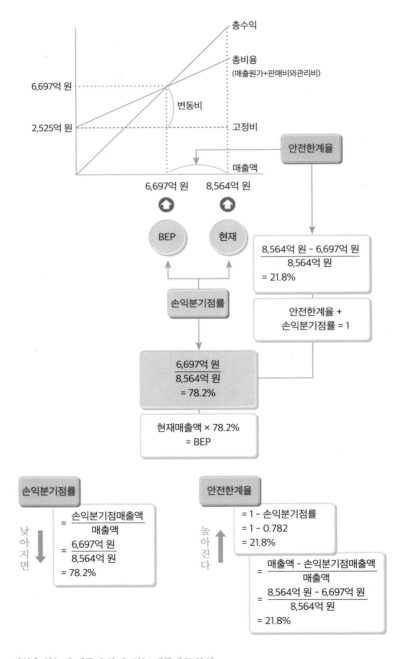

기업을 한눈에 꿰뚫어 볼 수 있는 재무제표 분석

67 회사의 손익구조에 따라 미래 이익이 변한다

★ ★ ★

정 팀장은 본부장으로부터 내년도 매출이 올해보다 20% 증가할 것이라는 전제하에 추정손익계산서를 만들어 오라는 특명을 받았다. 손익계산서를 한참이나 들여다보던 정 팀장, 매출은 올해보다 20% 늘리면 되겠는데 비용을 어떻게 수정해야 할지 막막하다. 미래의 이익예측은 어떻게 하는 것일까?

회사의 비용구조를 알면 재무예측이 한결 쉬워진다. 재무예측이란 장래에 매출이 변화했을 때 여러 가지 재무지표들이 어떻게 변할지를 예측하는 것으로서 그 중 가장 중요한 것은 이익예측이다. 그런데 손익계산서의 비용분류 방식으로는 도저히 이익을 예측할 수가 없다. 손익계산서의 매출원가와 판매비와관리비에는 매출변화에 따라 움직이는 변동비와 움직이지 않는 고정비가 섞여 있기 때문이다.

그러나 움직이는 패턴에 따라 비용항목을 변동비와 고정비로 구분하면 매출변화에 따라 미래의 이익이 어떻게 변할지를 쉽게 예측할 수 있다. 이때 "**변동비율**(매출액에 대한 변동비의 비율)은 일정하다"고

가정해야 한다. 즉, 변동비는 비례적 변동비로서 매출이 증가함에 따라 그에 비례해서 증가하겠지만 그 비율은 변하지 않는다는 점이 전제되어야 한다.

예를 들어 변동비율이 60%인 회사의 매출이 현재의 10억 원에서 15억 원으로 50%가 늘어난다면 변동비도 매출과 똑같이 현재의 6억 원에서 9억 원으로 50%가 늘어난다고 가정해야 한다. 변동비가 불규칙하게 변할 경우에는 예측이 불가능하기 때문이다. 다만, 원자재 가격이나 노무비의 상승으로 변동비율이 분명히 증가할 것으로 예상된다면 이 점을 별도로 감안하면 된다.

고정비도 매출과 상관없이 항상 일정하다고 가정해야 한다. 그러나 매출이 일정 금액을 벗어나면 고정비도 더 이상 일정하지 않다. 예를 들어 매출이 지금보다 100% 늘어난다면 관리나 영업직원의 추가고용으로 고정적인 급여가 증가하고 매장확장이나 공장증설·장비구입 등으로 임차료나 감가상각비가 증가할 수밖에 없을 것이다. 즉, 장기적으로 모든 비용은 변한다. 하지만 단기적으로는 이러한 변화가 없다고 가정해야 한다. 이때에도 고정비가 증가하는 것이 분명하다면 이를 반영하면 된다.

매출이 지금보다 늘어났을 때 회사에 추가로 유입되는 영업이익은 변동비를 제외한 공헌이익이 될 것이므로 매출증가액에 공헌이익률을 곱하면 매출증가에 따른 이익의 증가액을 바로 알 수 있다.

따라서 공헌이익률이 높을수록 매출증가폭에 대한 이익의 증가폭

기업을 한눈에 꿰뚫어 볼 수 있는 재무제표 분석

도 커지게 되므로 공헌이익률은 일종의 이익탄력도와 같다. 이 경우 고정비는 매출이 증가하더라도 전혀 변화가 없을 것이므로 아예 무시하면 된다. 하지만 앞서 언급한 이유로 고정비의 증가가 예상된다면 그 금액만 추가로 고려하면 된다.

이익 예측

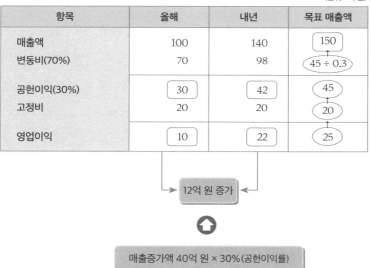

(단위 : 억 원)

항목	올해	내년	목표 매출액
매출액	100	140	150
변동비(70%)	70	98	45 ÷ 0.3
공헌이익(30%)	30	42	45
고정비	20	20	20
영업이익	10	22	25

12억 원 증가

⬆

매출증가액 40억 원 × 30%(공헌이익률)

예를 들어 공헌이익률이 30%이고 연간 고정비가 20억 원인 회사가 내년도의 매출을 현재의 매출 100억 원보다 40% 늘어난 140억 원으로 추정했다면 내년도의 영업이익은 현재의 10억 원보다 12억 원(40억 원 × 30%)이 늘어난 22억 원임을 쉽게 예측할 수 있다.

거꾸로 회사가 목표로 하는 영업이익을 달성하기 위해서 지금보다 매출을 얼마나 더 늘려야 하는지도 추정할 수 있다. 앞의 회사가 내년도 목표 영업이익을 25억 원으로 정했다면 지금보다 영업이익이 15억 원만큼 증가해야 하므로 이를 공헌이익률 30%로 나누면 필요한 매출증가액이 50억 원임을 알 수 있다.

즉, 매출액이 150억 원일 경우 70%인 변동비 105억 원과 고정비 20억 원을 모두 차감하면 목표했던 영업이익 25억 원이 달성된다. 그러므로 정확한 손익예측을 위해서는 무엇보다 변동비율과 고정비 총액을 정확히 파악하는 것이 중요하다.

(주)한경전자의 현재 매출액은 8,564억 원으로 만약 내년도에 매출이 1조 원으로 늘어난다면 예상되는 영업이익은 지금의 원가구조에 변화가 없다는 전제하에 약 1,395억 원{854억 원 + (1조 원 - 8,564억 원) × 37.7%(공헌이익률)}으로 추정된다.

68

원가절감이
중요한 이유

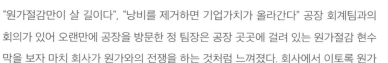

★★★

"원가절감만이 살 길이다", "낭비를 제거하면 기업가치가 올라간다" 공장 회계팀과의
회의가 있어 오랜만에 공장을 방문한 정 팀장은 공장 곳곳에 걸려 있는 원가절감 현수
막을 보자 마치 회사가 원가와의 전쟁을 하는 것처럼 느껴졌다. 회사에서 이토록 원가
절감에 신경쓰는 이유가 뭘까?

회사의 이익은 매출수익에서 비용을 차감해 계산된다. 따라서 단
순히 생각하면 회사가 이익을 확대하려면 매출을 늘리거나 비용을
줄이면 되는데, 이익확대에 더 효과적인 것은 비용을 줄이는 방법이
다.

예를 들어 어떤 회사의 비용 중 변동비의 비율이 80%이고 고정
비총액이 연간 15억 원이라는 가정 하에 회사 매출이 현재의 100억
원에서 20% 증가한 120억 원이 된다고 하자. 현재의 매출 100억
원에서 회사의 영업이익은 5억 원{(100억 원 × 20%) - 15억 원}으로,
매출이 120억 원으로 늘어나면 영업이익은 지금보다 80% 증가한
9억 원{(120억 원 × 20%) - 15억 원}이 된다. 영업이익 증가액 4억 원

은 매출증가액(20억 원)에 공헌이익률(20%)을 곱한 것과 같다.

매출액영업이익률이 현재의 5%에서 7.5%로 증가하는 것은 매출
은 늘어나도 고정비는 그대로이기 때문이다.

비용(원가)절감이 이익에 미치는 영향

(단위 : 억 원)

항목	현재	매출증가 20%	비용절감 4%
매출액	100	120	100
변동비(80%)	80	96	77
공헌이익(20%)	20	24	23
고정비	15	15	14
영업이익	5	9	9

80% 증가

만약 회사가 비용을 줄여서 영업이익을 지금보다 80% 증가시키
려면 비용을 얼마나 줄여야 할까? 놀랍게도 4%라는 답이 나온다.
즉, 변동비와 고정비를 지금보다 4%만 줄여도 매출을 20% 늘렸을
때와 동일한 이익을 얻을 수 있다. 매출이 100억 원일 때 변동비가
80%인 80억 원이었는데, 4%를 줄이면 77억 원이다. 고정비도 15
억 원에서 4%를 줄이면 14억 원이 되는데, 매출 100억 원에서 두
비용을 모두 빼면 영업이익은 9억 원으로서 매출을 20% 증가시키
는 것과 같은 결과가 나온다. 불과 4%(4억 원)의 원가절감이 20%의

기업을 한눈에 꿰뚫어 볼 수 있는 재무제표 분석

매출증가 효과와 맞먹는 셈이다.

이렇게 매출증가와 원가절감이 효과면에서 차이나는 이유는 매출이 증가해도 매입비용 등 변동비가 같이 증가해서 상당금액이 다시 비용으로 나가기 때문이다. 결국 회사 영업이익을 증가시키기 위해서 수익확대보다 비용절감이 더 효과적이다 보니 많은 회사가 비용(원가)절감을 강조하는 것이다.

또한 **원가절감**은 가격 경쟁력의 기초로서 아무리 품질경영을 표방하고 회사의 브랜드가치가 높아도 원가를 줄이지 않고서는 경쟁력을 확보할 수 없다. 제품의 가격 경쟁력을 확보하기 위해서는 가격책정의 기초가 되는 원가, 즉 **판매원가**(총원가라고도 한다)를 낮춰야 한다. 판매원가란 직접비인 제조원가와 간접비인 비제조원가(판매비와관리비)를 합산한 것으로, 결국 원가절감 노력은 생산현장 뿐만 아니라 관리부서나 영업조직 등 전사적으로 이루어져야 함을 의미한다.

특히 경기가 불황일 때에는 원가절감에 더욱 신경써야 한다. 불황기에 접어들어 제품수요가 감소하면 대부분 기업이 판매량 감소를 막기 위해 가격을 인하하는 경우가 많은데, 여기서 주목해야 할 것은 판매가격을 인하하더라도 판매원가는 그대로 발생한다는 점이다.

앞서 예를 든 회사의 경우 제품판매가격을 15% 인하할 경우 매출은 100억 원에서 85억 원으로 줄어든다. 그런데 생산량이 줄어든 것이 아니라 가격만 내린 것이므로 변동비(80억 원)와 고정비(15억 원)는 똑같이 발생해서 10억 원의 영업손실이 발생한다. 이런 상황은 과거 반도체업계 불황기에 시장가격의 하락으로 삼성전자 등 반도체업계의 영업이익이 급격하게 감소했던 사례에서도 확인된다.

결국 불황기에 가격을 내릴 때는 원가절감이 같이 병행되어야만 영업이익 감소를 막고 회사가 생존할 수 있다. 특히 제조업의 경우 고정비 부담이 많은데, 생산현장의 고정비를 줄이는 것은 사업축소를 하지 않는 한, 매우 어렵다. 따라서 대부분 인건비나 업무추진비 등 판매비와관리비를 줄이는 경우가 많다.

기업을 한눈에 꿰뚫어 볼 수 있는 재무제표 분석

불황일수록 원가절감 노력은 더 필요하다

경기불황 ▶ 판매량 감소 ▶ 판매단가 인하 ▶ 이익 감소

판매단가 인하가 이익에 미치는 영향

현재		판매단가 15% 인하시	
매출	100억	85억	15% 인하
매출원가(변동비)	80억	80억	
매출총이익	20억	5억	75% 감소
판매비와관리비(고정비)	15억	15억	
영업이익	5억	△10억	300% 감소

판매단가 인하의 영향은 매출총이익, 영업이익으로 내려갈수록 기하급수적으로 매우 민감한 영향을 미친다. 판매단가가 인하되는 데도 원가절감 노력을 기울이지 않는다면 회사는 생존할 수 없다.

영업위험 및 재무위험 분석법

매출이 줄어들면 위험이 현실화된다

69 두 가지 고정비가 영업위험과 재무위험을 유발한다

✦ ✦ ✦

그동안 알뜰하게 모아온 전 재산 5억 원에다 은행으로부터 5억 원을 대출받아 10억 원짜리 아파트를 구입한 오억만 사장은 몇 년 후 집값이 15억 원으로 오르자 "집값은 50% 올랐지만 투자금액 대비 100%의 수익을 올렸다"라며 흐뭇해했다. 이는 자신이 빌린 대출금 이자가 고정비이기 때문에 생기는 "레버리지효과"를 잘 이용했기 때문이라는 설명도 덧붙였다. 레버리지란 왜 생기며 재무적으로 좋은 것일까?

고정비는 매출변화와 전혀 상관없이 일정하게 발생하는 비용으로서 매출이 늘어나더라도 더 이상 늘지 않기 때문에 원가요소의 가격에 변화가 없다면 영업이익증가율은 매출증가율보다 훨씬 더 높게 나타난다.

예를 들어 변동비율이 80%이고 고정비가 100억 원인 회사의 매출이 현재 1,000억 원에서 50%가 늘어난 1,500억 원이 되었다고 가정해 보자. 현재의 영업이익은 100억 원이지만 매출이 50% 증가한 후의 영업이익은 200억 원으로 100%가 증가하는데, 매출증가율(50%)보다 영업이익증가율(100%)이 더 높게 나타나는 이유는 매출이 증가했는데도 고정비가 늘어나지 않았기 때문이다.

이런 현상은 매출이 감소할 때도 똑같이 발생한다. 즉, 매출이 감소하더라도 고정비는 전혀 줄어들지 않기 때문에 영업이익의 감소율은 매출감소율보다 더 크게 나타난다. 이처럼 고정비 때문에 매출의 변화보다 손익의 변화가 더욱 확대돼서 나타나는 효과를 레버리지 효과(Leverage Effect)라고 한다. 고정비가 일종의 지렛대작용을 해서 매출에 비해 손익의 변동성이 더 커지는 현상을 말한다.

회사의 고정비에는 감가상각비와 같은 영업고정비가 있고 이자비용과 같이 영업외비용에 해당하는(즉, 재무적인) 고정비가 있다. 영업고정비 때문에 매출액의 변화율보다 영업이익의 변화율이 더 크게 나타나는 현상을 영업레버리지 효과라고 하고, 이자비용같은 재무고정비 때문에 영업이익의 변화율보다 순이익의 변화율이 더 크게 나타나는 현상을 재무레버리지 효과라고 한다.

영업레버리지는 영업레버리지도(DOL : Degree of Operating Leverage)로 그 정도를 측정할 수 있는데, DOL은 공헌이익을 영업이익으로 나누면 된다. 앞의 사례에서 매출액이 1,000억 원일 때 변동비를 뺀 공헌이익은 200억 원이고, 고정비 100억 원을 마저 차감한 영업이익은 100억 원이므로 DOL은 2(200억 원 ÷ 100억 원)가 된다. 이는 매출이 50% 변화할 때 영업이익은 2배, 즉 100%가 변화한다는 뜻이다.

DOL 산식의 분모인 영업이익은 공헌이익에서 고정비를 차감한 것이므로 DOL은 고정비가 많을수록 높게 나타난다. 만약 고정비가 150억 원이라면 DOL은 4(200÷50)가 되고, 이는 영업이익이 매출변화율의 4배로 변화한다는 의미이다. 따라서 영업레버리지는 영업고정비의 크기에 따라 매출액의 증감률보다 영업이익의 증감률이 더 높게 나타나는 현상으로서, 영업이익의 변동성을 의미하므로 **영업위험**(Business Risk)을 나타내는 지표로 사용된다.

영업레버리지 효과

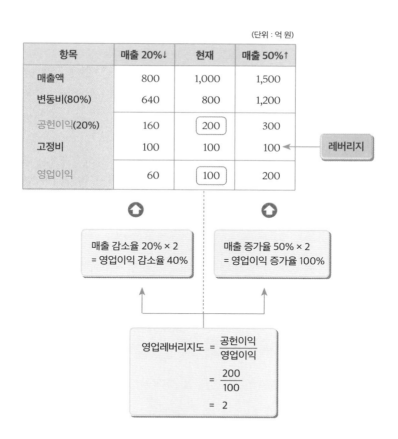

한편 재무레버리지는 기업이 조달한 자금 가운데서 이자비용이 수반되는 차입금의 사용 때문에 발생한다. 이자비용은 영업이익의 증감에 상관없이 정해진 계약대로 지급해야 하는 고정비이기 때문에 이자비용 차감 후 순이익은 영업이익의 증감률에 비례하지 않고, 오히려 영업이익의 증감률보다 더 크게 변화하게 된다.

재무레버리지는 **재무레버리지도**(DFL : Degree of Financial Leverage)로 그 정도를 측정할 수 있는데, DFL은 영업이익을 세전순이익으로 나눠 계산한다. 앞의 사례에서 이자비용과 같은 고정재무비용이 20억 원이라면 세전순이익은 영업이익 100억 원에서 20억 원을 차감한 80억 원이 된다. 따라서 DOL은 1.25(100억 원 ÷ 80억 원)로 계산되는데, 이는 영업이익이 100% 변화하면 이자비용 차감 후 세전이익은 1.25배인 125%가 변화함을 의미한다.

DFL 산식의 분모인 세전순이익은 영업이익에서 이자비용을 차감한 것이므로 DFL은 이자비용이 많을수록 높게 나타난다. 또한 DFL이 높을수록 이자비용 때문에 주주이익의 변동성이 그만큼 커지고, 이자비용이 많을 경우 영업이익이 많아도 당기순이익이 크게 감소할 수 있으므로 **재무위험**(Financial Risk)을 나타내는 지표로 사용된다.

또한 DOL에 DFL을 곱한 것을 **결합레버리지도**(DCL : Degree of Combined Leverage)라고 하는데, DCL은 매출변화율에 대한 세전(또는 세후)순이익의 변화율로서 앞의 사례의 경우 2.5(2 × 1.25)가 된다. 이는 매출이 현재보다 50% 증가하면 세전(세후)이익은 2.5배인 125%가 증가한다는 뜻으로서, 매출이 현재 1,000억 원에서 1,500

억 원으로 50% 증가할 경우 세전순이익은 80억 원에서 125% 증가한 180억 원으로, 세후순이익은 56억 원에서 125% 증가한 126억 원으로 예상된다. 단, 이 모든 분석은 원가와 비용구조에 변화가 없다는 것을 전제로 하는 것이므로 변동 요인이 있다면 이를 충분히 반영해서 따져야 한다.

재무레버리지 효과

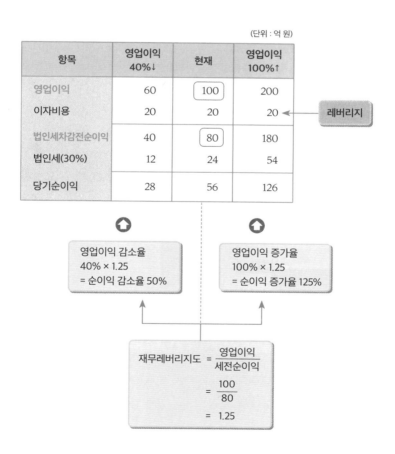

(단위 : 억 원)

항목	영업이익 40%↓	현재	영업이익 100%↑
영업이익	60	100	200
이자비용	20	20	20 ← 레버리지
법인세차감전순이익	40	80	180
법인세(30%)	12	24	54
당기순이익	28	56	126

영업이익 감소율
40% × 1.25
= 순이익 감소율 50%

영업이익 증가율
100% × 1.25
= 순이익 증가율 125%

$$재무레버리지도 = \frac{영업이익}{세전순이익} = \frac{100}{80} = 1.25$$

70

영업위험과 재무위험을
평가하는 방법

결산업무로 바쁜 나날을 보내던 재무팀에 전략기획팀로부터 이메일이 왔다. 내년도 사업계획과 관련하여 "경기 회복으로 매출이 증가할 것으로 전망되므로 공장을 증설해 생산능력을 확충할 필요가 있으며 이에 필요한 자금의 일부는 차입금으로 조달할 계획"이라는 내용의 검토요청서를 보내온 것이다. 이에 재무팀에서는 고정비가 증가하면 위험하다는 이유를 들어 공장 증설에 난색을 표명했다. 고정비가 증가할 경우 회사경영에 위험 요인이 생기는 이유는 무엇일까?

고정비를 위험 요소로 보는 이유는 매출이 감소할 경우 고정비로 인해 매출감소율보다 이익감소율이 더 커지기 때문이다. 원가구조가 서로 다른 두 회사의 비교를 통해 고정비의 크기가 회사의 이익에 미치는 영향을 따져보기로 하자.

A회사와 B회사 모두 판매가격이 20,000원인 제품을 취급하고 있다. 그러나 제품의 단위당 변동비가 A회사는 15,000원(변동비율은 75%)이고 B회사는 10,000원(변동비율은 50%)이며, 고정비총액은 A회사가 2억 원, B회사가 6억 원으로 A회사는 변동비의 비중이 높고 B회사는 고정비의 비중이 높다.

기업을 한눈에 꿰뚫어 볼 수 있는 재무제표 분석

두 회사 모두 10만 개를 판매한다고 가정하면 매출액은 20억 원이 되는데, 이때 A회사의 영업이익은 3억 원이고 B회사의 영업이익은 4억 원이다. 만약 매출이 지금의 2배, 즉 100%가 늘어난 40억 원이 된다면 A회사의 영업이익은 8억 원으로 167%가 증가하지만, B회사의 영업이익은 14억 원으로 250%가 증가한다.

고정비 규모의 차이에 따른 손익변화

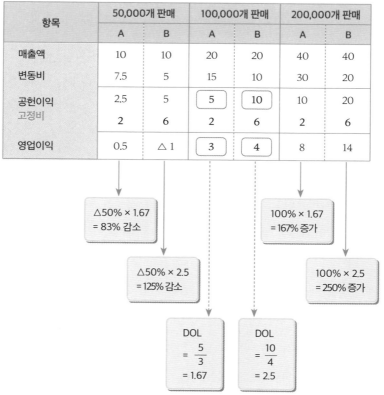

(단위 : 억 원)

항목	50,000개 판매		100,000개 판매		200,000개 판매	
	A	B	A	B	A	B
매출액	10	10	20	20	40	40
변동비	7.5	5	15	10	30	20
공헌이익	2.5	5	5	10	10	20
고정비	2	6	2	6	2	6
영업이익	0.5	△1	3	4	8	14

△50% × 1.67
= 83% 감소

△50% × 2.5
= 125% 감소

100% × 1.67
= 167% 증가

100% × 2.5
= 250% 증가

DOL
$$= \frac{5}{3}$$
= 1.67

DOL
$$= \frac{10}{4}$$
= 2.5

이처럼 B회사의 영업이익이 훨씬 더 많이 증가하는 이유는 B회사의 경우 고정비가 많아서 이로 인한 레버리지 효과가 더 크게 나타나기 때문이다. A회사의 DOL은 1.67인 반면 B회사의 DOL은 2.5이다.

그러나 매출이 감소하는 경우에는 오히려 A회사가 더 유리하다. 매출이 지금보다 50% 감소해 10억 원이 된다면 A회사의 영업이익은 5,000만 원으로 지금보다 83%가 감소하지만, B회사의 영업이익은 △1억 원으로 지금보다 무려 125%나 감소한다. 이처럼 B회사의 영업이익이 훨씬 더 많이 감소하는 이유도 B회사의 고정비가 더 많아 레버리지효과가 더 크게 나타나기 때문이다. 그러므로 경기가 악화되어 매출이 감소할 경우에는 고정비가 이익에 악영향을 끼칠 수도 있다.

또한 과다한 고정비 부담은 회사의 손익분기점률을 끌어올리고 안전한계율을 떨어뜨리는 요인이 된다. 안전한계율이 낮아지면 매출액영업이익률이 낮아져서 수익성에도 좋지 않은 영향을 미친다.
따라서 고정비를 적정한 수준에서 유지·관리하는 것은 위험관리 차원에서 매우 중요하다. 만약 고정비의 증가가 불가피하다면 변동비의 비율을 줄여야 한다. 변동비율의 하락에 따라 공헌이익률이 상승하면 고정비가 증가하더라도 그 충격을 흡수해서 손익분기점이 상승하는 것을 막아 주기 때문이다.

71

레버리지는
양날의 검이다

★ ★ ★

정 팀장은 오억만 사장처럼 대출을 받아 중대형 아파트를 구입할까 요즘 고민 중이다. 그러나 정 팀장의 생각을 들은 오 사장은 레버리지가 항상 유리한 것만은 아니며, 자신의 경우 집값이 올랐으니 다행이지, 만약 집값이 50% 떨어졌다면 오히려 투자금액 대비 100%의 손해를 보았을 것이라고 했다. 레버리지가 유리 또는 불리하게 작용하는 경우는 어떤 경우일까?

　고정비의 존재로 인해 이익이 확대되는 효과를 얻을 수만 있다면 고정비는 기업에 유리하게 작용할 것이다. 즉, 긍정적인 레버리지효과가 기대된다면 총비용 중에서 고정비의 비중을 상향 조정함으로써 매출액의 변화보다 더 큰 이익을 얻을 수 있을 것이다. 그러나 레버리지효과가 항상 긍정적인 효과만 가져다 주는 것은 아니다.

　예를 들어 현재 매출액이 1,000억 원인 회사의 변동비율이 80%이고, 고정비 총액이 120억 원이라면 현재 상태에서 법인세차감전 순이익은 80억 원으로 계산된다. 법인세율이 30%라면 세후순이익은 56억 원이고 발행주식이 100만 주라면 주당이익은 5,600원으로 산출된다.

그러나 매출이 현재보다 30% 감소해 700억 원으로 떨어진다면 순이익은 30%가 아니라 그 이상 줄어들게 된다. 이는 고정비의 존재 때문인데 이런 경우에는 고정비가 오히려 기업에 위험 요인이 되는 셈이다.

매출액 700억 원에서 변동비 560억 원을 차감하면 공헌이익이 140억 원인데, 여기서 고정비 120억 원을 차감하면 법인세차감전순이익은 20억 원이 된다. 30%의 법인세비용 6억 원을 마저 빼면 세후순이익은 14억 원으로 줄어들고 주당이익도 1,400원으로 감소한다.

매출은 30% 감소했는데도 법인세차감후순이익과 주당이익은 무려 75%나 감소한 셈인데, 이렇게 순이익이 매출보다 훨씬 더 많이 감소하는 이유는 매출이 감소했지만 고정비가 줄어들지 않았기 때문이다.

따라서 앞으로 회사의 고정비 부담을 늘릴 것인지, 아니면 위험관리 차원에서 줄일 것인지는 미래에 대한 경기전망에 따라 달라져야 한다. 경기회복 등의 이유로 미래에 매출이 늘어날 것이 확실하다면 고정비를 늘려야 긍정적인 레버리지효과를 기대할 수 있다. 그러나 매출이 정체되거나 줄어드는 상황이라면 고정비가 오히려 독(Risk)이 될 수 있다. 그러므로 감가상각비와 같은 영업고정비가 수반되는 시설투자나 재무고정비인 이자비용을 수반하는 차입금 조달 등은 이에 따른 레버리지효과를 미리 분석해 경영위험을 최소화시켜야 한다.

한편 회사가 외부차입으로 자금을 조달할 경우 차입금 사용에 따른 재무위험 외에도 이자비용에 대한 법인세 감세효과, 차입금 사용에 대한 경영자의 태도 등이 의사결정에 영향을 미치는 변수로 작용한다.

기업을 한눈에 꿰뚫어 볼 수 있는 재무제표 분석

영업위험(Business Risk)과 재무위험(Financial Risk)

항목	금액	
• 매출액(S)	1,000	700
변동영업비용(V)	800	560
공헌이익(CM)	200	140
⊙고정영업비용(F)	100	100
• 영업이익(EBIT)	100	40
⊙고정재무비용(I)	20	20
세전순이익(EBT)	80	20
법인세(T)	24	6
• 세후순이익(EAIT)	56	14
발행주식수(N)	100만주	100만주
주당순이익(EPS)	5,600원	1,400원

(단위 : 억 원)

△30%

영업레버리지 → Business Risk

△60%

재무레버리지 → Financial risk

△75%

- DOL = $\dfrac{공헌이익}{영업이익}$ = $\dfrac{200}{100}$ = 2

- DFL = $\dfrac{영업이익}{세전순이익}$ = $\dfrac{100}{80}$ = 1.25

- DCL = 2 × 1.25 = 2.5

Chapter

13

기업부실 예측법

혹시 망해가는 회사는 아닐까?

72 기업들이 도산하는 이유는 이미 정해져 있다

★ ★ ★

경제신문에서 최근 한 달간 신설법인 숫자를 살피던 정 팀장은 "누구나 회사를 만들 때는 망한다는 생각을 전혀 하지 않겠지만, 이렇게 많은 회사들이 새로 생겼다면 망한 회사들도 많겠지?"라는 생각을 했다. 우리나라 기업들이 문을 닫을 수밖에 없는 이유는 무엇일까?

회사가 문을 닫는 것을 **도산**이라고 한다. 대표적인 기업도산의 사유는 부도·파산이다. 우리나라 기업들이 도산하는 원인별 유형을 살펴보면 다음과 같다.

첫째, 모회사나 원청업체가 도산하면 자회사나 하청업체 등이 연쇄적으로 도산하는 **연쇄도산형**으로서 특히 우리나라 중소기업에서 특징적으로 나타나는 유형이다. 거꾸로 자회사의 부실로 모회사가 도산하는 경우도 있다. 이는 거래대금의 결제 방식이 대부분 외상이거나 어음결제인 경우가 많아서 생기는 현상으로서, 거래 상대방 회사가 도산하면 채권을 회수하지 못해 함께 도산하는 것이다.

둘째, **자본부족형**으로서 지속적인 손실로 인한 자기자본의 부족으로 은행차입금이나 회사채 등 부채에 지나치게 의존하는 등 만성적인 자금부족을 겪다가 결국은 도산하는 경우이다. 과다한 차입금과 이에 따른 이자부담이 직접적인 원인이며 자본잠식기업이 이에 해당한다.

셋째, 무리하게 사업을 확장하거나 시설투자 또는 다른 기업을 인수·합병하면서 덩치를 키우는 과정에서 투자된 자본에 대한 성과부진으로 도산하는 **과잉투자형**으로서 대기업 부실사유의 대부분을 차지한다.

넷째, **방만경영형**으로서 비합리적인 경영(과다한 생산과 판매부진으로 인한 재고과다, 채권부실 등)과 비용관리 실패 등에 따른 수익성 악화가 원인이다.

이외에도 경쟁기업 또는 신기술의 출현이나 시장 및 소비자의 수요변화 등 사업환경변화에 미리 대응하지 못함으로써 기존 사업의 매출이 감소해서 도산하는 경우를 들 수 있다.

기업을 한눈에 꿰뚫어 볼 수 있는 재무제표 분석

73 부실기업의 재무제표에는 공통된 특징이 있다

★ ★ ★

기업들이 문을 닫는 주된 이유가 대부분 재무적인 이유 때문이라는 점을 알게 된 정 팀장, '그렇다면 부실의 징후를 재무제표를 통해 미리 알 수 있지 않을까?'라는 생각이 든다. 부실기업의 재무적 징후는 재무제표에 구체적으로 어떻게 나타날까?

부실기업의 재무제표를 보면 다음과 같은 몇 가지 공통된 특징을 발견할 수 있다. 따라서 이런 점만 세심하게 체크해도 기업의 부실 가능성을 미리 탐지할 수 있다.

우선 재무상태표를 보면 현금및현금성자산이나 단기금융상품 같은 회사의 유동성이 급격하게 감소하는 것을 볼 수 있다. 이는 회사의 자금 사정이 좋지 않다는 증거로서 자금 사정 여부는 매출채권과 재고자산을 들여다보면 좀 더 확실하게 알 수 있다. 만약 매출채권과 재고자산이 작년보다 급격하게 증가했다면 일단 위험한 징후이다. 매출증가율보다 매출채권과 재고자산의 증가율이 더 높다면 이는 해당 자산이 회전이 원활하지 않다는 증거이며 그 상태가 오래 지속되면 부실채권과 부실재고가 될 가능성도 높다.

차입금에 의한 비유동자산 투자가 과다할 경우 투자에 따른 이익 성과가 거의 없는 상태에서 이자비용 부담만 늘어나면 회사의 수익성이 점점 악화된다. 그 결과 순이익에 의한 자기자본 확충이 어렵기 때문에 시간이 갈수록 차입금이 계속 증가하면서 악순환의 늪에 빠지게 된다. 신용도 하락으로 장기차입금보다 단기차입금의 비중이 점점 증가하고 금리가 높은 제2금융권으로부터의 차입금이 증가한다.

그밖에 계열회사 또는 대주주 등 특수관계인에 대한 거액의 자금 대여가 빈번하게 발생한다든지, 대표이사에 대한 **가지급금**이나 **가수금**이 빈번하게 발생하는 것도 좋지 않은 징조이다. 또한 거액의 **개발비**를 비용으로 처리하지 않고 무형자산으로 표시한 경우 영업손실 등 기업부실을 의도적으로 숨기기 위한 것일 수 있다.

가지급금

회사가 대표이사나 임직원 등 특수관계인에게 업무(사업)와 관계없이 회사자금을 빌려준 것을 말한다. 가지급금에 대한 이자를 받지 않은 경우 세법에서는 이를 부당행위로 본다. 따라서 세법에서 정한 이자를 계산해 법인의 소득금액에 합산하고, 해당 임직원에게 상여로 처분해서 근로소득세를 부과한다.

기업을 한눈에 꿰뚫어 볼 수 있는 재무제표 분석

가수금

회사가 대표이사나 임직원 등 특수관계인으로부터 업무(사업)와 관계없이 빌린 돈을 말한다.

개발비

신제품이나 신기술의 개발을 위한 비용으로서 이로 인해 향후 매출수익의 증가가 확실한 것은 지출시점에서 비용으로 처리하지 않고, 일단 무형자산인 개발비로 계상했다가 일정 기간(20년) 이내에 걸쳐서 비용(무형자산상각비)으로 배분해야 한다. 그러나 경상개발비와 연구비는 지출액을 무조건 당기에 비용으로 처리해야 한다.

손익계산서에서는 매출액이 지속적으로 감소하고 영업이익도 줄어드는 것을 확인할 수 있다. 매출이 점차 감소함에 따라 총자산회전율은 지속적으로 하락한다. 게다가 자기자금부족과 신용도 하락으로 이자비용이 급격하게 증가하면서 매출액순이익률도 현저하게 감소한다. 심지어 영업이익이 이자비용에도 못미치는 경우도 있다. 그리고 연속적인 적자로 결손금이 누적되면서 자본금이 잠식되기도 한다.

한편 현금흐름표에서는 현금및현금성자산의 잔액이 감소하는데 특히 영업활동으로 인한 현금흐름이 급격하게 감소한다. 그리고 이를 충당하기 위해 재무활동에 의한 현금유입이 증가하고, 단기차입금을 조달해서 장기차입금을 상환하는 사례가 발생한다.

74

기업부실의 선행지표에
주목하라!

기업의 부실징후가 재무제표에 미리 나타난다는 점을 알게 된 정 팀장, ㈜한경전자도 거래처로부터 받을 채권이 있는데, 자산의 대부분이 대출채권인 금융기관은 대출한 기업의 재무적 부실을 어떤 방법으로 진단하는지 궁금하다.

　　금융기관 등에서 대출업체의 원리금상환능력 등 신용위험을 평가하는 것을 **신용분석**이라고 한다. 한마디로 원리금상환이 연체되거나 떼일 가능성을 평가하는 것이다.

　　국내 은행의 기업에 대한 신용평가는 재무비율·현금흐름지표 등 **재무적인 평가**(계량평가)와 사업성·경영능력·사업경험 등 **비재무적인 평가**(비계량평가)를 병행해서 실시한다.

　　이 경우 계량평가(재무평가)와 비계량평가(비재무평가)의 가중치는 분석 대상기업의 재무제표에 대한 신뢰도에 따라 은행마다 다른데, 일반적으로 **외부감사대상기업**인 경우 각각 70%와 30%로, 외부감사 대상이 아닌 기업의 경우 각각 50%씩으로 종합평점을 산출한다. 그

기업을 한눈에 꿰뚫어 볼 수 있는 재무제표 분석

리고 이에 해당하는 신용등급을 부여하고 대출여부와 적용금리를
산정한다.

외부감사 대상기업

주권상장법인(해당 사업년도 또는 다음 사업년도에 상장 예정인 회사를 포
함)과 비상장기업 중 직전 사업년도말의 자산총액이 120억 원 이상, 매출액
이 100억 원 이상, 부채가 70억 원이상, 임직원이 100명 이상 등 4가지 항
목 중 2개 이상에 해당하는 비상장기업은 '주식회사 등의 외부감사에 관한
법률' 에 따라 회사가 작성한 재무제표에 대해 반드시 공인회계사로부터 외
부감사를 받아야 한다.

계량평가(재무평가)의 경우 대부분의 은행이 평가 요소를 수익성·
안정성·활동성·성장성 및 생산성 등으로 분류하고, 항목별 평가점
수에 가중치를 적용한 배점을 합산하는 종합평점방식을 채택하고
있다. 나아가 신용위험도가 매우 높을 경우에는 부도예측모형에 의
해 부도확률을 산정하기도 한다.

그리고 비계량평가(비재무평가)의 경우에는 평가항목을 사업성·경
쟁력·경영능력 등으로 분류하고 평가자가 주관적·정성적으로 평가
한다.

한편 기업부실은 기업의 지급능력 상실을 의미하는데, 4단계로
진행된다. 은행 등 채권자에게 원리금을 상환하지 못하는 근본적인
이유는 사업성과를 통해 사업에 투자된 돈의 원가를 전액 회수하지
못했기 때문이다. 차입금의 금리가 4%일 경우 투자금에 대한 영업

기업체 신용평가표(예)

업체명 :

결산년도 :

평가요소		평가항목	배점 (가중치)	평점등급					평점
				A급	B급	C급	D급	E급	
재 무 항 목 (양 적 요 소)	안정성	자기자본비율	6	6	4.8	3.6	2.4	1.2	
		비유동장기적합률	4	4	3.2	2.4	1.6	0.8	
		당좌비율	4	4	3.2	2.4	1.6	0.8	
		차입금의존도	5	5	4	3	2	1	
	수익성	총자산이익률	7	7	5.6	4.2	2.8	1.4	
		매출액영업이익률	6	6	4.8	3.6	2.4	1.2	
		금융비용/매출액	5	5	4	3	2	1	
	활동성	총자산회전율	4	4	3.2	2.4	1.6	0.8	
		영업자산회전율	4	4	3.2	2.4	1.6	0.8	
	생산성	총자본투자효율	4	4	3.2	2.4	1.6	0.8	
		부가가치율	4	4	3.2	2.4	1.6	0.8	
	성장성	유형자산증가율	3	3	2.4	1.8	1.2	0.6	
		매출액증가율	4	4	3.2	2.4	1.6	0.8	
재무항목 평점 소계			60						
비 재 무 항 목 (질 적 요 소)	사업성	성장전망	2	2	1.6	1.2	0.8	0.4	
		수익전망	2	2	1.6	1.2	0.8	0.4	
		시장성	5	5	4	3	2	1	
		미래현금흐름	2	2	1.6	1.2	0.8	0.4	
		업종 유망성	2	2	1.6	1.2	0.8	0.4	
	경쟁력	인력개발	2	2	1.6	1.2	0.8	0.4	
		기술개발 및 품질혁신	4	4	3.2	2.4	1.6	0.8	
		정보화 기반	1	1	0.8	0.6	0.4	0.2	
		가격 경쟁력	2	2	1.6	1.2	0.8	0.4	
		국제 경쟁력	2	2	1.6	1.2	0.8	0.4	
	경영능력	경영자의 경영능력	4	4	3.2	2.4	1.6	0.8	
		노사관계	2	2	1.6	1.2	0.8	0.4	
		근로조건 및 복지수준	1	1	0.8	0.6	0.4	0.2	
	신뢰성	은행거래 신뢰도	3	3	2.4	1.8	1.2	0.6	
		세평	2	2	1.6	1.2	0.8	0.4	
	기타	업력	2	2	1.6	1.2	0.8	0.4	
		규모	2	2	1.6	1.2	0.8	0.4	
비재무항목 평점 소계			40						
신용평점			100						

기업을 한눈에 꿰뚫어 볼 수 있는 재무제표 분석

이익률이 4%에 미달한다면 이자는 물론 원금상환도 불가능하다. 이렇게 사업자본의 수익률이 자본비용에 미달하거나 아예 적자인 상태를 **경제적 부실**이라고 한다.

이 단계에서 장부상자산은 여전히 부채를 초과하는 상태이지만 일시적인 자금부족 때문에 만기도래된 채무를 상환할 수 없는 **일시적 지급불능**이 발생하기도 한다.

적자상태가 오랜 기간 지속되면 만성적인 결손누적에 의해 부채가 자산을 초과해 순자산가치가 마이너스인 완전자본잠식상태가 된다. 이 경우 만기도래된 채무를 상환하지 못하면 **실질적 지급불능**의 단계에 이르게 된다.

기업부실의 마지막 단계는 **파산** 또는 회생인데 만약 회생신청이 기각되면 법원의 파산선고에 따라 보유자산을 청산하게 된다.

따라서 기업부실, 즉 지급불능상태에 직면하지 않으려면 회사 스스로 자금관리를 철저히 해야 한다. 매출액의 지속적인 감소와 이로 인한 수익성 악화, 매출채권의 회수지연과 이에 따른 대손, 판매부진으로 인한 재고자산의 증가, 매입채무 결제기간의 단축, 과다한 설비투자금액 증가와 투자성과 부진 등은 모두 기업부실의 주요 원인이다.

또한 제조원가의 상승, 판매비와관리비 등 각종 경비의 증가 및 각종 자산의 손상, 선급금과 대여금의 증가, 계열사 등 특수관계인에 대한 투자 및 대여금액의 증가 등도 주의를 요하는 항목이다.

기업부실의 진행과정

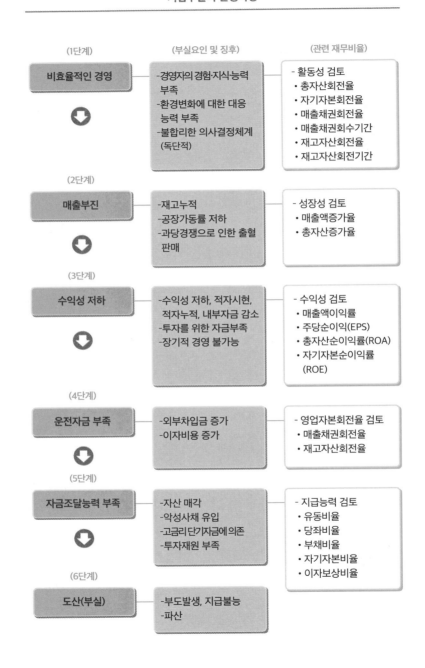

(1단계)

비효율적인 경영

(부실요인 및 징후)

-경영자의 경험·지식·능력
 부족
-환경변화에 대한 대응
 능력 부족
-불합리한 의사결정체계
 (독단적)

(관련 재무비율)

- 활동성 검토
 • 총자산회전율
 • 자기자본회전율
 • 매출채권회전율
 • 매출채권회전기간
 • 재고자산회전율
 • 재고자산회전기간

(2단계)

매출부진

-재고누적
-공장가동률 저하
-과당경쟁으로 인한 출혈
 판매

- 성장성 검토
 • 매출액증가율
 • 총자산증가율

(3단계)

수익성 저하

-수익성 저하, 적자시현,
 적자누적, 내부자금 감소
-투자를 위한 자금부족
-장기적 경영 불가능

- 수익성 검토
 • 매출액이익률
 • 주당순이익(EPS)
 • 총자산순이익률(ROA)
 • 자기자본순이익률
  (ROE)

(4단계)

운전자금 부족

-외부차입금 증가
-이자비용 증가

- 영업자본회전율 검토
 • 매출채권회전율
 • 재고자산회전율

(5단계)

자금조달능력 부족

-자산 매각
-악성사채 유입
-고금리 단기자금에의존
-투자재원 부족

- 지급능력 검토
 • 유동비율
 • 당좌비율
 • 부채비율
 • 자기자본비율
 • 이자보상비율

(6단계)

도산(부실)

-부도발생, 지급불능
-파산

기업을 한눈에 꿰뚫어 볼 수 있는 재무제표 분석

75

기업부실의 은폐 수단, 재무제표분식을 찾는 방법

영업팀으로부터 신규거래처인 (주)한성의 재무제표로 재무상태를 진단해 달라는 요청을 받은 정 팀장, 그런데 (주)한성은 중소기업으로 외부감사 대상 법인이 아니다. 비외감기업의 경우 재무제표를 분식하는 경우가 있다는 말이 생각난 정 팀장은 회사가 분식을 했는지를 어떻게 체크할지 막막하다.

재무제표분식이란 재무제표상의 순자산을 고의로 과장되게 표시하는 것을 말한다. 즉, 회사의 지기자본을 실제보다 부풀리는 것을 말하는 것으로서 이렇게 하려면 수익을 실제보다 많게 계상하거나 비용을 누락해서 이익을 부풀리면 된다. 가공된 수익만큼 가공자산이 표시되고, 비용누락은 자산을 과대표시하거나 부채를 과소표시함으로써 자기자본이 과대표시된다.

재무제표분식은 부실을 감추고 투자자로부터 원활하게 투자를 받거나, 신용평가점수를 높여서 좀 더 저렴한 비용(이자)으로 자금을 빌리기 위해 이루어진다. 때로는 부실을 숨기고 단기성과를 나타내 보여서 경영자가 연임하기 위한 목적으로 이루어지기도 한다.

재무제표에 숨겨진 회계분식을 찾아내서 기업의 솔직한 본 모습을 들여다 보는 것은 주주나 채권자 등 투자자에게는 매우 중요한 일이며 이를 위해 외부감사라는 제도가 존재한다. 그렇지만 우리나라 전체기업의 95%는 규모가 작다는 이유로 외부감사를 받지 않는다. 그러므로 특히 외부감사를 받지 않은 기업의 재무제표를 볼 때는 늘 분식가능성을 염두에 두어야 한다.

재무제표는 회사의 순자산상태와 성과를 숫자로 보여주는 것으로 "손익계산서의 수익과 비용을 발생주의에 따라 모두 정확하게 반영했으며, 당기순이익을 포함한 회사의 당기말 현재 순자산금액이 이만큼이다"라는 것을 외부 투자자들에게 주장하는 것이다.

재무제표를 보는 투자자들은 이 점에서 과연 "회사의 자산은 실재 존재하는 것이며 제대로 평가된 것인지? 손상된 부분은 없는지? 부채는 빠짐없이 전부 포함되었는지?"에 대해 의문을 가져야 한다.

아울러 "수익을 부풀리지 않았는지? 비용은 발생주의에 따라 빠짐없이 모두 포함되었는지?"에 대해서도 의심해 봐야 한다.

재무제표분식의 원리는 의외로 단순하다. 복식부기의 원리상 차변요소와 대변요소 중 한쪽만의 분식은 불가능하다. 차변요소인 비용을 자산으로 처리(비용지출액을 선급비용이나 대여금으로 둔갑)하거나, 대변요소인 부채를 수익으로 처리(선수금을 매출로 계상)하면 회사의 이익은 늘어난다. 또는 자산의 기말 평가액을 늘리거나(재고자산의 과대평가나 평가손실누락) 부채금액을 줄여도(퇴직급여충당부채의 과소계상) 이익은 늘어날 수 있다.

이렇듯 분식의 수법은 다양하지만 가장 보편적으로 이루어지는 분식 방법은 재고자산과 매출채권의 분식이다. 재고자산을 부풀리면 그만큼 매출원가가 적어지므로 자산과 순이익은 많아진다. 매출과 함께 매출채권을 허위로 계상하거나, 대손처리해야 할 매출채권을 손상처리하지 않고 그대로 두면 자산과 순이익이 늘어난다. 매출과 재고자산은 회사의 수익과 자산 중 매우 큰 비중을 차지하는 항목으로서 그 금액이 큰데다, 거래 빈도가 매우 잦아 일일이 검증하기가 쉽지 않기 때문에 가장 일반적으로 사용되는 분식항목이다.

(1) 회전율(회전기간) 검증을 통한 분식발견법

재고자산과 매출채권은 모두 매출과 비례관계를 갖는 자산이다. 매출이 증가하면 그에 따라 재고자산과 매출채권도 같이 비례적으로 증가할 수밖에 없다. 따라서 매출증가율보다 두 자산의 증가율이 현저하게 높을 경우에는 분식가능성을 의심해 볼 수 있다. 어떤 회사의 재무제표 숫자를 보고 판단해 보기로 하자.

항 목	6기	7기	8기
매출액	125억 원	140억 원	170억 원
재고자산	20억 원	23억 원	45억 원
매출채권	30억 원	35억 원	55억 원
재고자산회전기간(회전율)	58일(6.3회)	60일(6회)	96일(3.8회)
매출채권회전기간(회전율)	87일(4회)	91일(4회)	118일(3회)

6기의 경우 재고자산이 20억 원인데, 매출액이 125억 원이라면

이 회사는 평균적으로 58일분(20/125 × 365일)의 재고를 보유하는 셈이며 이를 재고자산회전기간이라고 한다. 즉, 재고자산이 판매될 때까지 평균적으로 58일이 걸린다는 뜻이다. 그리고 이를 회전율로 환산하면 6.3회(365일 / 58일)가 나오는데, 이는 20억 원의 재고자산이 1년에 모두 6.3번 팔린다는 뜻이다.

7기의 경우에도 마찬가지로 따져보면 회전기간은 60일, 회전율은 6회로서 6기와 비슷하다. 그런데 8기에는 매출이 많이 증가하면서 재고자산도 대폭 증가했는데, 회전기간은 96일로 늘어나고, 회전율은 3.8회로 떨어졌음을 확인할 수 있다. 이는 매출증가율보다 재고자산증가율이 훨씬 더 높기 때문인데, 전년도(7기)에 비해 매출은 약 20%가 증가했음에도 불구하고 재고자산은 거의 100%나 급속히 증가한다는 것은 다소 불합리하다. 이런 경우 재고자산이 분식으로 인해 과대계상된 것이 아닌지를 의심해야 한다.

그런데 분식은 매출이 증가하는 상황보다 매출감소시에 더 많이 이루어지는데, 그 이유는 매출감소가 그대로 이익감소로 이어지기 때문이다. 매출감소에도 불구하고 종전처럼 이익을 유지하는 방법은 매출원가율을 낮추는 방법뿐이다. 이를 달성하기 위해서는 무조건 기말재고금액을 높여야만 한다. 하지만 이렇게 하면 재고자산회전기간이 길어지고, 회전율은 낮아지게 되므로 이를 통해 분식 여부를 체크할 수 있다.

일반적으로 매출액이 감소하면 줄이지 못하는 고정비로 인해 매출총이익률이 오히려 하락(즉, 매출원가율은 상승)하는 것이 정상이다.

그럼에도 불구하고 매출원가율이 하락해서 매출총이익률이 상승했다면 이는 재고분식을 통한 가짜 이익일 가능성이 있다는 뜻이다. 특히 매출감소시에 상품·제품이 아닌 원재료나 재공품이 증가했다면 이는 논리적으로도 맞지 않다.

한편, 매출채권회전기간도 중요한 점검지표인데, 6기의 경우 매출채권잔액이 30억 원인데, 매출액이 125억 원이라면 이 회사는 평균적으로 87일분(30/125 × 365일)의 매출액을 매출채권으로 보유하는 셈이며 이를 매출채권회수기간이라고 한다. 즉, 매출채권이 회수될 때까지 평균적으로 87일이 걸린다는 뜻이다. 그리고 이를 회전율로 환산하면 약 4회(365일 / 87일)가 나온다.

7기의 경우에도 마찬가지로 따져보면 회수기간은 91일, 회전율은 4회로서 6기와 거의 비슷하다. 그런데 8기에는 매출이 많이 증가하면서 매출채권도 대폭 증가했는데, 회수기간이 무려 118일로 늘어나고, 회전율은 3회로 떨어졌음을 확인할 수 있다. 이는 매출증가율보다 매출채권증가율이 훨씬 더 높다는 뜻인데, 동일한 거래처에 계속적으로 이루어지는 매출이라면 평균 회수기간이 년도별로 큰 차이가 없는 것이 일반적이다.

이렇게 매출을 허위로 계상해서 매출액과 매출채권이 같이 증가한 경우에는 매출채권회수기간이 길어진다. 만약 위의 회사가 8기의 실제 매출액이 150억 원, 매출채권 잔액이 35억 원으로 허위로 계상한 매출이 20억 원이라고 가정하자. 실제 금액을 기준으로 계산하면 매출채권회수기간은 85일, 회전율은 4.3회로서 과거와 별 차이가 없는 것으로 나타난다. 결국 회수기간 연장과 회전율 하락은 분식에 따른 결과이다.

이렇게 회사가 재고자산과 매출채권을 부풀리면 이익은 증가하는 대신, 반드시 그 회전기간은 길어지고 회전율은 떨어지게 되므로 이를 통해 두 자산의 분식 여부를 검증할 수 있다.

하지만 회전율의 하락을 무조건 분식이라고 단정할 수는 없다. 재고자산증가는 판매부진, 매출채권증가는 미회수채권의 증가 때문일 수도 있다. 만약 8기의 매출이 4분기에 집중적으로 증가한 것이라면 8기의 매출채권회수기간의 연장은 타당성이 있다. 이 회사의 매출채권회수기간이 과거에도 평균 3개월(87일)인 점을 감안하면 4분기의 매출대금은 다음 연도로 이월될 수밖에 없기 때문이다.

(2) 상관관계분석을 통한 분식발견법

재무상태표의 자산·부채와 손익계산서의 수익·비용은 대부분 서로 관련돼 있다. 이를 이용해서 해당항목의 분식 여부를 체크하는 방법이다. 이자비용은 차입금에 대해 지급되는 것이므로 당기의 이자비용을 평균차입금((차입금의 기초잔액 + 기말잔액) / 2)으로 나누면 차입금의 평균이자율이 산정되는데, 이를 전기와 비교해서 큰 차이가 없는지를 확인해본다. 만약 시중 금리가 전기와 비슷한데도 이 비율이 크게 낮아졌다면 이자비용의 누락을, 높아졌다면 차입금의 누락을 의심해볼 수 있다.

이와 반대로 이자수익은 보유중인 금융자산의 규모를 통해 적정성을 확인할 수 있다. 이자율에 큰 변동이 없고 금융자산의 규모도 전년도와 비슷하다면 이자수익 금액도 비슷하게 나와야 한다.

감가상각비는 유형자산(토지는 제외) 금액과 비례하므로 전기말의 장부가액(취득원가에서 감가상각누계액을 뺀 것)으로 나누어 상각률을 계산한 다음, 당기에도 전기와 비슷한 비율로 상각됐는지를 확인해야 한다. 정액법상각인 경우에는 매년 감가상각비가 일정하므로 해마다 감소하는 장부가액 기준으로는 상각률이 상승한다. 정률법상각은 매년 상각비가 감소하므로 장부가액 기준으로는 상각률이 일정하다. 이 경우 당기중에 새로 취득한 자산은 1년분이 상각되는 것이 아니므로 따로 파악해야 한다.

그럼에도 불구하고 이와 반대로 상각률이 낮아졌다면 감가상각비의 누락을 의심해볼 수 있다. 재무회계와는 달리 세법상으로는 감가상각을 반드시 해야 하는 것이 아니므로 외부감사 대상이 아닌 기업들은 손익상황에 따라 감가상각을 뒤로 미루기도 한다.

무형자산도 마찬가지다. 무형자산은 항상 정액법으로 상각하므로 신규취득분이 없다면 매년 장부가액이 비슷한 규모로 감소하는 것이 정상이다.

매출액과 관련된 과목은 매출원가이다. 매출원가 중 재료비와 노무비는 대부분 변동비지만, 경비는 외주비나 포장비 등을 제외하고는 대부분 고정비에 속한다. 일단 매출원가율(매출원가/매출액)을 전기와 비교해서 큰 차이가 없는지를 확인해야 한다. 매출원가율의 상승이나 하락은 그 타당성이 확인돼야 한다. 매출원가율의 상승은 판매가격의 하락이나 원자재가격 상승, 수입환율 상승 및 재고감소 등이 원인일 수 있으며, 매출액이 감소하는 경우에도 매출원가율이 상승한다.

이와 반대로 매출원가율 하락은 판매가격 인상이나 원자재 등 매입원가 하락과 수입환율 하락, 재고증가 및 매출액 증가가 원인일 수 있다.

여기서 중요한 것은 매출액인데, 매출액은 부가가치세신고를 통해 세무서에 신고되는 것이므로 이를 통해 간접적으로 확인이 가능하다. 다만, 부가가치세 과세대상인 매출액(이를 공급가액이라고 한다)과 손익계산서의 매출액은 약간 차이가 있다. 예를 들어 유형자산의 매각대금은 부가가치세법상으로는 과세대상인 공급가액에 포함되지만, 매출액에는 포함되지 않는다.

이외에도 손익계산서의 각종 비용 금액은 반드시 전년도와 비교해야 하며 특별히 큰 금액으로 감소한 항목은 그 사유를 확인해야 한다. 특히 판매비와관리비는 대부분 고정비 성격이므로 매출변화에 따라 크게 변화하지 않는데, 수선비나 연구개발비 등이 금년도에 크게 감소했다면 일부러 자산으로 처리한 부분이 없는지 확인해봐야 한다.

한편, 퇴직급여충당부채도 임직원들의 월평균급여액(급여총액/12)에 평균재직년수를 곱한 개략적인 수치와 비교해서 과소계상여부를 검증해 볼 수 있다.

(3) 현금흐름을 활용한 분식발견법

　매출채권과 재고자산 등 영업자산은 판매된 이후에 현금으로 회수되므로 순이익과 시차를 두고 유입되는 것이 정상이다. 그런데 당기순이익이 계속 발생하는데도 불구하고 영업현금흐름이 수년간 지속적으로 음수(-)라면 가공매출채권 또는 허위재고가 존재할 가능성이 있으며, 이로 인해 당기순이익이 실제보다 부풀려졌을 가능성이 높다. 영업현금흐름을 계산할 때 매출채권과 재고자산의 증가액은 순이익에서 차감하므로 이익이 많아도 영업현금흐름은 빈약할 수밖에 없다.

　즉, 이익이 분식된 기업에서는 당기순이익에 비해 영업현금흐름이 적거나 음수(마이너스)로 나오는 등 순이익과의 격차가 심하게 나타나는 특징이 있다.

항　목	7기	8기	9기
당기순이익	4,250	7,794	1,619
가산(비현금비용)	8,872	12,308	104,963
차감(비현금수익)	(1,249)	(6,064)	(147,296)
영업자산·부채의 변동	(21,040)	(47,511)	(181,287)
영업현금흐름	(9,167)	(33,473)	(222,001)
매출액	264,144	390,539	450,979
매출채권	100,637	171,198	534,995
매출채권회전율	2.6	2.2	0.8

▲ 매출액은 3년간 계속 증가하고 있지만 영업현금흐름은 3년 연속 음수(마이너스)인 상태다. 특히 9기에는 영업현금흐름이 큰 폭으로 감소했는데, 그 이유는 매출채권의 증가 때문이다. 매출채권이 3년 연속 증가함으로써 회전율이 계속 하락하고 있어 순이익과 영업현금흐름의 괴리가 점점 심하게 벌어지고 있는데, 이 경우 매출채권의 허위가능성과 부실가능성을 염두에 두어야 한다.

인덱스

기업을 한눈에 꿰뚫어 볼 수 있는 재무제표 분석

기업을 한눈에 꿰뚫어 볼 수 있는 재무제표 분석

기업을 한눈에 꿰뚫어 볼 수 있는 재무제표 분석

기업을 한눈에 꿰뚫어 볼 수 있는 재무제표 분석